Pablo Richard

APOKALYPSE

Das Buch von Hoffnung und Widerstand

Ein Kommentar

Aus dem Spanischen von Michael Lauble

EDITION EXODUS
LUZERN 1996

Titel der spanischen Originalausgabe:
Pablo Richard, Apocalipsis: Reconstrucción de la esperanza

Redaktion: Odilo Noti
Umschlag: Bernard Schlup (Gestaltung) /
Ateliers Jaunes Kurt Bläuer (Satz und Lithos)
Satz: atelier hupa, CH-4312 Magden
Druck: Clausen & Bosse, Leck
ISBN: 3-905577-00-3

INHALT

DANKSAGUNG

Auf den Versuch, all die Personen und Institutionen, die dieses Buch über die Apokalypse möglich gemacht haben, hier aufzuführen, muß ich notgedrungen verzichten. Dank sagen möchte ich allerdings in erster Linie dem *Departamento Ecuménico de Investigaciones* (DEI); es hat mich während der letzten anderthalb Jahrzehnte in meiner Arbeit unterstützt und getragen. Ebenso danke ich der Ökumenischen Abteilung für Religionswissenschaft an der *Universidad Nacional* von Costa Rica und dem *Christian Theological Seminary* von Indianapolis, USA, wo ich 1988 ein Forschungssemester lang als Gastprofessor weilte und mich der Literatur über die Apokalypse widmete. In diesem Seminar bin ich Richard Dickinson, Michael Kinnamon und David Vargas zu besonderem Dank verpflichtet. Auch dem *Union Theological Seminary* in Virginia, USA, habe ich zu danken, wo ich 1994 Gastprofessor war; dort konnte ich die neueste Literatur zur Apokalypse einsehen und, dies vor allem, das Manuskript zum vorliegenden Buch redigieren. In diesem Seminar schulde ich wiederum speziellen Dank Charles M. Swezey und Mary Jane Winter. Schließlich möchte ich Elsa Tamez, Franz Hinkelammert, Jung Mo Sung und Francisco Cruz, den Mitgliedern des DEI-Teams, Dank sagen; sie haben das Manuskript gelesen und mir mit wichtiger Kritik und Anregung geholfen. Ohne die Geduld und das Wohlwollen meiner Familie schließlich wäre dieses Buch niemals möglich geworden.

Zu danken habe ich aber auch Tausenden von anderen Personen: nämlich den Mitgliedern der kirchlichen Basisgemeinden, insbesondere den ländlichen Beauftragten für das Wort Gottes, den indigenen (einheimischen) Theologen und Pastoralagenten, die mir jenen Geist vermittelt haben, in dem die Bibel geschrieben ist. Ich danke den katholischen Bischöfen, die mich bei der Bibelarbeit in ihren Diözesen persönlich ermutigt haben: Pedro Casaldáliga und Paulo Evaristo Arns aus Brasilien, Víctor Corral, Gonzalo López und Luis Alberto Luna aus Ecuador, Carlos María Ariz aus Panama, Julio Cabrera aus Guatemala und Fernando Ariztía aus Chile. Und ich danke unseren Bischöfen Sergio Méndez Arceo, Oscar

Arnulfo Romero und Leonidas Proaño, die schon in Christus auferstanden, deren persönliche Freundschaft, deren Geist und Segen jedoch noch immer in mir wirksam sind.

EINLEITUNG

I. Woraus dieses Buch erwachsen ist

Der Band, den wir dem Leser, der Leserin hiermit vorlegen, ist aus zwei verschiedenen Umfeldern hervorgegangen. Das eine Umfeld bestand in der wissenschaftlichen Befassung mit dem Text der Johannesapokalypse, der apokalyptischen Literatur und dem Schrifttum zum Thema. Diese Forschung habe ich fünf Jahre lang im DEI betrieben, wo ich im Team mit anderen Theologen, mit Gesellschafts- und Wirtschaftswissenschaftlern arbeiten konnte. Besondere Intensität gewann diese Beschäftigung während zweier Forschungssemester in den Vereinigten Staaten; darüber hinaus konnte ich mich meinem Gegenstand in meinen Lehrveranstaltungen in der Ökumenischen Abteilung für Religionswissenschaft an der *Universidad Nacional* und am Lateinamerikanischen Biblischen Seminar in Costa Rica widmen. Ein weiterer wichtiger Rahmen für unsere Bibelarbeit war das Lateinamerikanische Bibelwerk mit seiner gemeinsamen Arbeit an der *Revista de Interpretación Bíblica Latinoamericana* (RIBLA).

Das zweite Umfeld, in dem dieses Buch entstand, war vielleicht noch wichtiger: Es waren die kontinuierlichen Bibelwerkseminare mit Pastoralagenten in Lateinamerika und der Karibik, insbesondere in Mittelamerika. Diese Werkseminare waren konzentrierte Veranstaltungen von einer Woche Dauer und mit durchschnittlich achtzig Teilnehmern. Ich konnte verschiedene biblische Werkwochen über die Apokalypse und über das Buch Daniel in Costa Rica, Panama, Nicaragua, El Salvador, Guatemala, Mexiko, Haiti, Ecuador, Brasilien, Bolivien und Chile durchführen. Ihre Teilnehmer waren in aller Regel Landarbeiter und Kleinbauern und Ureinwohner, Leiter von kirchlichen Basisgemeinden und ähnlichen Gruppen.

Die akademisch-wissenschaftliche Arbeit einerseits und die Arbeit mit den Pastoralagenten aus den kirchlichen Basisgemeinden andererseits bildeten den Zusammenhang, aus dem dieses Buch, dank dem Zusammenwirken von Wissenschaft und Heiligem Geist, hervorgegangen ist.

II. Wie dieses Buch aufgebaut ist und wie man es lesen sollte

Das erste Kapitel stellt eine allgemeine Einführung dar. Darin analysieren wir drei Typen von Verständnisschlüsseln für die Johannesapokalypse oder Johannesoffenbarung: historisch-theologische, soziologisch-theologische und literarisch-strukturale.

Ab dem zweiten Kapitel bis zum achten legen wir unseren Kommentar zum gesamten Buch der Apokalypse vor. Wir teilen diese Kapitel entsprechend der Struktur der Apokalypse ein. Ihr zufolge hat unser Kommentar sieben Teile:

Offb 1,1–8 und 22,6–21:
Anfang und Schluß des Apokalypsebuchs;

Offb 1,9–3,22:
Apokalyptische Vision der Kirche;

Offb 4,1–8,1:
Prophetische Vision der Geschichte;

Offb 8,2–11,19; 15,5–16,21:
Die sieben Posaunen und die sieben Schalen;

Offb 12,1–15,4:
Zentrum der Apokalypse – Zentrum der Geschichte: die christliche Gemeinde und die apokalyptischen Tiere;

Offb 17,1–19,10:
Prophetische Vision der Geschichte;

Offb 19,11–22,5:
Apokalyptische Vision der Zukunft.

Jedes dieser sieben Kapitel ist zweiteilig angelegt: Zunächst bietet es eine Einführung in die Lektüre und Struktur des Textes und sodann Schlüssel zu seiner Interpretation. Denn zuerst einmal muß man ja den Text gründlich lesen und in seine Struktur eindringen. Der Gesamtaufbau und der Aufbau eines jeden Abschnitts, wie wir sie hier vorschlagen, sollen dem Leser, der Leserin helfen, wirklich Eingang in den Text zu finden. Die Johannesoffenbarung verlangt mehr als jeder andere biblische Text eine sorgsame Lektüre und das Verständnis ihres Literalsinnes. Nach der Einführung in Lektüre und Struktur des Textes stellen wir also die Schlüssel zu seiner Interpretation dar. Es geht uns nicht um einen Kommentar Vers für Vers, sondern um jene Schlüssel, die notwendig sind, um den Text in seinem literalen, historischen und spirituellen Sinn zu verstehen.

Den Abschluß des Buches bildet ein Verzeichnis der Werke, die unsere eigene Interpretation der Johannesoffenbarung besonders inspiriert haben. Die Bibliographie besteht wiederum aus zwei Teilen: Der erste Teil umfaßt die Spezialveröffentlichungen über die Johannesapokalypse und die apokalyptische Literatur; der zweite Teil vermerkt einige allgemeine Werke über den theoretischen und historischen Hintergrund, der den hermeneutischen Horizont meiner Apokalypse-Interpretation ausmacht.

III. Für wen dieses Buch geschrieben ist

In erster Linie möchte ich, daß dieser Kommentar von den in der Pastoral Tätigen gelesen werde, die in den kirchlichen Basisgemeinden wirken. Mit ihnen habe ich dieses Buch geschrieben, ihnen gebe ich es jetzt zurück. Sie waren stets die bevorzugten Gesprächspartner bei meiner Arbeit. Diese Pastoralagenten sind die Frauen und Männer, die sich dem Dienst am Volk Gottes geweiht haben: Bischöfe, Priester, Pastoren und Pastorinnen, Theologen und Theologinnen, Ordensleute beiderlei Geschlechts, die unter dem Volk Gottes arbeiten, Katechisten, Ausbilder, Koordinatoren von Gemeinden, Beauftragte des Wortes Gottes und, ganz besonders, die neue Generation von popularen Bibelkundigen: Männer und Frauen im Dienst am Wort Gottes inmitten des Volkes; darin schließe ich auch die christlichen Leader ein, die auf ökonomischem, sozialem, kulturellem oder politischem Feld arbeiten und denen die Johannesoffenbarung Ansporn und Inspiration ist.

An zweiter Stelle möchte ich, daß dieses Buch von den professionellen Bibelkundlern «aus allen Völkern und Stämmen, Sprachen und Nationen» im Norden wie im Süden gelesen werde. Auch sie waren mir bei meiner Arbeit Gesprächspartner. Ich wollte durchaus eine wissenschaftliche und exegetisch wohlfundierte Arbeit leisten, aber eben aus der Perspektive der Unterdrückten: der Armen, der Ureinwohner, der Schwarzen, der Frauen, der Jugendlichen, des Kosmos und der Natur, kurz: aus der Perspektive all der und all des vom götzendienerischen System Diskriminierten.

IV. Einige Grundorientierungen dieses Buches

In knapper Zusammenfassung seien nunmehr die Hauptideen und -orientierungen skizziert, die mich bei meiner Arbeit an der Johannesapokalypse geleitet haben.

1) Die Apokalypse entsteht in einer Zeit der Verfolgung, vor allem aber in einer Situation des Chaos, der Ausgrenzung und der dauernden Unterdrückung. Unter diesen Bedingungen ermöglicht sie es der christlichen Gemeinde, ihre Hoffnung und ihr Bewußtsein neu aufzubauen. Sie vermittelt eine Spiritualität des Widerstands und weist dem Aufbau einer alternativen Welt die Richtung. Sie ist ein befreiendes Buch voller Hoffnung; ihre Utopie ist geschichtlich und politisch.

2) Die Apokalypse steht für eine wichtige Bewegung am Ursprung des Christentums, die tief in der Geschichte Israels und in der prophetisch-apokalyptischen Bewegung wurzelt, aus denen die Jesus-Bewegung, die Apostelmission und die ersten christlichen Gemeinden hervorgehen. Die Johannesoffenbarung vereint die jüdischen und judenchristlichen apokalyptischen Traditionen, formt sie um und nimmt in der Kirche eine kritische Funktion des Widerstands gegen die Hellenisierung des Christentums und seine autoritär-patriarchale Institutionalisierung wahr. Daß die Apokalypse in Vergessenheit geriet, hat auf lange Sicht die Integration der Kirche ins herrschende imperiale System und das Entstehen einer autoritären Christenheit möglich gemacht. Die Johannesoffenbarung wiederzuentdecken heißt eine Grunddimension der Jesus-Bewegung und der Ursprünge des Christentums wiederzuentdecken. Die Apokalypse ist kein isoliertes Buch, das nur einer sektiererischen Minderheit von Desperados eigen wäre, sondern ein Buch im Allgemeinbesitz, das zu einer radikalen Reform der Kirche und zu einer neuen Weise des Christseins in der Welt drängt.

3) Die Eschatologie der Johannesapokalypse ereignet sich grundsätzlich in der Gegenwart. Das zentrale Ereignis, das die Geschichte verändert, ist das Geschehen von Tod und Auferweckung Jesu. Die Johannesapokalypse richtet sich nicht so sehr auf die «Wiederkunft Jesu» oder auf das «Ende der Welt» aus, sondern zentriert sich vielmehr um die machtvolle Gegenwart des auferstandenen Jesus in der Gemeinde und in der Welt. Seine Auferstehung macht die Gegenwart zu einem *kairos*, einem Augenblick der Gnade und Um-

kehr, zu einer Zeit des Widerstands, des Zeugnisses und der Aufrichtung des Gottesreichs. Die zentrale Botschaft der Johannesoffenbarung lautet: Wenn Christus auferstanden ist, dann hat die Zeit der Auferstehung und des Gottesreichs begonnen.

4) Die Johannesapokalypse ist ein geschichtliches Buch. Geschichte hat in diesem Buch zwei Dimensionen: eine sichtbar-empirische, die der Verfasser «Erde» nennt, und eine transzendente Tiefendimension, die er mit «Himmel» bezeichnet. Es gibt nur eine einzige Geschichte, die sich zugleich im Himmel und auf Erden vollzieht. Gott und der auferstandene Messias handeln in unserer Geschichte, indem sie uns von Unterdrückung und Tod befreien und eine alternative Welt schaffen. Die Utopie der Johannesoffenbarung verwirklicht sich nicht jenseits der Geschichte, sondern jenseits von Unterdrückung und Tod, in einer neuen Welt, in der die Herrlichkeit Gottes über der ganzen Erde aufstrahlt. Diese transzendente und befreiende Utopie der Apokalypse kann in der gegenwärtigen Geschichte vorangebracht werden und bestimmt schon hier all unser Denken und Handeln.

5) Die Johannesapokalypse ist Offenbarung, Entbergung der transzendenten und befreienden Gegenwart des auferstandenen Christus in der Geschichte. Für die Unterdrücker bedeutet sie Zorn und Strafe, für die vom Imperium des Tieres Ausgegrenzten und Unterdrückten dagegen frohe Botschaft, Evangelium. Die Apokalypse ist das Gegenteil dessen, was wir Ideologie nennen würden (die die Unterdrückung verschleiert und die Herrschaft legitimiert). Der Geist der Apokalypse läßt sich in Jesu Ruf fassen:

> Ich preise dich, Vater, Herr des Himmels und der Erde, weil du all das den Weisen und Klugen verborgen, den Unmündigen aber offenbart hast (Mt 11,25).

Die Johannesapokalypse ist die Offenbarung Gottes in der Welt der Armen, Unterdrückten und Ausgeschlossenen.

6) Die Johannesoffenbarung spricht in Mythen und Symbolen. Ihr Mythos ist geschichtlich und will in Situationen von Chaos, Unterdrückung und Ausschluß die Identität der Gemeinde herausarbeiten und diese mobilisieren. Er stellt das kollektive Bewußtsein und die soziale Praxis des Volkes Gottes wieder her. Er ist polysemantisch, das heißt, er hat viele Bedeutungen und steht immer neuen Interpretationen offen. Die Apokalypse schafft befreiende Mythen

und stürzt die herrschenden Mythen. Sie lehrt uns, die Macht der Mythen zu entdecken.

7) Die Visionen in der Johannesoffenbarung vermitteln eine grundlegende Überzeugung und eine historische Gewißheit. Sie dürfen nicht nur interpretiert, sondern müssen auch kontempliert und ins Handeln umgesetzt werden. Die Vision verleiht Kraft und drückt eine historische Spiritualität aus. Sie ist Erinnerung und Paränese. Und sie fördert schließlich das kreative Vorstellungsvermögen des Volkes und die Suche nach Alternativen.

8) Haß und Gewalt, die in manchen Texten der Johannesoffenbarung aufscheinen, sind Ausdruck der Grenzsituation extremster Unterdrückung und Bedrängnis, in der die Gemeinde lebt. Die Apokalypse reproduziert diese Gefühle, um in ihren Hörern eine Katharsis zu bewirken und so ihren Haß in Bewußtsein umzuformen. Die Gewalt in der Apokalypse ist eher literarisch als real: Der auferstandene Jesus erscheint als das geschlachtete Lamm; sein Triumph geschieht am Kreuz; die Märtyrer besiegen den Satan mit ihrem Blutzeugnis; Jesus schlägt die Könige der Erde mit seinem Wort. Die apokalyptische Praxis ist die Kraft des Geistes, die Kraft des Bewußtseins und Gewissens, die Macht der Mythen, des Zeugnisses und des Wortes – wir würden heute sagen: die spirituelle Kraft der Unterdrückten und ihre Strategie der Gewaltlosigkeit.

9) Die Johannesoffenbarung vereint Apokalypse und Prophetie. Die Mythen und Symbole, deren sie sich bedient, sind nicht statisch-endgültige Darstellungen der Realität, sondern Werkzeuge und Kriterien für eine prophetische Unterscheidung der Geschichte. Die Apokalypse des Johannes ruft zur Umkehr und bietet eine universale Heilsschau. Sie ist nicht das Buch absoluter Archetypen und manichäischer Dichotomien, sondern eine Rekonstruktion, eine Wiederentdeckung und Erneuerung des Exodus im Herzen des römischen Imperiums. Das Buch der Apokalypse bändigt mit seinem prophetischen Geist die radikalen Apokalyptiken und gießt sie in neue Form.

10) Die Johannesoffenbarung bringt Eschatologie und Politik, Mythos und Praxis, Bewußtsein und geschichtliche Veränderung zusammen. Sie ist nicht nur Vision, Katharsis oder Protest. Die Geschichte liegt nicht allein in den Händen Gottes. In der Apokalypse gibt es keine Passivität oder Praxislosigkeit. Die Märtyrer, die Propheten, die Menschen, die das Tier oder sein Bild nicht anbe-

ten, die sich weigern, sein Kennzeichen zu empfangen – sie alle machen reale Geschichte: Sie besiegen Satan, unterwerfen die Mächte des Bösen, rufen ein Erdbeben in Babylon hervor und herrschen über die Erde. Die Johannesoffenbarung spricht vom Bau der Zukunft, diese Zukunft aber kann in der Gegenwart gefördert und aufgebaut werden. Sie enthält eine Analyse der Realität und gibt uns das Material und die Idee zur Schaffung einer alternativen Gesellschaft. Sie liefert uns einen letztgültigen Schlüssel zur Umgestaltung der Geschichte. Der geschichtliche Grundkontext der Apokalypse ist die ökonomische, politische, kulturelle, soziale und religiöse Auseinandersetzung des Gottesvolkes und der christlichen Gemeinde mit dem römischen Imperium und den übernatürlichen Kräften des Bösen.

11) Wir müssen die Johannesapokalypse in dem historischen Kontext verstehen, in dem sie entstanden ist: im Kleinasien des ausgehenden 1. Jahrhunderts, und sie in dem Geist interpretieren, in dem sie geschrieben wurde (vgl. die Konzilskonstitution *Dei Verbum* 12). Sie ist eben kein abstraktes, universales und ewiges Buch, das zu allen Zeiten und an allen Orten gültig wäre. Ebensowenig erzählt sie, verschlüsselt und verrätselt, die Geschichte von Johannes bis zum Ende der Welt; sie ist auch keine Reportage aus der Zukunft oder eine *science fiction*. Wir lehnen jede fundamentalistische, jede unverbindliche und jede neokonservative Deutung der Apokalypse ab. Wir wollen sie positiv in ihrem literalen, historischen Sinn interpretieren, zugleich aber geht es uns darum, die Gegenwart im Licht der Apokalypse zu deuten; genau darin besteht ja der «geistliche Sinn» der Heiligen Schrift.[1]

1 Die biblischen Texte werden in der deutschen Übersetzung dieses Buches in der Regel nach der Einheitsübersetzung der Heiligen Schrift wiedergegeben. Ausnahmen bilden jene Stellen, an denen der Verfasser eine sinnrelevant abweichende Version vorlegt. In diesen Fällen folgt die deutsche Wiedergabe der Bibelübersetzung des Verfassers. (Anm. d. Übers.)

KAPITEL I: ALLGEMEINE EINFÜHRUNG IN DIE APOKALYPSE

I. Historische und theologische Schlüssel zum Verständnis der Apokalypse

1. Von der Prophetie zur Apokalyptik: nach der Zerstörung Jerusalems 586 v. Chr.

In der Geschichte des Volkes Israel gibt es eine Entwicklung von der prophetischen zur apokalyptischen Literatur. Sie ist ein längerdauernder Prozeß, in dem das Prophetische sich noch eine Zeitlang mit dem Apokalyptischen mischt. Wir wollen diesen Wandel freilich nicht an Daten festmachen, sondern die qualitative Veränderung vom Prophetischen zum Apokalyptischen sowohl in der literarischen Gattung wie im Typ von Theologie in den Blick bekommen. Die Prophetie entwickelt sich in der Regel in einer organisiert-geordneten Welt, in welcher der Prophet das Wort Gottes verkündet. Die Apokalyptik dagegen entsteht, wenn diese organisiert-geordnete Welt zerstört oder wenn der Glaubende aus ihr ausgeschlossen und ins Chaos der Marginalität gestoßen worden ist. Sie will das Bewußtsein neu aufbauen, um den Aufbau einer anderen Welt möglich zu machen. In der Geschichte Israels finden wir die klassische prophetische Bewegung hauptsächlich vor der Zerstörung Jerusalems im Jahr 586 v. Chr. Vor diesem Datum besitzt das Volk das Land, es gibt eine Monarchie und eine Oberklasse (Priester, Schriftgelehrte, Funktionäre), eine Hauptstadt, Jerusalem, und andere Städte, einen Tempel, den Kult. Mit dem Jahr 586 geht das alles zugrunde, und für den Begriff «Volk des Landes»[1] gibt es keinerlei ökonomische, politische, kulturelle oder religiöse Entsprechung mehr. In diesem Moment entsteht die Apokalyptik, die das Bewußtsein neu aufbauen will, indem sie neue Symbole und Mythen schafft, die den Neuaufbau des Volkes ermöglichen sollen.[2]

1 Vgl. J. Pixley (1991).

2 Vgl. P. D. Hanson (1983), bes. den Anhang zur 2. Auflage: «An Overview», 427–444.

Der Prophet agiert in der gegebenen Welt. Der Apokalyptiker verwirft die bestehende Welt und kündigt das Werden einer neuen Welt an. Der Prophet ist der Mann Gottes in der politisch-religiösen Welt. Der Apokalyptiker tritt auf, wenn diese Welt schon zerstört oder aber so tief verdorben ist, daß Gott sie vollends zerstören wird. Der Apokalyptiker rekonstruiert den Plan Gottes im Bewußtsein (in Visionen, Symbolen und Mythen), um so eine neue Welt zu konstruieren. In den Gestalten des Propheten wie des Apokalyptikers zeigt sich die Welt gleichermaßen in ihrer Geschichtlichkeit, allein die Perspektive ist verschieden. Der Prophet sucht eine Welt zu verändern, die auf Erden schon besteht; der Apokalyptiker will Bewußtsein und Hoffnung neu aufbauen, um innerhalb derselben Geschichte eine andere Welt aufbauen zu können.

Zum besseren Verständnis dessen diene uns ein Beispiel aus unserer Geschichte Lateinamerikas und der Karibik. Was das Jahr 586 v. Chr. in der Geschichte Israels, das war das Jahr 1492 in der Geschichte unseres Kontinents. Auch in diesem Jahr geschah eine totale Zerstörung, nämlich die der indigenen (einheimischen) Völker: eine ökonomische, politische, kulturelle und religiöse Zerstörung. In diesem Kontext entstand, unter dem positiven Einfluß einer in gewissem Maß befreienden Evangelisierung, unter der indigenen Bevölkerung Mexikos ein neues Bewußtsein, das sich in der Legende von Tepeyac Ausdruck verschaffte. Diese Erzählung ist apokalyptisch und will nichts anderes, als das Bewußtsein der Ureinwohner neu aufzubauen. Sie ist ein synkretistischer Mythos, der sowohl auf indigenen Traditionen (von der Göttin Tonantzín) wie auf christlichen Überlieferungen (von der Jungfrau von Guadalupe) aufbaut. Dieser Mythos hat es zunächst den Ureinwohnern und sodann auch dem mexikanischen und lateinamerikanischen Volk ermöglicht, die eigene Identität als Teil in einem Prozeß der Gesamtrekonstruktion des amerindischen Volkes zu entwickeln.[3] Neben dieser indigenen apokalyptischen Erzählung haben wir die prophetische Stellungnahme des Bartolomé de las Casas. Dieser Prophet konnte, als Spanier und Bischof, innerhalb des Systems wirken. So vereinigen sich eine apokalyptische Antwort, welche aus dem Chaos entsteht, in das die indigenen Völker versunken waren, und eine prophetische Antwort, die innerhalb des Systems laut wird.

3 Vgl. C. Siller (1981).

Im Jahr 538 v. Chr. kehrt die israelitische Elite aus dem Exil in Babylonien zurück nach Palästina. Es entsteht eine erste apokalyptische Bewegung oder, besser, eine Reformbewegung mit einer Eschatologie, die zwei entgegengesetzte Tendenzen ausprägen wird[4]: eine vorherrschende hierokratische, das heißt priesterliche, die sich an der apokalyptischen Eschatologie Ezechiels ausrichtet und von der Priestergruppe der Zadokiden angeführt wird. Ihr Programm heißt: Wiederherstellung des Tempels und des Kults. Ihre Inspiration bezieht sie aus den Kapiteln 40–48 des Ezechielbuchs. Mit den Propheten Haggai und Protosacharja (Sach 1–8) schafft sich diese Bewegung ein eigenes Symboluniversum, das im Widerspruch zur imperialen Welt Persiens steht. Sie verliert freilich rasch ihre eschatologisch-apokalyptische Dimension und wird zu einem Instrument der Kontrolle über die Gemeinde (so Esra, Nehemia und die Bücher der Chronik). Die zweite Tendenz hat prophetisch-popularen Charakter; sie inspiriert sich an der apokalyptischen Eschatologie des Deuterojesaja. Sie erstrebt die Wiederherstellung Israels – nicht eigentlich von den Strukturen ausgehend, sondern von der Wiederherstellung des Volkes selbst her. Ihr Programm findet sich in Jes 60–62. Diese populare Bewegung mit ihrer apokalyptischen Eschatologie wird Schriften hervorbringen wie etwa Jes 34–35 und 24–27 sowie den gesamten Tritojesaja; später werden auch Deuterosacharja (Sach 9–14), Deuterojoel (Joel 3–4) und vielleicht auch Maleachi aus ihr hervorgehen. An Lebensdauer sind ihr rund hundert Jahre beschieden.

Es ist interessant, diese beiden Reformbewegungen miteinander zu vergleichen: die eine sazerdotal-institutionell, die andere popular-prophetisch. Beide wollen das Volk Gottes neu aufbauen: die erste von der Restauration der Strukturen aus, die zweite ausgehend von der Restauration des Volkes.[5] Die spätere apokalyptische Bewegung wird Sprache und Symbolik der ersten beibehalten, historisch aber wird sie eine Fortsetzung der zweiten Tendenz sein. Die erste Bewegung ist unter starken Einfluß seitens der aus dem Exil zurückgekehrten Elite geraten. Es ist ja immer so, daß «Heim-

4 Vgl. P. D. Hanson (1983), bes. den schon erwähnten Anhang.

5 Ein Vergleich zwischen dem priesterlichen «Verfassungsentwurf» in Ez 40–48 und dem popularen Projekt in Jes 60–62 ist höchst beeindruckend.

kehrer» die Institutionen der Vergangenheit wiederaufbauen wollen. Die zweite Bewegung dagegen wächst hauptsächlich im «Volk des Landes», das nicht im Exil war und das in den Institutionen der Vergangenheit eher die Ursache für all die über das Volk hereingebrochenen Katastrophen sieht. Diese populare Bewegung strebte damals eine Wiederherstellung des Volkes mittels der Schaffung eines neuen Bewußtseins (durch neue Symbole und Mythen) und durch die Kritik der herrschenden Institutionen an. Beide Bewegungen waren vielleicht historisch notwendig, die kreativere von beiden war allerdings die popular-prophetische; sie hat in der Jesus-Bewegung und in den Ursprüngen des Christentums die größte Wirkung entfaltet. Daß die Theologie der Befreiung heute dem prophetisch-popularen Modell folgt und stark von Jes 56–66 inspiriert ist, liegt auf der Hand. Auch wir Heutigen haben uns mit der restaurativ-sazerdotalen Bewegung auseinanderzusetzen, die das Volk Gottes von der Restauration der Institutionen und des Gesetzes her neu aufbauen will. Wie in den biblischen Zeiten sind beide Bewegungen legitim, unter der Bedingung freilich, daß das Institutionelle das Prophetische nicht erdrückt.

3. Von Daniel zur Johannesapokalypse: drei Jahrhunderte Apokalyptik

Die Bücher Daniel und Offenbarung sind die einzigen apokalyptischen Bücher, die in den Kanon der heiligen Schriften Eingang gefunden haben. Daniel, redigiert zwischen 176 und 164 v. Chr., und die Johannesapokalypse, entstanden zwischen 90 und 96 n. Chr., sind die beiden äußersten Pole eines geschichtlichen Horizonts von rund drei Jahrhunderten, in denen eine nahezu ununterbrochene populare apokalyptische Bewegung ihren Ausdruck in einer reichen apokryphen, geschichtlich-apokalyptischen Literatur fand.[6] Immer wieder mag uns die Johannesoffenbarung als ein seltsam-seltenes und im Kanon ziemlich isoliertes Buch erscheinen, doch wenn wir die ganze Geschichte von Daniel bis zur Johannesoffenbarung rekonstruieren, so stehen wir vor einem bedeutunggebenden Kontext von drei Jahrhunderten, in welchem die Apokalypse ihren wahren geschichtlichen Ort und Sinn findet. Dieser Kontext wird noch

6 P. Richard (1991), 43–46. Vgl. allgemein zu dieser Periode: Nickelsburg (1981); J. J. Collins (1987).

bedeutsamer, wenn wir innerhalb seiner die Bewegung Jesu und der Kirche der Apostel situieren.

Wir können das Ganze an folgendem Schema verdeutlichen:

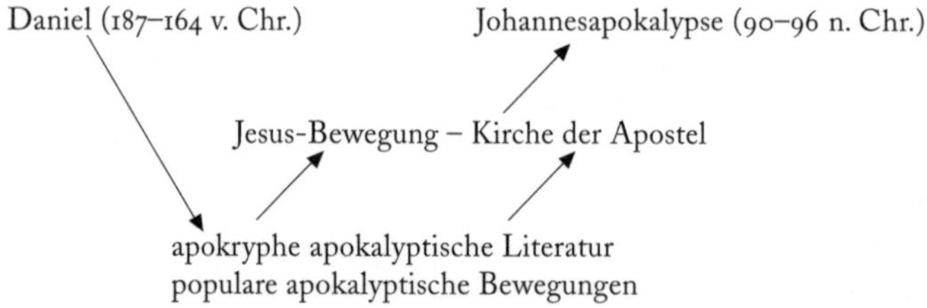

Das historische Verständnis der Apokalyptik sollte ansetzen beim Aufstand der ländlichen Bevölkerung unter Führung der Makkabäer (176 v. Chr.) und der Geschichte aller popularen jüdischen Bewegungen von dieser Epoche an bis zum Jahr 135 n. Chr.[7] Ebenso müßten wir die apokalyptische Literatur heranziehen, die diese Bewegungen bezeugt: insonderheit 1 Henoch, 2 Baruch und 4 Esra. In diesem weiten Kontext müssen wir die judenchristliche apokalyptische Bewegung verorten.

Als die Exegese die Jesus-Bewegung vor dem historischen Hintergrund der popularen Bewegungen der Epoche, zumal der Apokalyptik, deutete, stellte das einen qualitativen Sprung dar.[8] Damit konnte sie endlich die Streitfrage hinter sich lassen, ob Jesus ein Zelot oder ein Sympathisant der Zeloten gewesen sei; es hat sich nämlich gezeigt, daß die Zeloten als organisierte Gruppe überhaupt erst für den Krieg gegen Rom im Jahre 66 n. Chr. eine Rolle spielten. Vorher gab es nur Gesetzesfanatiker oder Eiferer; und das ist ja eher eine religiöse als eine politische Einstellung. Der historische Hintergrund Jesu ist die Apokalyptik als Welt von Ideen, Symbolen und Mythen, welche die Bewegungen unter der ländlichen Bevölkerung seiner Zeit vor allem in Galiläa inspirierte. Die Apokalyptik und nicht das Zelotentum erklärt den Widerstand der jüdischen Armen gegen das römische Imperium zur Zeit Jesu. Das impliziert natürlich, daß man eine neue Vorstellung von dem gewinnt, was

7 Wir verweisen in diesem Zusammenhang auf das außergewöhnliche Werk von R. A. Horsley, J. S. Hanson (1985). Ebenso auch J. Pixley (1991).

8 Vgl. R. A. Horsley, J. S. Hanson (1985).

eine apokalyptische Bewegung und was Apokalyptik ist; wir werden gleich darauf zu sprechen kommen. Die liberale Exegese hat die Apokalyptik falsch gedeutet und daher die Reich-Gottes-Verkündigung im Sinn einer gänzlich außerweltlichen, kosmischen, außergeschichtlichen Eschatologie abseits der politischen und gesellschaftlichen Veränderungen verstanden. Der apokalyptische Kontext indes vermittelt uns eine ganz andere Sicht der Jesus-Bewegung: der Vision vom Reich Gottes, des Kampfes gegen die Dämonen, der Identifikation Jesu mit dem Menschensohn, der Bedeutung seiner Gleichnisse und vor allem der Bedeutung seiner Auferstehung und siegreichen Gegenwart inmitten der Geschichte und der Kirche. Die apokalyptische Perspektive erlaubt uns, die konkrete historische, ökonomische, politische und soziale Gestalt und Situation der Jesus-Bewegung und ihren ländlich-popularen Charakter herauszuarbeiten und zugleich ihre transzendente Dimension inmitten der Geschichte zu umreißen. All das läßt uns den Zusammenhang zwischen der Jesus-Bewegung, der synoptischen Tradition und der Johannesapokalypse deutlicher sehen.

Einen Interpretationsschlüssel für die Apokalypse liefern deren Beziehung zur urchristlichen Prophetie und zur Apostelbewegung, speziell zur Aktivität des Paulus, sowie die Verwurzelung ebendieser Prophetie und Theologie in der jüdischen und judenchristlichen Apokalyptik. Prophetie und Apokalyptik im Neuen Testament als radikale Gegensätze anzusehen war ein Irrweg. Im Alten Testament unterscheiden wir historisch zwischen Prophetie und Apokalyptik, denn dort gab es einen tiefgreifenden Wandel im literarischen Genus und in der Theologie; in den Ursprüngen des Christentums dagegen sind prophetische und apokalyptische Bewegung konvergent. Heute entdecken wir beispielsweise die Nähe zwischen Paulus aus Tarsus und dem Buch der Apokalypse.[9] Obwohl es hier weitgehende theologische und literarische Unterschiede gibt, waltet doch ebenso Kontinuität. In Jesus und in den ersten Gemeinden haben wir es mit einer Synthese zwischen Prophetie und Apokalyptik zu tun. Das gilt für die judenchristlichen wie für die hellenistischen Gemeinden. In den paulinischen Schriften ihrerseits wird eine starke apokalyptische Dimension spürbar,[10] während die Johannesapokalypse den wirklich ernsthaften Anspruch erhebt, christliche Prophetie zu sein.

9 E. Schüssler Fiorenza (1985), Kap. 5: «Apokalypsis und Propheteia».
10 Vgl. Ch. Beker (1982).

4. Die Apokalypse in der nachapostolischen Periode (70–120 n. Chr.)

In der Frühzeit des Christentums unterscheiden wir die apostolische Zeit (30–70 n. Chr.) von der nachapostolischen Periode (70–120 n. Chr.). In der apostolischen Zeit lebt die erste christliche Generation von Männern und Frauen, die Apostel, die Zeugen Jesu, die mit der Mission in der jüdischen Welt wie im hellenistischen Raum betraut sind. Hauptzeuge in dieser Zeit ist Paulus. Uns interessiert hier die nachapostolische Phase, die Zeit der zweiten Christengeneration: der Schüler der Apostel und der Zeugen Jesu. Jerusalem ist im Jüdischen Krieg (66–74 n. Chr.) von den Römern dem Erdboden gleichgemacht worden, die Mutterkirche in Jerusalem ist verschwunden, die Apostel sind alle verstorben, der Gegensatz zwischen der christlichen Bewegung und der Synagoge verschärft sich. Jetzt zeigt sich die Notwendigkeit, die apostolische Tradition und andere christliche Traditionen schriftlich zu fixieren. So entsteht das Neue Testament. Und auch die Institutionalisierung der Kirche beginnt in dieser Phase. Damals entsteht die Johannesoffenbarung. Um sie richtig verstehen zu können, muß man sie in Relation zu den anderen Strömungen ihrer Zeit setzen.

James D. G. Dunn[11] unterscheidet im Christentum des 1. Jahrhunderts vier Strömungen: das jüdische Christentum, das hellenistische Christentum, den Frühkatholizismus, den wir freilich lieber Frühchristenheit nennen würden,[12] und das apokalyptische Christentum. Dunn betont, daß sie keine exklusiven Strömungen sind, sondern sich teilweise überlappen (die Mehrheit der Christen stammt aus dem Judentum, und fast alle Juden waren weitgehend hellenisiert). Dennoch kann es nicht zweifelhaft sein, daß diese vier Strömungen vor allem gegen Ende des 1. Jahrhunderts vier verschiedene Typen von Christentum darstellen. Dunn selbst sieht es so, daß die verschiedenen Häresien gegen Ende des 2. Jahrhunderts den genannten vier Tendenzen im 1. Jahrhundert entsprechen: Die Ebioniten kommen aus dem Judenchristentum, die gnostischen Sekten aus dem hellenistischen und die Montanisten aus dem apokalyptischen Christentum. Die Frühchristenheit wird sich, insbesondere seit Konstantin im 4. Jahrhundert, als bestimmende orthodoxe Tendenz durchsetzen (sollten wir nicht auch von einer autoritär-patri-

11 J. D. G. Dunn (1992).
12 Vgl. P. Richard (1984).

archalen Häresie in den ersten Jahrhunderten des Christentums sprechen können?). Das Interessante an dieser historischen Analyse ist nun, daß das Christentum von seinen Anfängen an im Rahmen der Einheit der Kirche tief pluralistisch war. Gewöhnlich hegen wir die gegenteilige Vorstellung, nämlich: das Christentum sei als monolithischer Block entstanden, als ein einziger Stamm, um sich sodann in die verschiedenen häretischen Sekten auszufächern. Historische Wahrheit ist freilich der plurale Charakter des Christentums, und dies vor allem in der nachapostolischen Zeit. Diese Pluralität und Diversität reicht tief: Sie schafft verschiedene theologische Strömungen und verschiedene Modelle von Kirche, die sich jahrhundertelang durchhalten werden. Gleichermaßen ist jedoch auch die Einheit der Kirche im 1. Jahrhundert eine Tatsache; sie ist, von geringfügigen Ausnahmen in der johanneischen Kirche einmal abgesehen, niemals zerbrochen.

Als Schlüssel zum Verständnis der Apokalypse bedarf es auch des Vergleichs zwischen dem apokalyptischen Christentum und den drei anderen Tendenzen. Da ist zunächst der Unterschied zwischen *jüdischem und apokalyptischem Christentum.* Beide wurzeln zwar in der Tradition des Volkes Israel und sind «messianische Sekten» innerhalb des jüdischen Volkes, doch ihre Unterschiede sind ebenso bedeutsam. Das Judenchristentum bleibt dem Gesetz treu ergeben, und einige seiner Mitglieder werden der Mission und Theologie des Paulus heftigen Widerstand entgegensetzen (vgl. Gal 2; 2 Kor 10–13; Apg 21). Nach der Zerstörung des Jerusalemer Tempels wird die Akademie von Jabne, in der pharisäischer Einfluß vorherrscht, ein rabbinisches Judentum schaffen, das sich ganz deutlich von den messianisch-apokalyptischen Ideen unterscheidet. Die radikalen Judenchristen, die sich früh im 2. Jahrhundert von der Großkirche abspalten, um ebionitische Sekten zu bilden, sind ebenfalls antiapokalyptisch eingestellt. Das apokalyptische Christentum, das der prophetisch-apokalyptischen Tradition Jesu, des Paulus und der ersten Gemeinden nähersteht, wird sich vom orthodoxen jüdischen Christentum immer weiter entfernen. Werke wie das Matthäusevangelium und der Jakobusbrief, die aus dem gemäßigten Judenchristentum stammen, werden dafür sorgen, daß das Christentum der späteren Großkirche nicht gänzlich mit dem Reichtum der jüdischen Tradition bricht.

Hellenistisches und apokalyptisches Christentum haben Wichtiges gemeinsam: ihre radikale Opposition gegen jene Tendenz, die sich im 2. Jahrhundert als Gnostizismus entfalten wird. Diese künftigen Gnostiker sind die Widersacher im ersten Korinther-, im Philipper- und im Kolosserbrief, in den Pastoralbriefen, dem Judasbrief und der Johannesoffenbarung. Gegen sie führen Paulus, Markus und die Tradition des Lieblingsjüngers die Theologie des Kreuzes an, und in ähnlicher Form stellt die Apokalypse ihnen die Theologie des Martyriums entgegen. Die Johannesoffenbarung unterscheidet sich vom hellenistischen Christentum durch ihre Fähigkeit, auch die negativen Seiten an der Hellenisierung des Christentums zu sehen.

In der nachapostolischen Zeit kommt es zur Institutionalisierung der Kirche. Dieser Prozeß spielt sich freilich nicht nach einem einzigen Muster ab. Ganz im Gegenteil: wir finden in ihm verschiedene Institutionalisierungsmodelle. Eines stellt sich in den Pastoralbriefen (erster und zweiter Timotheusbrief, Titusbrief) dar, ein anderes in der nachpaulinischen Tradition im Kolosser- und im Epheserbrief oder in der zweiten nachpaulinischen Tradition im Lukasevangelium und in der Apostelgeschichte; wieder ein anderes Institutionalisierungsmodell ist dasjenige des Matthäus, das, dank seiner Synthese aus den Traditionen von Paulus und Jakobus, das Grundmodell für die Großkirche werden wird; und schließlich gibt es da noch das in der Tradition des Lieblingsjüngers (Johannesevangelium und Johannesbriefe) entwickelte Modell einer Institutionskritik, das zu guter Letzt das apostolische Modell der Großkirche anerkennen wird (was sich in Joh 21 niederschlägt).[13]

Dieser ganze Institutionalisierungsprozeß, den die Kirche durchmacht, zeichnet sich durch eine klare Tendenz aus, die mit Konstantin und Eusebius von Caesarea beherrschend werden wird: die *Frühchristenheit*. In dieser Tendenz vereint sich die Hellenisierung des Christentums mit seiner Enteschatologisierung: Der Glaube wird zur Lehre; die Eschatologie ist nur noch Doktrin, wie bereits im ersten Petrusbrief, oder sie bezieht sich ausschließlich auf das individuelle Seelenheil, wie im Hirten des Hermas. Diese Tendenz wird gleichermaßen eine stärkere Anpassung der Kirche an das herrschende politische System (das römische Imperium) wie auch einen zunehmenden Ausschluß der Frau vom kirchlichen Amt zur Folge

13 Zu dieser Beschreibung der Modelle von Kirche in der nachapostolischen Zeit vgl. das interessante Werk von R. E. Brown (1986). Für die Tradition des Lieblingsjüngers vgl. vom selben Autor: Ringen um die Gemeinde. Der Weg der Kirche nach den johanneischen Schriften, Salzburg 1982.

haben (einen Ausschluß übrigens, der in der frühesten apostolischen Tradition nicht gegeben war). Zweifellos ist diese frühchristenheitliche Tendenz in den Pastoralbriefen und im ersten Klemensbrief besonders greifbar.

Schließlich haben wir noch das *apokalyptische Christentum* vor uns, innerhalb dessen die Johannesapokalypse zu stehen kommt. Wir haben schon gesagt, daß dieses Christentum tief in der Tradition des jüdischen Volkes und speziell in der jüdischen Apokalyptik verwurzelt ist. Ebenso wurzelt es in der Jesus-Bewegung, in der prophetischen Bewegung der ersten Gemeinden und in der paulinischen Theologie. Daher ist das apokalyptische Christentum kein isoliertes und außergewöhnliches Phänomen vom Ende des 1. Jahrhunderts. Es ist vielmehr eine für das Werden des Christentums und der Kirche grundlegende und bestimmende Tradition während des ganzen 1. Jahrhunderts. Dunn sagt dazu:

> Das Christentum begann als eschatologische Sekte innerhalb des Judentums, eine Sekte, die in ihrer apokalyptischen Mentalität im wesentlichen in Kontinuität zur Botschaft Johannes' des Täufers und Jesu stand.[14]

Das Markusevangelium und die sogenannte Quelle Q bewahren in ihrer Gesamtheit ihre apokalyptische Herkunft und Inspiration.[15] Hauptsächlich Mk 13 (die Rede über die Endzeit) repräsentiert diese apokalyptische Tradition, die Markus mit besonderer Treue zu wahren trachtete. Doch auch die Vorstellung, die Jesus vom Reich Gottes hatte, sein Kampf mit den Dämonen, die Menschensohntradition, auf die er sich bezog, und vor allem das Verständnis seiner Auferstehung – das alles ist, wie wir schon sagten, apokalyptisch inspiriert, zumindest in seiner eschatologischen Dimension. Ebenso lebt diese Tradition fort in den Evangelien des Matthäus und des Lukas, besonders in Mt 24–25 und in Lk 21.[16] Den apokalyptischen Hintergrund bei Paulus haben wir schon erwähnt; zumal im ersten Thessalonicherbrief zeichnet er sich ab, und zwar im gesamten Text, vor allem aber in der Passage 1 Thess 4,13–5,11. Auch 1 Kor 15, Gal 1, Röm 1–8 sind einschlägig. Der zweite Thessalonicherbrief, höchstwahrscheinlich nicht von Paulus selbst verfaßt,

14 J. D. G. Dunn (1990), 325.
15 Vgl. N. Perrin, D. C. Duling (1982), 11ff und 233ff, wo das Markusevangelium das «apokalyptische Drama» genannt wird.
16 Vgl. J. Dupont (1985).

entstammt gleichwohl paulinischer Tradition und gehört möglicherweise dem gleichen Zeitraum an wie die Johannesapokalypse.[17] 2 Thess 2,1–12 ist für die Interpretation der Johannesoffenbarung höchst bedeutsam. Und auch Eph 6,10–20 reflektiert ein sehr lebendiges apokalyptisches Christentum. Neben der paulinischen und nachpaulinischen Tradition können wir noch den Judasbrief erwähnen, ein apokalyptisches Schreiben im Kampf gegen den Gnostizismus.[18]

5. Die Funktion der Apokalypse in der Entstehung des Christentums

Bisher haben wir die Wurzeln der christlichen Apokalyptik aufgezeigt und aufgewiesen, daß diese für die apostolische Bewegung und ihre Identität grundlegend und auch für die nachapostolische Zeit spezifisch, legitim und wichtig ist. All dies ist in der christlichen Tradition oft genug schlichtweg geleugnet, unterbewertet oder ins Abseits gedrängt worden. Das hatte tragische Folgen für Christentum und Kirche. Daher ist es überaus wichtig, daß wir, als Interpretationsschlüssel für die Johannesapokalypse, ganz kurz die Funktion der christlichen Apokalyptik und der Apokalypse in der Geschichte des Christentums betrachten.

a) Christliche Apokalyptik und Apokalypse angesichts von Judentum und Judenchristentum

Erstens haben beide eine Brücke zwischen der apokalyptischen Tradition des Judentums und dem Christentum geschlagen. Das können wir an dem Einfluß erkennen, den das Buch Daniel auf die Jesus-Bewegung, auf die urchristliche Tradition und auf die ganze spätere Geschichte des Christentums insbesondere in den popularen christlichen Kreisen ausgeübt hat. Die christliche Apokalyptik schuf die Verbindung zwischen den popularen jüdisch-apokalyptischen Bewegungen mit ihrem ganzen symbolischen und theologischen Reichtum einerseits und den christlichen Befreiungsbewegungen im Laufe der Geschichte andererseits. Die apokalyptischen Bücher des Judentums (wie etwa 1 Henoch, 4 Esra, 2 Baruch u. a.) haben dank den christlichen Kirchen überlebt.

17 H. Köster (1980), 677ff: «Die Erneuerung der Apokalyptik».
18 H. Köster (1980), 682ff: «Apokalyptik und Gnosis».

Zweitens hat die christliche Apokalyptik in hohem Maße dazu beigetragen, eine Synthese zwischen der prophetischen und der apokalyptischen Tradition zu schaffen. Das geschah im Leben Jesu und von Anfang an in der nachösterlichen Gemeinde und dauerte das ganze 1. Jahrhundert über an. Das Christentum ist von jeher eine prophetisch-apokalyptische Bewegung. Diese Synthese hat die prophetische Tradition des Alten Testaments für die Gemeinden der Apostelzeit wichtig werden lassen und hat dieser Tradition ihre ganze populare und befreiende Kraft verliehen. Diese Synthese ist später in der Kirche verlorengegangen, vor allem dann, als diese die apokalyptische Tradition an den Rand drängte oder ganz in Vergessenheit geraten ließ, aus ihr eine abstrakte Lehre machte oder sie nur noch im Hinblick auf die Rettung der Einzelseele gelten ließ (ein Prozeß, der schon im zweiten Petrusbrief und mit dem Hirten des Hermas beginnt).

Die christliche Apokalyptik hat zudem einige negative Aspekte der jüdischen Apokalyptik korrigiert oder doch zumindest gemildert. Sie hat dazu beigetragen, deren manchmal übermäßig nationalistischen und gewalttätigen Charakter zu überwinden; sie hat ihren fundamentalistischen Enthusiasmus korrigiert und ihre maßlosen Erwartungen in die nahe Ankunft des Messias gedämpft. Immer wieder verlor sich die jüdische Apokalyptik in außerweltlichen, kosmischen Spekulationen, die von der geschichtlichen Verantwortung des Glaubenden inmitten der Welt ablenkten. Viele von diesen apokalyptischen Abwegen tun sich auch in den Kirchen auf, und zwar genau dann, wenn die Kirchen die authentische Tradition der christlichen Apokalyptik ins Abseits drängen oder ganz vergessen.

Die Apokalypse hat aber auch ebenso im 2. Jahrhundert eine wichtige Rolle gespielt, als es zur Auseinandersetzung mit dem Montanismus kam. Diese Häresie hat zwar ihre Wurzeln im apokalyptischen Christentum und läßt uns die Kraft ebendieses Christentums spüren, aber sie führt uns auch dessen Verirrungen vor Augen. Der Montanismus ist um das Jahr 156 n. Chr. in Pepusa, in der Nähe von Philadelphia, entstanden.[19] Er war eine apokalyptische Bewegung, die das römische Imperium und die mit diesem kollaborierenden Hierarchen scharf attackierte. Die Montanisten waren Opfer vieler Verfolgungen und stellten zahlreiche Märtyrer. Ihre Bewegung repräsentiert ein populares Christentum mit starker

19 Zum folgenden vgl. E. Hoornaert (1987), 92ff.

Beteiligung von Frauen. Zugleich explodierte in ihm förmlich ein von den unterdrückten Klassen geprägtes Prophetentum. Tertullian, der große Theologe der Kirche, gehörte zu Anfang des 3. Jahrhunderts der Bewegung an. Der Montanismus endete in der Abspaltung von der Kirche. Von ihm führt ein roter Faden über Novatianismus und Donatismus bis zu den mittelalterlichen Bewegungen der Katharer, Bogumilen, Albigenser, der «Spiritualen» Joachims von Fiore und der «Fraticellen» des Franziskus von Assisi; und auch spätere Bewegungen wie die Hussiten und Wiedertäufer, in denen der Geist der ursprünglichen christlichen Apokalyptik fortlebte, wenn auch oft vermischt mit den erwähnten apokalyptischen Verirrungen, stehen in dieser Tradition. Wenn die Kirche die Johannesapokalypse in den Kanon aufnahm, dann hauptsächlich, um diese für das Christentum so wesentliche prophetisch-apokalyptische Dimension zu legitimieren, dabei aber auch das Gute vom Schlechten in den popularen apokalyptischen Bewegungen unterscheiden zu können, das apokalyptische Christentum in gemäßigte Bahnen zu lenken und fundamentalistischem apokalyptischem Enthusiasmus zu wehren. Die Johannesapokalypse entspricht ganz genau dieser zweifachen Intention der Kirche: Sie stellt die prophetisch-apokalyptische Dimension der Kirche heraus, und sie bremst den entfremdenden apokalyptischen Enthusiasmus.

b) Christliche Apokalyptik und Apokalypse angesichts von Hellenismus und Gnostizismus

Ernst Käsemanns Auffassung über «die Apokalyptik als den eigentlichen Anfang urchristlicher Theologie» ist bekannt.[20] An anderer Stelle bezeichnet er die Apokalyptik als «Mutter der christlichen Theologie». Am wichtigsten aber ist seine Warnung vor der Preisgabe der Apokalyptik:

> Meine eigene Behauptung geht dahin, daß *die nachösterliche Apokalyptik die älteste Variation und Interpretation des Kerygmas bezeichnet.* Dann kann man freilich nicht mehr fragen, ob sie der Erfassung der notwendigen theologischen Aufgabe mehr dienlich gewesen sei oder ihr mehr im Wege gestanden habe. Sie hat die Aufgabe überhaupt zuerst erkannt und angegriffen. Daß die *kirchliche Theologie weithin in der Überwindung der Apokalyptik ihre*

20 E. Käsemann (1970), 100.

Aufgabe gesehen hat, ist nicht zu bestreiten. Sind deshalb die Kirchenväter die ersten Theologen? Ist das Griechentum der Taufpate der christlichen Theologie? Dem Neutestamentler sei erlaubt zu fragen, *welchen Preis wir dafür zahlen und welches Risiko wir damit eingegangen sind, daß wir als Theologen Erben des systematischen griechischen Denkens wurden. Ganz ungestraft überwindet man die Apokalyptik nicht.*[21]

Diese Bewertung der Apokalyptik als Mutter der Theologie, die Feststellung, die spätere Kirche habe die Apokalyptik eliminiert, und der Preis, den wir für die übermäßige Hellenisierung der Theologie zahlen – das alles müssen wir im Auge behalten, wenn wir die Funktion der Apokalyptik in der Kirche wieder zu Gesicht bekommen wollen. So weit, so gut. Diskutabel freilich ist, wie Käsemann die Apokalyptik auf die unmittelbar bevorstehende Parusie (Wiederkunft) Christi reduziert.[22] Das Zentrum der Apokalyptik ist nicht die Parusie, sondern die Auferstehung Jesu. Die Auferstehung ist im apokalyptischen Denken Allgemeingut; das Neue an der christlichen Apokalyptik besteht darin, daß die Auferstehung schon in Jesus geschehen ist. Wenn Jesus von den Toten auferstanden ist, dann ist die Auferstehung der Toten möglich, und die Zeit der Auferstehung hat begonnen. Wir werden später noch sehen, daß die Parusie als «Wiederkunft» oder «zweites Kommen» in der Apokalypse (und im gesamten Neuen Testament) nicht von solcher Wichtigkeit ist. Wichtig ist vielmehr die Parusie als «siegreiche Gegenwart des auferstandenen Christus in der Geschichte». Die Erfahrung, daß Jesus in der Gemeinde lebt, und die Erfahrung seines Geistes sind fundamental für die Eschatologie der Urkirche im allgemeinen und für die christliche Apokalyptik im besonderen. In diesem Sinne ist die Apokalyptik tatsächlich die Mutter der christlichen Theologie, und in diesem Sinne wird sie der Gnosis und der übermäßigen Hellenisierung des Christentums widerstreiten.

Die Apokalyptik ist die Mutter der Theologie aufgrund ihrer geschichtlichen Verwurzelung in der jüdischen und judenchristlichen Apokalyptik, aufgrund ihrer Zugehörigkeit zu den popularen apokalyptischen Bewegungen und weil sie der Hintergrund der Jesus-Bewegung und der Urkirche ist. Doch gerade aufgrund ihrer Ursprünge ist die Apokalyptik eben nicht die Mutter irgendeiner beliebigen, sondern eines ganz bestimmten Typs von Theologie: ei-

21 E. Käsemann (1965), 105, Anm. 5 (Hervorhebung von mir).
22 Vgl. H. Marshall (1987).

ner historischen, politischen, popularen, eschatologischen Theologie im Gegensatz zu einer griechisch-lateinischen, allzusehr hellenisierten Theologie. Wir wollen einen kurzen Blick auf die negativen Wirkungen werfen, die der Hellenismus auf das Christentum ausübte, schauen, wie dieses sich mit jenem auseinandersetzte, und sehen, welche wichtige Rolle die Apokalyptik im Widerstand gegen den Hellenismus spielte.

Wir haben vorhin von Christenheit gesprochen, von dem Verhältnis der Kirche zu den herrschenden Klassen, und zwar insbesondere vom 4. Jahrhundert an. Jetzt fassen wir eine frühere und fundamentalere Größe ins Auge: das Eindringen des Hellenismus in die Kirche – in ihre Theologie, Lehre und Liturgie, in ihre Weise, zu handeln und sich zur Welt und zu Gott in Beziehung zu setzen.[23] Dieser Prozeß reicht vom 2. Jahrhundert bis in unsere Tage. Allerdings gab es auch schon im 1. Jahrhundert hellenisierende Tendenzen: Mit ihnen schlagen sich Paulus im ersten Korinther- und im Philipperbrief und die nachpaulinischen Verfasser im Kolosserbrief und in den Pastoralbriefen herum. Und sie sind die Dissidenten in den Gemeinden aus dem Evangelium des Lieblingsjüngers, mit denen sich auch der erste Johannesbrief auseinandersetzt. Gegen Gegner dieses Typs wird später die Johannesapokalypse zu kämpfen haben; sie heißen dort «Nikolaiten» (das Wort werden wir noch erläutern). Auch der Judasbrief streitet gegen eine ähnliche Tendenz.

In Kontinuität zu diesen im Neuen Testament bezeugten hellenisierenden Enthusiasten (aus denen dann später die Gnostiker hervorgehen) *wird die griechisch-lateinische Theologie eine irrige Relektüre und Interpretation der Ursprünge des Christentums entwickeln.* Paulus und Johannes wird sie in hellenisierender Perspektive lesen, die Synoptiker werden als erbauliche Lektüre außer acht bleiben, und die Apokalyptik sowie die Johannesapokalypse werden überhaupt nicht in Betracht gezogen. Der Hellenismus bildet eine intellektuelle Klasse, die mit dem Volk nichts zu tun hat; sie ist in der hellenistischen Gesellschaft die Nachfolgerin der Klasse der Philosophen. So entsteht eine hellenistische Theologie: intellektuell, individualistisch, elitär und weit ab vom christlichen Alltagsleben des Volkes. Diese christlichen Eliten haben den Hellenismus nie als solchen erkannt und wirklich evangelisiert, sondern ihn schlicht und einfach über-

23 Was das Problem des Hellenismus in der Kirche angeht, folge ich J. Comblin (1986) in seinem Kapitel III: «Das Wort Gottes und die Herausforderung des Hellenismus».

nommen. Platon und Aristoteles traten an die Stelle der geschichtlichen Erinnerung an Jesus und an die apostolische Tradition. Nicht das Christentum hat den Hellenismus evangelisiert, sondern dieser hat jenes umgeformt. Die Kirche konnte die herrschende Kultur nicht evangelisieren, denn diese hatte bereits den herrschenden Sektor in der Kirche umgeprägt. Die intellektuellen Eliten des Christentums schlossen sich an die politischen Eliten des Imperiums an. Die Synthese aus Hellenismus und Christentum geschah im Dienst der Herrschaft.

Eines der *negativen Elemente des Hellenismus* in der Theologie[24] besteht darin, daß sich als Gottesbild die Vorstellung der griechischen Philosophen durchsetzt: ein kosmischer Gott, kein Gott der Geschichte. Es ist ein ordnender, kein befreiender Gott. Die Ordnung des Universums erscheint als Bild Gottes. Der Hellenismus durchtränkt die gesamte Theologie mit Idealismus. Und dieses Christentum wiederum hat den hellenistischen Idealismus popularisiert. Das führte zu zwei Folgen: zur Verachtung der Materie (des Körpers und des Sexus) und zur Isolierung des Geistes (der als von Körperlichkeit und Geschichte losgelöst gedacht wurde). Das Ergebnis war ein hellenisiertes Christentum, das dem Volk eine antimaterielle, antisoziale, intellektualistische, individualistische und patriarchale Spiritualität einflößte. Auch die Vernachlässigung des Heiligen Geistes geht auf das Konto dieser Hellenisierung. Für ihn gab es im Rahmen der hellenistischen Kultur keinen Platz, und daher hatte auch die spirituelle (Um-)Gestaltung der Geschichte, der Materie, des Leibes in ihr keinen Ort: Auch die Auferstehung geriet in Vergessenheit! Wehen und Bewegung des Geistes, der dennoch im Volk Gottes überlebte, sollten sich somit zwangsläufig in Konfrontation mit der hellenisierenden Intellektualität der kirchlichen Institution befinden.

Der *Widerstand gegen den Hellenismus und die Hellenisierung* beginnt mit der jüdischen Apokalyptik, einsetzend mit der ersten Hälfte des 2. vorchristlichen Jahrhunderts, in den Kämpfen der Makkabäer (davon handeln 1 und 2 Makk und Dan). Zu Beginn des 1. Jahrhunderts n. Chr. ist Palästina weitgehend hellenisiert, und so gerät Jesus mit seiner zutiefst apokalyptisch inspirierten Verkündigung in einen radikalen Gegensatz zu den Weisen und Klugen, die über das Volk herrschen:

24 Vgl. J. Comblin (1986), 195ff.

> Ich preise dich, Vater, Herr des Himmels und der Erde, weil du all das den Weisen und Klugen verborgen, den Unmündigen aber offenbart[25] hast (Mt 11,25; Lk 10,21 – eine Passage aus der Quelle Q, die ihrerseits stark apokalyptisch geprägt ist).

Weder Jesus noch die synoptische Tradition von Q, Markus, Matthäus und Lukas zeigen einen Einfluß des Hellenismus. Die Verkündigung des Gottesreichs, das zwar transzendent ist, aber sich auf Erden realisiert; der Kampf gegen die Dämonen; das Lehren in Gleichnissen; das Kreuz und die leibliche Auferstehung Jesu – das alles sind Elemente, die den Geist der Apokalyptik atmen, ganz im Gegensatz zur Kultur des Hellenismus, der zur Zeit Jesu in Palästina schon deutlich präsent war. Auch Paulus wird in Athen eine bedrückende Erfahrung mit den philosophischen Schulen des Hellenismus machen (vgl. Apg 17,16–34), die für seine negative Einstellung zu den Weisen dieser Welt bestimmend werden wird: 1 Kor 1–4. In 1 Kor und Phil ringt er mit den hellenisierenden Enthusiasten, und seine Nachfolger haben es im Kolosserbrief und in den Pastoralbriefen mit ihnen zu tun. Paulus stellt ihnen seine «Theologie des Kreuzes» entgegen, und die Johannesapokalypse antwortet auf die Nikolaiten, eine geistesverwandte Strömung, mit ihrer «Theologie des Martyriums». Auch der Judasbrief setzt sich aus apokalyptischer Perspektive mit der hellenisierenden Theologie auseinander.

Zusammenfassend können wir sagen, daß die Apokalyptik vom 2. vorchristlichen Jahrhundert an bis in die Mitte des 2. Jahrhunderts n. Chr. eine bestimmende Rolle im Kampf mit der radikalhellenisierenden Philosophie und gegen die Hellenisierung des Judentums wie des Christentums gespielt hat. Daß die Hellenisierung des Christentums den Sieg davontrug, bedeutete auch das Scheitern der christlichen Apokalyptik. Wie Ernst Käsemann in der zu Beginn dieses Abschnitts zitierten Passage sagt, hat die Kirche die Apokalyptik eliminiert und einen hohen Preis dafür zahlen müssen: Die Theologie wurde zur Erbin des griechischen Denkens. Wir könnten hinzufügen: Die Theologie wurde elitär, intellektuell, idealistisch und trat in den Dienst der Unterdrücker. *Die Apokalyptik kann man eben nicht ungestraft preisgeben!*

Nun war zwar die Hellenisierung des Christentums seit dem 2. Jahrhundert sehr nachhaltig, aber sie hatte doch nicht alle Bereiche

25 Griechisch: *apekalypsas*, vom Substantiv *apokalypsis* = Offenbarung.

ergriffen. Besonders im Osten entwickelte sich ein populares Christentum, das der hellenisierten Kultur widerstand. Auch der Kampf gegen die gnostischen Häresien war Sache des Volkes. Die Gnosis stellt eine perverse Inkulturation des Christentums in die Herrschaftsphilosophie des römischen Imperiums dar.[26] Die christliche Gnosis ist der gescheiterte Versuch einer Synthese zwischen Hellenismus und Christentum (Comblin). Das arme Volk Gottes hat in gewisser Weise die ganze Geschichte hindurch die Erinnerung an die Tradition Jesu und der urchristlichen Gemeinden bewahrt, eine apokalyptische, nichthellenistische Tradition von Armen und für Arme.[27] Der Hellenismus hat die Klassen der Unterdrücker beherrscht, die Erinnerung und das populare Bewußtsein des Christentums aber hat er niemals unterwerfen können. Wenn der Hellenismus bei den herrschenden Eliten dominierte, so überlebte die apokalyptische Tradition im gläubigen Bewußtsein des Volkes Gottes.

Zum Schluß dieses Abschnitts wollen wir aber *gewissen positiven Aspekten der griechisch-lateinischen Kultur* im Christentum Gerechtigkeit widerfahren lassen.[28] Diese Kultur hat der christlichen Religion einen gewissen Sinn für das Humane verliehen, etwa eine rationale Vorstellung von der Religion, die uns von irrationalen religiösen Überhitzungen im Zusammenhang mit Dämonen, Magie, Hexerei, Aberglauben, Angst und anderen kollektiven Torheiten befreit hat. Der Hellenismus hat dem Christentum ein universales Empfinden und eine optimistische Sicht von Religion vermittelt. Und er hat zur theologischen Theoriebildung über den Glauben beigetragen, wenn wir einmal von den erwähnten negativen Aspekten absehen. Der griechische Humanismus hat das Christentum von religiöser Sensationsgier und Enthusiasmus befreit und es für die Profanität, die Kultur und das Freiheitsstreben (gegen den Totalitarismus) geöffnet.

Die positiven Elemente der griechisch-römischen Kultur haben jedoch unter der übermäßigen Hellenisierung des Christentums Schaden gelitten. Die ausschließliche und vorherrschende Hellenisierung des Christentums hat die christliche Tradition und das Le-

26 Manche Autoren unterscheiden zwischen dem vorherrschenden philosophischen Gnostizismus, der in den herrschenden Klassen ausgebildet worden sei, und einem gewissen «popularen Gnostizismus», der Verkörperung einiger gnostischer Ideen in popularen, namentlich feministischen Protestbewegungen.

27 Vgl. E. Hoornaert (1987).

28 Vgl. J. Comblin (1986), 180ff.

ben der Kirche ins Ungleichgewicht gebracht – mit den nachteiligen Folgen, die wir schon notiert haben. Deshalb kommt es heute darauf an, die Apokalyptik im allgemeinen und die Johannesapokalypse im besonderen zurückzugewinnen, um damit einen Ausgleich zu dieser negativen Hellenisierung schaffen zu können. Nicht der entgegengesetzte Irrtum einer ausschließlich apokalyptischen Kirche und Theologie ist damit angestrebt, wohl aber jenes Gleichgewicht, das wir durch die übertriebene Hellenisierung und das Vergessen der Apokalyptik verloren haben, und die Wiederherstellung einer Synthese, in der die positiven Elemente der hellenistischen Kultur und Tradition in der ursprünglichen christlichen Tradition maßvoll und positiv wirksam werden können, und zwar dergestalt, daß Apokalyptik und Apokalypse den geschichtlichen Platz einnehmen können, der ihnen eigentlich zukommt.

c) Christliche Apokalyptik und Apokalypse in der Frühchristenheit

Mit der Bekehrung des Kaisers Konstantin im 4. Jahrhundert beginnt das, was man «Christenheit» nennt. Zu Ende geht das Zeitalter der Verfolgungen, und die Zeit der Allianz der hierarchischen Kirche mit der politischen Macht des römischen Imperiums bricht an.[29] Auch in ihrem Inneren erlebt die Kirche tiefgreifende Veränderungen: Die schon seit dem 2. Jahrhundert in Gang befindliche Hellenisierung des Christentums wird nun offiziell, und die Macht der intellektuellen Eliten setzt sich gegen die apostolische Tradition durch, die im Bewußtsein und in der Erinnerung des christlichen Volkes und der Gemeinden noch lebendig ist. Die Macht wird sakralisiert: Jetzt wird der römische Imperator mit Mose und mit David verglichen. Als Feinde der Kirche gelten jetzt nicht mehr die Strukturen des Imperiums, die Reichen, die Unterdrücker, sondern die Häretiker, die Juden und die Heiden. Das Subjekt der Geschichte sind nicht mehr das Volk Gottes, die Gemeinden, die Armen, sondern die Organisatoren der Kirche: Bischöfe, Presbyter und Diakone.

Schlimmer aber noch als die Konstantinisierung der Strukturen der Kirche ist die Konstantinisierung ihrer Theologie. Der Hauptverantwortliche dafür ist Eusebius (263–339), Bischof von Caesarea in Palästina, großer Theologe und Kirchengeschichtsschreiber, wichtigster Berater von Kaiser Konstantin. Eusebius schreibt eine Kir-

29 Zum folgenden vgl. E. Hoornaert (1987).

chengeschichte in zehn Bänden, die in der Tat für die Geschichte der Kirche (und ihre Darstellung) von hohem Wert ist. Doch die Theologie, die hinter diesem Werk steht, wird einen tiefen Bruch in der Geschichte des Christentums hervorrufen. Eusebius rekonstruiert die Geschichte der Kirche aus der Perspektive des römischen Imperiums, aus dem Blickwinkel der Christenheit und der Hellenisierung des Christentums. So entsteht die «offizielle Geschichte» des Christentums, mit dem Zweck, die Christenheit, die Allianz zwischen Kirche und Imperium, zu rechtfertigen und zu legitimieren. Diese offizielle Geschichte ist freilich nicht die wirkliche, sondern die nur vorgestellte: die Geschichte, wie sie sein mußte, damit die imperiale Christenheit als legitim akzeptiert werden konnte. Gewiß hat das Werk des Eusebius viele positive Seiten und bietet eine Fülle an Material von großem Nutzen für die Darstellung der Christentumsgeschichte, aber die theologische und «ideologische» Ausrichtung dieses Unternehmens entstellt und verfälscht die Geschichte der ersten drei Jahrhunderte des Christentums. Dieses letztere, das als prophetisch-apokalyptische Bewegung von den Armen und Marginalisierten ausgehend begann und eine Botschaft der Befreiung von Gesetz, Sünde und Tod proklamierte, verkehrt sich jetzt in sein genaues Gegenteil: in eine Institution des Gesetzes und der Macht.

Daher kann es uns nicht wundernehmen, daß Eusebius auch einer der Väter des Antisemitismus ist, der zum Bruch mit den jüdischen Ursprüngen des Christentums im Exodus, im Prophetentum und in der Apokalyptik führt, und daß er die Zugehörigkeit der Johannesapokalypse zum Schriftkanon anzweifelt. Wenn wir also die wirkliche Geschichte des Christentums rekonstruieren wollen, müssen wir die Sicht des Eusebius umkehren. Wir müssen die Geschichte der Anfänge von ihren Wurzeln her rekonstruieren; wir müssen die Geschichte der neutestamentlichen Bücher in dem Geist interpretieren, in dem sie geschrieben wurden, und nicht in dem hellenistisch-konstantinisch-imperialen Geist des Eusebius. Wie wir später noch sehen werden, ist die Bergung der Johannesapokalypse und der Apokalyptik überhaupt fundamental für diese Rekonstruktion der realen Geschichte der Ursprünge des Christentums.

Wir haben schon darauf hingewiesen, daß die sogenannte Frühchristenheit, die das Urchristentum hellenisiert und enteschatologisiert hat, eine der wichtigen Strömungen der nachapostolischen Zeit war. Sie hat sich als Tendenz im Prozeß der Institutionalisierung der Kirche und des Glaubens konkretisiert. Den literarischen Niederschlag davon finden wir in den Pastoralbriefen. Daß es in der nachapostolischen Zeit einer gewissen Institutionalisierung der Kirche bedurfte, wird niemand leugnen können. Hätte es diesen Vorgang nicht gegeben, so wüßten wir heute vielleicht nichts von den Anfängen des Christentums. Das Problem ist also nicht, daß sich eine kirchliche Institution ausgebildet hat, sondern daß dies gegen die apostolisch-charismatische und prophetisch-apokalyptische Tradition der ersten christlichen Generation und ihrer Gemeinden geschah. Die Tradition des Markus und des Lieblingsjüngers (Johannesevangelium und -briefe) stellt schon in der nachapostolischen Epoche einen starken Protest gegen eine autoritär-patriarchale Institutionalisierung der Urkirche dar. Noch radikaler äußert sich dieser Protest in der christlichen Apokalyptik und in der Johannesapokalypse. Im 1. Jahrhundert hat der Heilige Geist eine gewisse Balance zwischen dem apokalyptisch-prophetischen und dem mehr auf Institution bedachten Christentum (der von uns so genannten Frühchristenheit) zu schaffen vermocht, und diese Balance spiegelte sich im 2. Jahrhundert in der Gestaltung des Kanons wider. Tatsächlich gehörten die Pastoralbriefe genauso wie die Apokalypse zu den verbindlichen Schriften. Der Heilige Geist und die Kirche wollten diesen Pluralismus der nachapostolischen Ära, von dem wir gesprochen haben. Doch bei der Relektüre, der Eusebius und die Christenheit die Anfänge des Christentums unterziehen, verschwindet dieser ausgewogene Pluralismus. Wie wir schon sagten, verweist Eusebius die Apokalypse ungeniert des Kanons, und sein Antisemitismus reißt einen Graben zwischen Christentum und jüdischer Tradition auf. Daher ist es so wichtig, die apokalyptische Tradition einzuholen und die Funktion zu rekonstruieren, die diese Literatur während des ganzen 1. Jahrhunderts erfüllte. Und das nicht nur, um die authentische Geschichte der Anfänge des Christentums zu rekonstruieren, sondern auch, um neu sichtbar zu machen, welche Bedeutung dieses selbst in unserer gegenwärtigen Geschichte hat.

In dieser legitimen und von der Kirche akzeptierten Gegenüberstellung von prophetisch-apokalyptischer Tradition und Institutionalisierung der Kirche müssen wir noch verschiedene Punkte präzisieren.[30] Einige nehmen an, die Johannesapokalypse komme aus der

30 E. Schüssler Fiorenza (1985), Kap. 5.

urkirchlichen apokalyptisch-prophetischen Bewegung, diese sei aber eine Randgruppe innerhalb der kleinasiatischen Kirche: eine Gruppierung, die vielleicht aus Jerusalem oder Syrien stamme und ihre eigenen Gemeinden gegründet habe. Damit isoliert oder marginalisiert man die kirchliche Realität, die hinter der Apokalypse steht. Diese sei, so sagt man, aus Randgruppen, aus Desperados und Fanatikern hervorgegangen, die mit dem Leben der Großkirche und ihrer anerkannten Gemeinden nichts zu tun gehabt hätten. Richtig ist, daß wir beim Vergleich der Apokalypse mit der Apostelgeschichte, mit dem Epheserbrief, dem ersten Petrusbrief, den Pastoralbriefen, mit Ignatius von Antiochien und mit dem Polykarpbrief eine ganz andere Kirchenstruktur entdecken. In der Apokalypse haben wir eine von Propheten geleitete Kirche vor uns. In den anderen Schriften erscheint die Kirche als von Bischöfen, Presbytern und Diakonen gelenkt. Das ist wohl zutreffend, doch vergessen wir nicht, daß Ignatius von Antiochien ein *prophetischer* Bischof ist. Das Prophetische ist es, was den Dienstämtern Kraft verleiht. Für den Übergang von einer Kirche, in der alles an den Propheten hängt, zu einer anderen, die auf Bischöfe setzt, welche die Rolle der Propheten übernommen haben, steht die Didaché. Das Problem liegt nun allerdings nicht in dem Gegensatz zwischen Propheten und Bischöfen oder zwischen einer prophetischen und einer anderen, hierarchischen Kirche. Worum es in der Apokalypse geht, ist vielmehr der Gegensatz zwischen wahren und falschen Propheten. Das Problem ist also nicht der Schritt von einer prophetischen Kirche zu einer anderen, hierarchischen, sondern der Verlust des prophetischen Geistes, die Entwicklung von Prophetenbischöfen hin zu autoritären Bischöfen, die keine Propheten mehr sind. Die Apokalypse will den verlorenen Prophetengeist in der ganzen Kirche und in allen Kirchen wiedererwecken. In diesem Sinne sind die Kirchen der Apokalypse dieselben Kirchen, welche die Großkirche in Kleinasien und anderswo bilden. Es gibt keine «Randkirchen», sondern nur eine apokalyptische Strömung, gelebt und akzeptiert in der Großkirche, die selbst noch immer eine Gemeinschaft ist, in welcher alle Traditionen der apostolischen und nachapostolischen Zeit Platz haben.

II. Soziologische und theologische Schlüssel zum Verständnis der Apokalypse

Nach der historisch-theologischen Analyse gehen wir jetzt zu einer sozio-theologischen Betrachtung über. Im folgenden unterscheiden wir «Apokalypse» als *literarische Gattung* von «Apokalyptik» als *Universum von Symbolen*, in dem eine apokalyptische Bewegung ihre Identität und ihre Interpretation der Wirklichkeit artikuliert.[31] Sowohl für die Apokalyptik wie für die Apokalypse werden wir den *historischen Kontext*, die gesellschaftliche Herkunft und die gesellschaftliche *Funktion* untersuchen. *Apokalyptische Bewegung* heißt jene Bewegung, die die Apokalyptik und die apokalyptische Literatur trägt.

1. Ökonomischer, politischer, kultureller und religiöser Kontext der Apokalyptik

Heutzutage richtet die Exegese ein besonderes Augenmerk auf die soziologische Analyse der apokalyptischen Bewegungen und der Apokalyptik. Diese sozio-historische Analyse erschließt uns Herkunft und Charakter der apokalyptischen Bewegungen. Unter den Exegeten besteht Einigkeit darüber, daß die apokalyptische Literatur eine «Literatur von unterdrückten Menschen» ist[32] und daß sie die Weltsicht der ärmsten Bevölkerungsschichten zum Ausdruck bringt, die am meisten unter Unterdrückung, Erniedrigung und Marginalisierung zu leiden haben, derer, die sich durch ihre eigenen Autoritäten nicht verstanden fühlen, oder derer, die eine alternative geschichtliche oder theologische Vision haben, die nicht die der herrschenden Gruppen ist. Es handelt sich dabei nicht um marginale Sekten, wie man so oft gesagt hat, um die Apokalyptik zu relativieren oder abzuwerten; das gesellschaftliche Subjekt der Apokalyptik ist vielmehr der Unterdrückte; dessen Denken aber kann universal, in die Tiefe gehend, kreativ, konstitutiv und totalisierend sein und eine eigene Identität und Legitimität entwickeln.

Von dem erwähnten Konsens ausgehend, müssen wir nun spezifische und differenzierte Situationen jeder apokalyptischen Bewegung untersuchen. Es gibt apokalyptische Bewegungen, die in Si-

31 P. Hanson (1983), Anhang.
32 A. Lacocque (1982), 7.

tuationen der *Desintegration* nach großen Katastrophen entstehen; in solchen Momenten zersetzen sich alle sozio-religiösen Strukturen, die bislang das Leben und die Mythen des Volkes reproduzierten; die Apokalyptik sucht dann neue Mythen zu schaffen, ein neues Bewußtsein zu stiften, damit das Leben nicht im Chaos versinkt. Das gilt beispielsweise für die Apokalyptik, die nach der Zerstörung aller Strukturen in Israel in den Jahren 586 v. Chr. oder 70 n. Chr. entsteht. Eine weitere spezifische Situation ist die *Verfolgung* durch die lokale Obrigkeit oder durch eine auswärtige Macht in Komplizenschaft mit den herrschenden lokalen Gruppen, wie sie sich unter Antiochus IV. Epiphanes abspielte. Die damalige Verfolgung brachte nicht nur den Glauben, sondern auch die ökonomischen, politischen und kulturellen Strukturen des Volkes Gottes in Gefahr. In dieser historischen Konstellation ist das Buch Daniel entstanden (176–164 v. Chr.). Eine dritte Entstehungsmöglichkeit für die Apokalyptik ist gegeben in einer Situation *permanenter Unterdrückung*. So hat zum Beispiel das jüdische Volk in Palästina unter der Unterdrückung durch den Tempel und die herrschenden Gruppen des Judentums (Sadduzäer, Herodianer, Schriftgelehrte) genauso zu leiden gehabt wie unter dem römischen Imperium. Aufs Ganze gesehen haben wir es hier mit drei verschiedenen Situationen zu tun: Zerfall, Verfolgung und Unterdrückung. In jeder von ihnen können verschiedene Typen von Apokalyptik entstehen. Hinter der Johannesapokalypse steht als Hauptproblem nicht so sehr die Verfolgung, die es gewiß auch gab, als vielmehr Unterdrückung und Ausschluß: Christliche Gemeinden, die aufgrund ihres Gewissens und ihres Glaubens nicht «kaufen oder verkaufen» können, dürfen am gesellschaftlichen Leben nicht teilnehmen und sind kulturell marginalisiert. Sie leben in ständiger Unterdrückung und totalem Ausschluß: ökonomisch, politisch, kulturell, religiös, aber auch alltäglich und familiär. Die «Bedrängnis» die in Offb 1,9 und 7,14 durchscheint, ist nicht zuerst Verfolgung, sondern eine Situation permanenter Unterdrückung und Ausgrenzung.

Die Realität dieses *Ausschlusses* ist schlimmer als Ausbeutung und Unterdrückung, denn der Ausgeschlossene bleibt völlig draußen und zählt nicht mehr; nicht einmal sein Tod geht das System etwas an. Wie Paulus in 1 Kor 1,28 sagt: «Und das Niedrige in der Welt und das Verachtete hat Gott erwählt: das, was nichts ist, um das, was etwas ist, zu vernichten.» In gewissem Sinn ist auch noch der Ausgebeutete privilegiert, weil er noch immer zum System gehört. Zunehmende Erniedrigung ist es, wenn der Arme nicht mehr nur arm, sondern auch unterdrückt, und wenn der Unterdrückte nicht mehr nur unterdrückt, sondern ausgeschlossen ist. Der Ausgeschlossene erleidet nicht nur die herrschende Gewalt, sondern auch die Gewalt, die unter den Ausgeschlossenen selbst herrscht: Der Ausschluß zerstört die sozialen Beziehungen zwischen Armem und Armem, zwischen Mann und Frau, zwischen Erwachsenem und Kind. In solcher Situation des Ausschlusses wird die Wiederherstellung von Gemeinschaft und einzelner Person dringlich und ein Akt der Befreiung. Das ist der grundlegende soziale Kontext, in dem die Apokalypse entsteht (ohne daß damit geleugnet wäre, daß es auch Situationen permanenter Unterdrückung oder punktueller Verfolgung gab). Und auch heute, zumal in der Dritten Welt, ist die Situation des Ausschlusses allgemeiner und bestimmender als Armut, Unterdrückung und Verfolgung.

Eine mögliche Arbeitshypothese besteht darin, das Auftreten der Apokalyptik in der Geschichte Israels zu erklären durch den Übergang von einer durch Tribut bestimmten Produktionsweise zu einer *durch Sklavenarbeit bestimmten imperialen Produktionsweise.* Im tributären Zusammenhang kann sich der Protest innerhalb des Systems artikulieren, insbesondere im Rahmen der systemeigenen Religion; in der Sklavengesellschaft dagegen stellt sich das Subjekt durch seinen Protest außerhalb des Systems und außerhalb der systemeigenen Religion. Der prophetische Protest gehörte demnach zur tributären Produktionsweise, während die Apokalyptik dann entstünde, wenn sich eine imperiale, durch Sklavenarbeit bestimmte Produktionsweise entwickelte. Die Johannesapokalypse würde somit versuchen, die christliche Identität gegen das Sklavensystem und im Aufbau einer alternativen Gemeinschaft zu behaupten. Etwas Ähnliches geschieht heute in der Dritten Welt angesichts des Systems des totalen Marktes, das uns ein einheitliches Wertesystem und eine Marktreligion überstülpt, die dem christlichen Glauben antagonistisch gegenüberstehen. Der prophetische Protest innerhalb des Systems wird heute immer schwieriger; der apokalyptische Protest außerhalb des Systems ist demgegenüber massiver, beredter und wirksamer.

Die Antworten der Apokalyptik sind nicht einlinig, sondern recht unterschiedlich. Ihnen allen gemeinsam ist jedoch die Schaffung eines Symboluniversums, von dem das Leben der Gemeinschaft abhängt und das eine Alternative zu dem früheren, nunmehr zerfallenen System darstellt oder aber alternativ ist zu dem noch immer bestehenden herrschenden System, welches die Gemeinschaft verfolgt, unterdrückt oder ausschließt. Dieses alternative Symboluniversum kann radikal weltjenseitig sein, wenn die Gemeinschaft sich zurückzieht, um eine Sondergesellschaft zu bilden. Es kann aber auch ein verborgenes, unterirdisches Subuniversum sein, wenn die Gemeinschaft untertaucht und verschwindet, um in der sichtbaren politischen Welt schweigend und unsichtbar Widerstand zu leisten. Und schließlich kann es ein alternatives Universum sein, das aktiv auf die herrschende Welt reagiert, das protestiert, anklagt, Widerstand leistet, kämpft, das die sichtbare Alternative einer Gemeinschaft und Gesellschaft im Gegensatz zur herrschenden unterdrükkerischen Welt zu schaffen sucht. Diese letztere kann übrigens außerhalb oder innerhalb der Gesellschaft oder Gemeinschaft gegeben sein, in der man lebt.[33] All diese möglichen Antworten finden sich in der Johannesapokalypse; bestimmend ist dort freilich die Perspektive eines aktiven Widerstands und eines positiven Aufbaus einer sichtbaren Gemeinschaft, die eine Alternative zum herrschenden Unterdrückungssystem bildet. Dies ist der Sinn des Zeugnisses, über das wir zu reden haben werden.

Die rein soziologische Analyse genügt nicht, auch wenn sie unverzichtbar ist. Ebenso bedarf es einer sozio-theologischen Analyse. Der Gegensatz Reicher – Armer, Unterdrücker – Unterdrückter, Verfolger – Verfolgter läßt sich theologisch als Gegensatz «Gottloser – Gerechter» oder «Theokrat – Visionär» fassen; in kosmotheologischen Kategorien könnte man sagen: «Erde – Himmel», «Bewohner der Erde – die im Himmel wohnen»; in temporaltheologischen Begriffen dagegen: «diese Welt – kommende Welt». Die Apokalyptik ist überreich an solchen sozio-theologischen Gegenüberstellungen: Die Opposition Imperium – Volk wird mit den Symbolen Tier – Menschensohn (Dan 7), Tier – Lamm (Offb 13–14), Kennzeichen des Tieres – Name des Lammes (ebd.) interpretiert. Die Johannesapokalypse schafft eine imaginäre Welt und einen sozio-literarischen Code, die ihr eigen sind und ihr ermöglichen, sich der Vorstellungswelt und dem literarischen Code zu widersetzen, welche in der Gesellschaft wie auch in gewissen etablierten, autoritären Modellen von Kirche herrschen.

33 Vgl. P. Hanson (1983).

Der soziologische Kontext hilft uns ebenfalls, theologische Dimensionen in der Apokalyptik zu unterscheiden, die von besonderer Wichtigkeit sind, wenn es um verfolgte Gruppen innerhalb einer religiösen Gemeinschaft geht. Das gilt beispielsweise für die apokalyptische Konzeption vom Reich Gottes in der Verkündigung Jesu im Unterschied zur nationalistischen Vorstellung vom Reich Israels, die die herrschenden religiösen Gruppen Palästinas hegen, oder für das Kerygma von der Auferstehung in den urchristlichen Gemeinden, das der hellenistisch-enthusiastischen Theologie einiger Gruppen von reichen Christen (der künftigen Gnostiker) widerstreitet, oder auch für den Begriff von Offenbarung, die der Seher oder Prophet direkt von Gott erhält und die über das von den religiösen oder politischen Autoritäten kontrollierte theologische Wissen hinausgeht oder ihm direkt widerspricht. Beispiele dafür sind Dan 2; Mt 11,25; Gal 1; 4 Esr 14,1–48, wo der Seher als neuer Mose 94 Bücher, also siebzig mehr als die 24 des hebräischen Kanons, schreibt; das heißt, hier liegt eine Offenbarung vor, die dreimal so umfangreich ist wie die der Tora, die ihren Weg nicht durch diese nimmt und sich nicht von den Gruppen der Mächtigen kontrollieren läßt.[34] Alle diese alternativen theologischen Anschauungen erlauben den verfolgten oder unterdrückten Gruppen, ihre eigene Identität zu wahren und gegen die herrschenden politischen bzw. religiösen Strukturen zu kämpfen.

2. Die Weltsicht der apokalyptischen Bewegungen

Wir haben die Apokalyptik als ein Symboluniversum definiert, in dem eine apokalyptische Bewegung ihre Identität und ihre Interpretation der Wirklichkeit artikuliert. Nachdem wir die soziale Herkunft der Apokalyptik gesehen haben, wollen wir nun ihre konstitutiven symbolischen Elemente betrachten.

a) Himmel – Erde

Mit diesem Ausdruck wird in der Bibel normalerweise die gesamte Schöpfung bezeichnet: der Kosmos, das Universum; in der apokalyptischen Literatur jedoch nimmt er einen symbolischen oder mythischen Charakter an. «Erde» meint die Welt, so wie sie erscheint,

34 Vgl. S. Croatto (1990), 11ff.

die empirische Welt, die Welt, in der die Menschenmächte, die Ungerechten, die Gottlosen herrschen. «Himmel» dagegen bezeichnet die Tiefendimension der Welt, die der politischen Herrschaft der Gottlosen entzogen ist; «Himmel» ist die transzendente Welt, in der die übernatürlichen Kräfte walten, seien sie nun göttlich oder dämonisch; er ist die Welt der Heiligen, der Glaubenden. Die Johannesapokalypse benutzt systematisch den Ausdruck «Bewohner der Erde» (*hoi katoikountes epi tes ges*), um die Gottlosen zu bezeichnen, und den Ausdruck «die im Himmel wohnen» als Benennung für die Heiligen und Gerechten. Daher erscheint auch die Erde als der Ort der Mächtigen, der Unterdrücker; der Himmel hingegen ist der Ort der Armen, der Verfolgten und Ausgeschlossenen.

Der Ausdruck «Erde – Himmel» hat mythisch-symbolische Bedeutung; er darf deshalb nicht wörtlich verstanden werden (wie es die Fundamentalisten tun), sondern ist theologisch zu interpretieren. Jeder Mythos ist raum-zeitlich, daher die spontane Tendenz, seine Elemente direkt im Raum und in der Zeit anzuordnen (so sagen wir etwa, die Erde sei «unten» und der Himmel «oben»); korrekt ist es, den theologischen Gehalt vom Mythos abzuheben und ihn, selbstverständlich, im Rahmen der Geschichte zu interpretieren. (Auf den Mythos werden wir noch zurückkommen.) Himmel und Erde sind Dimensionen derselben Geschichte; es gibt nämlich nur eine einzige Geschichte, und das Binom Himmel – Erde bezeichnet die beiden Dimensionen dieser einen einzigen Geschichte. Der Himmel ist die transzendente Tiefendimension der Geschichte; die Erde ist ihre empirische Erscheinungsdimension.

b) Apokalypse als Entbergung

Die Grundbedeutung von «Apokalypse» ist in der apokalyptischen Literatur: «entbergen». Apokalypse, wörtlich: Offenbarung, bedeutet: etwas sichtbar, greifbar, hörbar, verstehbar machen, was zuvor verborgen, unsichtbar, unverstehbar war. Außerdem ist das, was entborgen wird, etwas, was vor allem die Heiligen, die Gerechten, die Armen angeht. Die Apokalypse als Entbergung hat zum Ziel, die Realität der Heiligen sichtbar zu machen und ihre Sache, ihren Widerstand und ihren Kampf zu legitimieren. Modern ausgedrückt: Apokalypse ist das Gegenteil von Ideologie. Ideologie in ihrem negativen Sinn ist das, was die Realität verbirgt und die Herrschaft legitimiert. Die Funktion der Ideologie ist es, die Unterdrückung zu verschleiern und die Herrschaft zu legitimieren. Die Apokalypse dagegen enthüllt die Realität der Armen und legitimiert ihre Befreiung. Daher ist die Apokalypse befreiend, ist sie eine frohe Botschaft für die Armen. Wenn wir den mythisch-theologischen Begriff «Himmel – Erde» gebrauchen, können wir sagen, die Apokalypse offenbare den Himmel: Sie macht die verborgene, transzendente Tiefendimension der Erde sichtbar.

Die apokalyptische Offenbarung unterscheidet sich von der Offenbarung durch Tradition. Es gibt in ihr ein «Mehr» gegenüber der übermittelten Offenbarung (Tora, Propheten, Schriften), die als unzureichend angesehen wird, wenn es darum geht, neue Krisensituationen zu verstehen.[35] Die Desintegration der früheren Welt, die Verfolgung oder Unterdrückung stellen den Apokalyptiker und das Volk vor neue Probleme. Es genügt jetzt nicht mehr, die überkommenen Schriften in Erinnerung zu rufen oder auszulegen; dies ist zwar nützlich und notwendig, doch um die aktuelle Realität zu entschleiern, um in der neuen geschichtlichen Situation ausmachen zu können, wo Gott steht und welches sein Heilswille oder -plan ist, braucht es etwas Neues. Daher argumentiert der Apokalyptiker nicht in einer auf frühere Texte gegründeten theologischen Reflexion, sondern präsentiert seine Botschaft als direkte und neue Offenbarung von Gott. So sagt Paulus in Gal 1,11f:

> Ich erkläre euch, Brüder: Das Evangelium, das ich verkündigt habe, stammt nicht von Menschen; ich habe es ja nicht von einem Menschen übernommen oder gelernt, sondern durch die Offenbarung Jesu Christi empfangen (*di' apokalypseous Iesou Christou*).

Paulus spricht hier nicht als exaltiert-überheblicher Visionär, sondern schlicht und einfach als Apokalyptiker. Gewiß kann ein solches Offenbarungsverständnis auch zu Auswüchsen führen (wie später bei den Montanisten, die mit ihren «neuen» Offenbarungen von Gott Mißbrauch trieben). Daher darf die Apokalypse einzig statthaben, wenn sie in einer starken spirituellen Erfahrung der Gemeinde wurzelt und in Kontinuität mit der ganzen früheren Offenbarung steht, die als Unterscheidungskriterium für die aktuelle Offenbarung in der Geschichte betrachtet wird. Der Sinn der Apo-

35 S. Croatto (1990a), 130f.

kalypse läßt sich mit dem vergleichen, was wir in der Hermeneutik den allegorischen oder geistlichen Sinn nennen.[36] Auch dieser geistliche (apokalyptische) Sinn ist legitim, wenn er «kontrolliert» wird durch den wörtlichen und historischen Sinn sowie durch die Gemeinde (das Lehramt) und die Bibelwissenschaft. Wie Augustinus sagt:

> Die Bibel, das zweite Buch Gottes, wurde geschrieben, um uns zu helfen bei der Entzifferung der Welt, um uns den Blick des Glaubens und der Betrachtung zurückzugeben und um *die ganze Wirklichkeit in eine große Offenbarung Gottes zu verwandeln.*[37]

Just diese «große Offenbarung Gottes» ist die Apokalypse. Die Bibel offenbart uns nicht nur das Wort Gottes, sondern auch, wo und wie Gott selbst sich heute offenbart. Die Bibel setzt uns in den Stand, Apokalyptiker zu sein in jeder neuen historischen Situation, in jeder neuen Krise, in jeder neuen Welt, in der zu leben uns gegeben ist.

c) Sicht der Geschichte und der Eschatologie

In der Literatur unterscheidet man die historischen Apokalypsen von den außerirdischen, in Form von Reisen im Weltjenseits gestalteten.[38] In den historischen Apokalypsen (den einzigen, die für uns hier in Betracht kommen) verbindet sich die Offenbarung stets mit Widerstand und Subversion, und ihr gesellschaftlicher Ort ist der Unterdrückte.[39] Ihre Eigenheit besteht darin, daß sie eine historische Theologie und eine politische Eschatologie kennen. Auf diese Weise widersetzen sie sich der herrschenden Theologie, der hellenistischen und gnostischen genauso wie der modernen liberalen Theologie, deren Grundtendenz in Richtung Spiritualismus, Idealismus und Individualismus (und daher in Richtung auf ein ungeschichtliches, zeitloses, leibfeindliches, antisoziales, antikommunitäres und antifeministisches Denken) geht. Die apokalyptische

36 P. Richard (1988), 32–40.

37 Zit. nach C. Mesters (1984), 28; Hervorhebung von mir.

38 J. J. Collins (1987), Kap. I.

39 Zu diesem Typ von Apokalypse zählt E. P. Sanders, The Genre of Palestinian Jewish Apocalypses, 456: Daniel, 1 Henoch, die Jubiläenbücher, 4 Esra, 2 Baruch, die Apokalypse Abrahams und eventuell das Testament Levis. All diesen Schriften ist dem Verfasser zufolge eines gemeinsam: «die Verbindung aus Offenbarung und Verheißung von Wiederherstellung und Umsturz». Eine umfangreichere Liste findet sich bei P. Richard, Editorial, in: RIBLA 7 (1991).

Theologie ist die Theologie, die Bezug nimmt auf das Ökonomische, Politische, Soziale und Kulturelle und daher eine Theologie von Armen und Unterdrückten auf der Suche nach Befreiung ist. «Es ist einer der Grundzüge der Theologie des zwanzigsten Jahrhunderts, daß zwischen die Eschatologie und die Politik ein Keil getrieben wurde.»[40] In der Apokalyptik ist Eschatologie nicht nur eine Doktrin oder eine rein individuelle Eschatologie (in der es allein um die Rettung der Seele geht); vielmehr wird sie als geschichtliche und politische Eschatologie erlebt. Scheinbar ist die Apokalyptik nicht geschichtsbezogen, spricht sie doch in einer mythischen und kosmischen Sprache, schildert phantastische Visionen, redet vom Himmel, von Engeln und Dämonen und scheint von Praxis keinerlei Vorstellung zu haben. Doch dieses Urteil bleibt eben beim Anschein stehen und versteht die Eigenart der apokalyptischen Ausdrucksweise nicht (darauf werden wir noch zurückkommen).[41]

In der Apokalyptik hat die Geschichte eine Gegenwart, eine Vergangenheit und eine Zukunft – in dieser Reihenfolge. Grundlegend ist die *Gegenwart*, in der sich der Verfasser und die Leser oder Hörer des Buches treffen. Die Gegenwart ist eine *Zeit der Krise* (die Zeit nach einer Katastrophe oder die Zeit äußerster Verfolgung und Unterdrückung), aber sie ist auch *kairos* (eine einmalige und begrenzte Zeit der Bekehrung und Gnade). Der Verfasser schreibt, um seine Hörer und Leser in ihrem Widerstand, ihrer Hoffnung, ihrem Kampf und im Aufbau des Reiches zu bestärken. Er ermutigt sie durch die Ansage eines *Endes*, das Schluß machen wird mit den Leiden der Gegenwart und den Beginn einer neuen Welt bringen wird. Um seine Hörer von der Glaubwürdigkeit dieser Botschaft vom Ende zu überzeugen, führt er die *Vergangenheit* an, und um diese darzustellen, identifiziert er sich fiktiv mit einer Person der Vergangenheit (mit Adam, Henoch, Mose, Elija, Daniel, Baruch, Esra, Johannes), die in einer ähnlichen Situation lebte, wie sie die Zuhörer in der Gegenwart durchmachen, und die eine für die Zuhörer des Apokalyptikers signifikante Person ist. Diese Vergangenheit wird dargestellt in Form einer an diese fiktive Person ergehenden Offenbarung, in der sich ankündigt, was in der *Zukunft* geschehen wird. Diese Zukunft ist schon insofern geschehen, als

40 C. Rowland (1988), 479.

41 R. Horsley (1987), 121–145, Kap. 5: «Apokalyptische Einstellung und geschichtliches Handeln».

sie offenbart wurde, denn der reale, nichtfiktive Verfasser lebt ja in der Gegenwart. Diese Realisierung des Geoffenbarten verleiht dem Verfasser Glaubwürdigkeit in seiner Ansage des sicheren Endes: Wenn die Vergangenheit sich erfüllt hat, dann wird auch das nahe Ende mit Sicherheit kommen. Dieses für die Apokalyptik typische Phänomen, *prophetia ex eventu,* Pseudonymität oder Antedatation genannt, hat rhetorische und kerygmatische Funktion: Es soll aufrütteln und überzeugen.[42] Dennoch ist es mehr als nur Rhetorik: Es zeigt das Interesse des Verfassers für die Geschichte. Der Verfasser, vom Geist inspiriert, nimmt und rückt die Vergangenheit in den Blick, um daraus Folgerungen und Lehren für die Gegenwart zu ziehen.

Wir haben davon gesprochen, wie der Verfasser Vergangenheit und Gegenwart versteht. Wie aber versteht er die Zukunft? Die Eschatologie ist kein abstrakter Diskurs über das Ende oder die Zukunft, sondern ein konkreter Diskurs über das, was der Gegenwartszeit *ein Ende setzt.* So wie der Apokalyptiker vom Vergangenen im Blick auf die Gegenwart spricht, spricht er auch von der Zukunft im Hinblick auf die Gegenwart. Offb 1,4.8 stellt Gott dar als den, «der ist und der war und der kommt». Die Zukunft «ist» nicht, sie «kommt», das heißt, sie bricht in die Jetztzeit ein. Das Ende ist nichts Zuständliches, sondern das Geschehen des *Be-Endens* der gegenwärtigen Leiden. Das Eschatologische ist das, was dem Leiden und der Krise ein Ende setzt. Das aber, was der Jetztzeit ein Ende setzt, ist das Gericht Gottes. Dieses besteht z. B. nach Dan 7 in der Niederwerfung der Imperien und in der Erhöhung des Volkes der Heiligen. Das Gericht Gottes ist immer eine gute Botschaft für die Heiligen und etwas Schreckliches für die apokalyptischen Tiere und die ruchlosen Menschen. Was aber kommt nach dem die Gegenwart beendenden Gericht? Hier spricht der Verfasser von Unbekanntem, und die Bilder von dieser unbekannten Zukunft sind denn auch in der ganzen Apokalyptik sehr unterschiedlich. Der wichtigste Gesichtspunkt ist, daß es nicht nur eine einzige Zukunft gibt, sondern deren viele bzw. eine Zukunft mit vielen Etappen. Die Zukunft läßt sich in Perioden einteilen, in Perioden der Utopie und der Hoffnung. In der Johannesapokalypse beispielsweise hat die Zukunft folgende Etappen: Vernichtung der «Tiere», Fesselung des Satans, tausendjährige Herrschaft, Freilas-

42 S. Croatto (1990a), 130–133.

sung und Vernichtung des Satans, Endgericht und Erschaffung eines neuen Himmels und einer neuen Erde. Die gängige Eschatologie reduziert die gesamte Zukunft auf das Endgericht, das sie in der Regel als individuelles (spiritualisiertes und entgeschichtlichtes) Gericht versteht. Die apokalyptische Eschatologie dagegen ist in hohem Maß geschichtlich und politisch. Der Aufbau der Zukunft ist es, der dem gegenwärtigen Augenblick und der gesamten Geschichte Sinn verleiht. Im übrigen kann diese Zukunft in der Gemeinschaft und Gemeinde, der «Erstlingsgabe» (Offb 14,4) der Zukunft, gefördert und vorangebracht werden. Wichtig ist ebenfalls, daß diese eschatologische Zukunft Teil der Geschichte ist, sich in der Geschichte vollzieht. Sie ist transzendente Zukunft, insofern sie von Gott verwirklicht wird und *jenseits* des Endes liegt, jenseits des Todes, jenseits dieser Welt, aber sie verwirklicht sich in der Geschichte als Endvollendung dieser Geschichte.

d) Mythen, Symbole und Visionen in der Apokalyptik

Die Studien über die Apokalyptik haben im allgemeinen den Fehler begangen, deren geschichtlich-gesellschaftlichen Kontext zu vernachlässigen, allzusehr am Buchstaben zu kleben und sie vor allem doktrinell zu interpretieren. Liberalismus und Moderne ihrerseits haben uns unfähig gemacht, die geschichtliche Bedeutung von Symbolen und Mythen zu verstehen. Erst die populare Kultur in Lateinamerika und der Karibik und vor allem die indigenen Kulturen haben uns wieder gelehrt, die Mythen und Symbole nicht buchstäblich, sondern in ihrem historischen und befreienden Sinn zu erfassen.

Der *Mythos* spricht sich in der Regel in kosmischen Elementen aus: Sonne, Mond, Sterne, Himmel, Erde, Chaos, Erdbeben, Zeichen am Himmel, Tiere aus dem Abgrund, Adler, die am Himmel fliegen, Heuschrecken, die die Erde kahl fressen, höllische Reiterei, Flüsse mit Lebenswasser, Lebensbäume usw. Hinzu kommen aber auch symbolisch eingesetzte menschliche Größen: vierundzwanzig Älteste, Engel aller Art, einer, der wie ein Menschensohn aussieht, eine Frau, mit der Sonne bekleidet, die Hure Babylon, die auf dem Tier reitet, das neue Jerusalem, die himmlischen Bücher, die Kennzeichen auf Stirn oder Hand, Ernte und Weinlese usw. Die Mythen samt ihrer kosmischen und menschlichen Symbolik sind keine geschichtslosen Symbole, Archetypen oder universalen Wesenheiten; vielmehr drücken sie geschichtliche Realitäten und Prozesse aus; und so müssen sie auch gelesen werden. Schon die Bibel lehrt uns, die Mythen zu lesen und zu verstehen: In Jes 65,17 erscheint der Mythos vom «neuen Himmel und von der neuen Erde», und in den Versen 21–23 wird der historische Gehalt dieses Mythos dargelegt: «Sie werden Häuser bauen und selbst darin wohnen, sie werden Reben pflanzen und selbst ihre Früchte genießen.» Das Danielbuch seinerseits ist voll von Mythen, doch werden sie fast alle direkt entschlüsselt, zumindest werden uns die Schlüssel zu ihrem Verständnis an die Hand gegeben. Ganz ähnlich ist es bei der Johannesoffenbarung. Die liberale Theologie hat Mythos und Geschichte als Gegensatz angesehen. Etwas konnte nur entweder mythisch oder geschichtlich sein; war es mythisch, so war es nicht geschichtlich, und folglich war es unwahr, fiktiv, trügerisch, nichtexistent. Heute dagegen vertreten wir den geschichtlichen Charakter der Mythen; auch die in hohem Grade kosmisch geprägten Mythen drücken geschichtliche Realitäten aus. Wenn in ihnen die kosmische Bildwelt vorkommt, dann geschieht dies um der Dramatisierung und Zuspitzung dessen willen, was sie über die geschichtlichen Prozesse sagen.

Interessanter ist es indes, den *Nutzen* oder die *Funktion* der Mythen und Symbole zu untersuchen. Erstens einmal sind Mythen und Symbole polysemantisch: Sie haben mehrfache Bedeutung; das erlaubt es ihnen, mehrere Botschaften gleichzeitig zu übermitteln. Wenn Rom in Offb 17 als Babylon identifiziert wird, dann heißt dies, daß es eine unterdrückerische und zugleich götzendienerische Stadt ist. Die Frau, mit der Sonne bekleidet, ist ein Mythos, der im gleichen Zuge die Menschheit (die neue Eva), die für das Leben sich entscheidet, das Volk Gottes, das den Messias hervorbringt, die christliche Gemeinde und Maria, die Mutter des Messias, bezeichnen soll und kann. Der Mythos ist immer offen und verfügbar für neue Bedeutungen, vorausgesetzt, daß seine innere Kohärenz und sein historischer Entstehungszusammenhang respektiert werden. Zweitens will der Mythos einer konkreten Gruppe oder Gemeinschaft Identität und Impuls geben, zumal in einer Situation völliger Zerstörung jener Strukturen, die früher die Identität der Gemeinschaft bestimmten, oder unter den Umständen schärfster Unterdrückung oder Verfolgung, in denen die Gemeinschaft unterzugehen droht. In solcher Lage sucht der Apokalyptiker durch die Schaffung von Mythen das Bewußtsein des Volkes wiederherzustellen, damit es von neuem als Volk Identität und Gestalt gewinnt. In Verfolgungs- und Unterdrückungssituationen hilft der Mythos dem Volk darüber hinaus zu Identitätsbildung und Aufbruch gegen das verfolgende und unterdrückende System. Er durchbricht dessen Logik und Diskurs und ermöglicht es den Unterdrückten, Diskurs, Logik und Gemeinschaft in einer echten Alternative zu entwickeln. Der Mythos ist eine organische Repräsentation des Bewußtseins der unterdrückten Gemeinschaft. Und er hat die kritische Funktion, die Realität zu entlarven: Das Imperium nennt er «Tier», und von Rom spricht er als «Hure». Der Mythos ist nichts Passives oder Entfremdendes. Im Gegenteil: Er mobilisiert. Seine Funktion ist produktive Strukturierung gesellschaftlicher Praxis, und nur dann kann er wirklich verstanden und entschlüsselt werden, wenn sein Hörer an dieser gesellschaftlichen Praxis beteiligt ist.[43] Zwischen Mythos und Praxis besteht eine Wesensbeziehung. Der Aufbruch unserer Völker heute vollzieht sich durch die Identifikation mit befreienden Mythen. Natürlich gibt es auch unterdrückerische Mythen; diese will die Apokalyptik außer Kraft setzen. Die populare Kultur funktioniert in der Regel auf der Basis von Mythen – gegen die herrschende elitäre Kultur, die eher begrifflich-abstrakt orientiert ist. Die Wiederentdeckung des Wertes der Mythen ist wesentlich für ein neues Verständnis der Apokalyptik. Sie wird ein entscheidender Schlüssel für unsere Relektüre der Johannesapokalypse sein.

Die *apokalyptische Vision* (Traum, Ekstase, Bild) vereint zahlreiche Symbole und Mythen in einer einzigen Wahrnehmung. Die Vision darf nicht als ein begrifflich-theologischer Text gelesen werden, wie man etwa eine Quaestio von Thomas von Aquin lesen würde. Sie ist vor allem verfaßt zur Kontemplation, zur An-Schauung, und, vermittelt durch diese, zur Umsetzung in Aktion. Die Vision will eine grundlegende Überzeugung nahebringen bzw. eine Spiritualität entwickeln. Daher denn auch die für die Johannesapokalypse wesentliche Funktion der Liturgie, in deren Rahmen fast alle Visionen der Apokalypse geschehen. Diese Liturgie führt uns ins Herz der Gemeinde hinein, und dort geben uns die Hymnen, die sie singt, den Schlüssel zur Interpretation der Texte der Apoka-

43 P. Trigo, G. Gutiérrez (1982), 27.

lypse. Die Vision erfüllt dieselbe Funktion wie die Paränese.[44] Die Apokalypse bietet Visionen einer alternativen Welt, um den Christen Mut zu machen und ihre Widerstandskraft in der Verfolgung zu stärken. Wie die Poesie sucht auch die Vision, der imaginativen Erfahrung des Volkes Gestalt zu geben. Sie hat also eine Funktion schöpferischer Imagination. Die Apokalyptik schafft Visionen, die dem Volk helfen sollen, sich eine Welt vorzustellen und zu schaffen, die der zur herrschenden Unterdrückungswelt gewordenen alternativ gegenübersteht. Die Apokalyptik hat, zumal mittels ihrer Mythen und Visionen, Erinnerungsfunktion. Das Volk erinnert sich an die Vergangenheit und an die Botschaft der Apokalypse, denn seinem Gedächtnis haben sich die apokalyptischen Visionen eingeprägt. Durch die Vision führt uns der Apokalyptiker in die Welt Gottes, in die transzendente Welt – nicht um uns der Geschichte zu entheben, sondern um uns die Geschichte auf neue Weise (er)leben zu lassen.

e) Ethik: Gewalt und Unterscheidung

Ein in der Apokalyptik heftig diskutiertes Thema der Ethik sind *Gewalt und Haß*, die allem Anschein nach in zahlreichen Texten zum Ausdruck kommen. Diese Texte wollen in Wirklichkeit weder Gewalt noch Haß säen, sondern die Situation extremer leidvoller Unterdrückung deutlich werden lassen, die auf dem Volk Gottes lastet. Ganz ähnlich sprechen heutzutage die Leute, die unter bitterster Not oder grausamer Verfolgung leiden. Wir können ja wohl kaum erwarten, daß sich die Armen der arroganten, diplomatischen Sprache der Mächtigen befleißigen. Die Sprache der Apokalypse ist eine Sprache unterdrückter und leidender Menschen. Und wenn die Apokalypse so spricht, dann tut sie es einerseits, um in ihren Hörern eine Katharsis zu bewirken,[45] und andererseits, damit diese fühlen, daß sie zueinander gehören, eine Identität haben und – dank der Botschaft der Apokalypse – ihren Haß in Bewußtsein umwandeln können.

Ein weiteres Thema der Ethik in der Apokalyptik ist die *Unterscheidung*.[46] Nach Meinung mancher Forscher unterscheidet die

44 E. Schüssler Fiorenza (1985), Kap. 7: «Visionäre Rhetorik und apokalyptische Situation».
45 A. Yarbro Collins (1984).
46 F. Hinkelammert (1981).

Apokalyptik nicht zwischen Gesetz und Autorität, die töten, und Gesetz und Autorität, die zwar der Legitimität entbehren, aber zur Lebenssicherung unumgänglich nötig sind. Demnach wäre für die Johannesapokalypse jede Autorität auf Erden «Tier» und «Babylon», und sie huldigte der manichäischen Teilung «hie Tier – hie Volk der Heiligen». Röm 13 und 1 Petr seien da viel realistischer. Ein Christ müsse unterscheiden: Wenn es ein Gesetz gibt, das tötet, muß es für null und nichtig erklärt werden; wenn es ein Gesetz gibt, das das Leben schützt, muß es respektiert werden. Daß es ihr an solcher Unterscheidung fehle, könne erklären, warum die Apokalypse gelegentlich entgegen ihrem Sinn gegen das Volk benützt werde. Der Haß des Volkes auf das «Tier» schlage so um in den Haß des «Tieres» auf das Volk.

Diese Auffassung ist indes nicht uneingeschränkt gültig. In einer gewissen außerkanonischen apokalyptischen Literatur deutet sich zwar ähnliches an, zur christlichen Apokalyptik dagegen gehört wesentlich die prophetische Unterscheidung. In der Johannesapokalypse muß das prophetische Moment ernst genommen werden. Außerdem dürfen wir die Visionen (etwa in Kap. 13 bezüglich der beiden Tiere) nicht als direkte Spiegelungen der Realität oder als photographische Porträts des römischen Imperiums auffassen. Sie sind mythisch, also dürfen sie nicht buchstäblich verstanden werden; vielmehr sind sie als Symbole zu deuten, die uns erlauben, genau zu unterscheiden, wann eine Autorität «Tier» ist und wann nicht. Mit Hilfe dieser Symbole haben die Hörer der Apokalypse das römische Imperium als «Tier» identifiziert; doch ebenso könnten wir als «Tier» auch andere Größen ausmachen: Ein Vater kann für seinen Sohn, ein Mann für seine Frau, ein Leader für seine Gruppe zum «Tier» werden.

Die Visionen sind Mythen, die für die Verwendung offen sind, freilich nicht in einer bloß mechanischen Anwendung, sondern als Werkzeuge zur Unterscheidung der Realität. Als apokalyptisch-prophetisches Buch trifft die Johannesoffenbarung noch weitere Unterscheidungen: zwischen den Königen der Erde, die mit der großen Dirne Rom gehurt haben (17,2–18,3), und den Königen der Erde, die ihre Pracht in das neue Jerusalem bringen (21,24–26). Andererseits hat die Apokalypse eine universale Sicht von Erlösung und Heil: Alle sind zur Umkehr gerufen. Bei den Plagen der ersten vier Posaunen (8,2–12) trifft die Züchtigung nur je ein Drittel der Geschichte, zwei Drittel bleiben unter der Gnade, offen für das Heil. Zwischen der sechsten und der siebten Posaune (Gegenwart) liegt das Handeln der Propheten, die die Rettung aller intendieren und auch durchaus Erfolg haben (vgl. 11,13). Die Organisation des Volkes Gottes in zwölf Stämmen von je zwölftausend Menschen (7,5 und 14,1) ist ein Symbol für die alternative Gestaltung der Gemeinschaft; hier hätten wir also die Unterscheidung zwischen Organisation und Gesetz des Volkes der Heiligen einerseits und Organisation und Gesetz, die «Tier» sind, andererseits.

f) Geschichtliche Praxis und Zeugnis

Man hat die Apokalypse der Passivität geziehen: Sie sei an eine christliche Gemeinde gerichtet, die sich darauf beschränke, die Botschaft der Apokalypse anzuhören und sich alle die gehörten Visionen und Erzählungen im Geiste vorzustellen. Manche vergleichen die Apokalypse mit den griechischen Tragödien: Sie sei ein Schauspiel, das auf eine Katharsis, eine innerliche Läuterung und Wandlung bei einem passiv zuschauenden Publikum abziele. Viele sagen, die Apokalypse sei Traum, Vision, Mythos, Utopie, welche die Christen in eine imaginäre Welt außerhalb der Geschichte versetzten. Andere behaupten, in der Apokalypse sei es Gott allein, der die Geschichte gestalte, der Mensch tue nichts als beten, rufen, flehen, wünschen, hoffen, und eine Möglichkeit, verändernd in der Geschichte tätig zu werden, gebe es nicht für ihn. Und wieder andere erklären die Apokalypse für gescheitert: Nichts von dem, was darin angekündigt werde (Sturz Roms und der beiden Tiere), sei jemals eingetreten, vielmehr habe das römische Imperium über die Kirche triumphiert, als nämlich ein Kopf des Tieres (Konstantin) «katholisch» geworden sei.

Alle diese Vorwürfe entstammen in der Regel entweder einer Unkenntnis der Apokalyptik oder einer rationalistisch-hellenistisch-liberalen Sicht der Geschichte, die von der Kraft des Mythisch-Symbolischen, von der Macht der Hoffnung und der Utopie für die Veränderung in der Geschichte, von der Wirkung eines Wandels im kollektiven Bewußtsein des Volkes und von der Kraft der Spiritualität der Armen und Unterdrückten nichts hält und wenig weiß. In den vorausgegangenen Abschnitten haben wir betont, daß die Apokalyptik geschichtlich denkt und die Gemeinde zum Handeln in der Geschichte hinführen will. Die Apokalypse vereint Eschatologie und Politik, Mythos und historische Praxis – Politik und Praxis vielleicht nicht in einem modernen Sinn, wohl aber in Gestalt eines organisierten und bewußten Handelns des Gottesvolkes gegen das Imperium bzw. das unterdrückerische System:

> Das Buch der Offenbarung war während der ganzen Geschichte der Kirche die Grundlage für den Ruf nach radikaler gesellschaftlicher und politischer Veränderung.[47]

In der Johannesapokalypse gibt es mit Sicherheit eine historische Praxis, und bei jedem Kapitel, das wir betrachten werden, werden wir eigens darauf eingehen. Es ist allerdings nicht die Praxis, wie sie ein moderner Rationalist oder Positivist verstehen würde; sie ist anders und entspricht dem historischen, sozialen und geistigen Kontext, in dem die Apokalypse entsteht. Ein Grundelement dieser Praxis, von dem die Apokalypse spricht, ist das Zeugnis (griechisch *martyria*). Der Inhalt der Apokalypse ist «das Wort Gottes und das Zeugnis Jesu Christi» (1,2), um dessentwillen die Märtyrer hingeschlachtet werden (6,9; 20,4) und Johannes in der Verbannung ist (1,9). Das Zeugnis ist kein beliebiges, es ist ein öffentliches Wort (in Sprache oder Geste geäußert), das denjenigen, der es ablegt, vor der Gesellschaft und ihren Autoritäten in die Pflicht nimmt. Es ist wie die Aussage vor Gericht, die Geltung hat und für uns oder gegen uns verwendet werden kann. Es ist ein Wort, das Geltung hat bis zum Tod. Zeuge heißt auf griechisch *martys*. Die Märtyrer sind diejenigen, die Zeugnis geben, bis hin zum Vergießen ihres Blutes. Das Zeugnis hat in der Apokalypse stets geschichtsverändernde Kraft – im Himmel wie auf der Erde. Auf all das werden wir im Kommentar zu den Texten zurückkommen.

III. Literarische und strukturale Schlüssel zum Verständnis der Apokalypse

Wir skizzieren hier nur die Globalstruktur der Johannesapokalypse; die jeweilige Struktur ihrer Teile zu analysieren soll Sache der folgenden Kapitel sein. Zuerst also zeigen wir die Globalstruktur

47 C. Rowland (1988), 481.

auf, dann ihre literarisch-strukturale Begründung und schließlich ihr theologisches Verständnis.

1. Globalstruktur

Prolog und briefliche Einleitung (Gegenwart): 1,1–8

A) 1,9–3,22: Apokalyptische Vision der Kirche

B) 4,1–8,1: Prophetische Vision der Geschichte

C) 8,2–11,19: Die sieben Posaunen (Relektüre des Exodus)

Zentrum: 12,1–15,4: Die christliche Gemeinde und die apokalyptischen Tiere

C) 15,5–16,21: Die sieben Schalen (Relektüre des Exodus)

B) 17,1–19,10: Prophetische Vision der Geschichte

A) 19,11–22,5: Apokalyptische Vision der Zukunft

Epilog (Gegenwart): 22,6–21

2. Erläuterung der Globalstruktur

Als erstes entdecken wir eine enge Entsprechung zwischen dem Prolog und der brieflichen Einleitung (1,1–8) und dem Epilog (22,6–21), aber auch zwischen den sieben Posaunen (8,2–11,19) und den sieben Schalen (15,5–16,21). Die beiden letzteren Abschnitte stellen eine Relektüre des Exodusbuches dar, und beide enthalten dieselbe Exodustheologie: befreiendes Eingreifen Gottes in der Geschichte. Der Abschnitt von den sieben Siegeln (4,1–8,1) hat mit dem von den sieben Posaunen und dem von den sieben Schalen lediglich die Siebenerstruktur gemeinsam; denn sowohl seine literarische Gattung wie auch seine Theologie sind ganz anders als im Fall der Posaunen und der Schalen und kommen viel eher dem Abschnitt 17,1–19,10 nahe. Deshalb und aus anderen inneren strukturellen und theologischen Gründen, die wir noch sehen werden, schlagen wir folgende Struktur vor: A – B – C – Zentrum – C – B – A.[48]

48 E. Schüssler Fiorenza (1985), bes. Kap. 1 und 6. Auch die Verfasserin votiert für eine konzentrische Struktur. Ihr zufolge bildet das Zentrum des Buches die prophetische Interpretation der politischen und religiösen Situation der Gemeinde. Als dieses Zentrum sieht sie 10,1–15,4 an. Nach meiner Einteilung dagegen stellt 12,1-15,4 die Mitte des Buches der Apo-

Die Apokalypse enthält keine Chronologie oder Einteilung der Geschichte in Perioden, ebensowenig stellt sie sich als geordneten Abriß der Heilsgeschichte dar. Ihr Inhalt ist vielmehr eschatologisch. Das bedeutet drei fundamentale Dinge: 1) eine prophetische Interpretation der gegenwärtigen Situation der christlichen Gemeinde, 2) die Jetztzeit als *kairos*, als die kurze Spanne vor dem Ende, 3) das Eingreifen Gottes, der Schluß macht mit den Mächten des Todes und die endgültige Errichtung des Gottesreichs einleitet.[49] Dieser theologischen Grundkonzeption entspricht die Struktur des Buches. Die Jetztzeit, der *kairos*, die kurze Spanne vor dem Ende, liegt demnach zwischen 4,1 und 19,10. Dieser Abschnitt beginnt mit einer großen Liturgie: Kap. 4 und 5, und endet mit einer weiteren wichtigen Liturgie: 19,1–10. Im Zentrum haben wir die prophetische Interpretation der christlichen Gemeinde inmitten der Welt (die Gemeinde als Zeichen für den Untergang der Unterdrückungsmächte in der Welt). Dieses Zentrum ist bis in den Wortlaut hinein durch die apokalyptische Relektüre des Exodus geprägt:

Relektüre des *Exodus*: Die sieben Posaunen (8,2–11,19);

Die *Gemeinde* unter den apokalyptischen Tieren (12,1–15,4);

Relektüre des *Exodus*: Die sieben Schalen (15,5–16,21).

Der Verfasser selbst ordnet sich ein zwischen der sechsten und der siebten Posaune (10,1–11,13) – jetzt, da die Propheten und Zeugen handeln – und zwischen der sechsten und der siebten Schale (16,13–16) – wiederum jetzt, da die dämonischen Geister aktiv sind. Die Geschichte als Exodus zu erleben, das heißt, die Gegenwart als Zeit des befreienden göttlichen Handelns in der Geschichte zu erleben. In dieser geschichtlichen Gegenwart finden auch der große Tag des Zorns des Lammes (6,1–8,1) und das Strafgericht über die große Hure (17,1–18,24) statt. All das bildet die *Gegenwartszeit der Apokalypse* (4,1–19,10).

Vor dieser Gegenwartszeit gibt uns der Verfasser eine apokalyptische Vision von der Kirche (1,9–3,22), das heißt von den Gemeinden, wie sie sich angesichts der Präsenz und prophetischen Bot-

kalypse dar; doch wie wir später noch sehen werden, ist das Präsens der Gemeinde auch in 10,1–11,13 und in 16,13–16 zu finden.

49 E. Schüssler Fiorenza (1985), Kap. 1: «Geschichte und Eschatologie».

schaft des auferstandenen Christus in ihrer Mitte darstellen. Damit ist nicht Vergangenheit im strengen Sinn gemeint, sondern die eschatologische Realität, in der die Apokalypse zu stehen kommt und von der sie ausgeht. Nach der Gegenwartszeit kommt die eschatologische Endrealität, das, was nach dem Ende kommt, die apokalyptische Vision der Zukunft (19,11–22,5). Diese apokalyptische Vision der Gemeinden und des Endes trägt Gerichtscharakter: Jesus und Gott selbst treten auf, um das Gute vom Bösen zu unterscheiden. Zuerst spricht Jesus seiner eigenen Kirche das Urteil, und danach halten er und Gott Gericht über die Menschheit und den Kosmos. In diesem Gerichtskontext (Urteil über die Kirche: 1,9–3,22, und über die Gesamtheit von Menschen und Welt: 19,11–22,5) kommt die gegenwärtige Zeit ins Spiel, der *kairos*, in dem die Gemeinde ihr prophetisches Zeugnis gegen die Tiere und gegen die Ruchlosen ablegt: 4,1–19,10. Die Struktur ist zentriert um die Gegenwartszeit und nicht um das «Zeitenende» (wie die Fundamentalisten meinen).

	Gegenwärtiger Augenblick	
1,9–3,22	*4,1–19,10*	19,11–22,5
Gericht über die Gemeinden	*Die Gemeinde in der Welt*	Gericht über die Welt

KAPITEL II: ANFANG UND SCHLUSS DER APOKALYPSE

I. Der Anfang des Buches: Prolog und Gruss (1,1–8)

1. Struktur des Textes

Titel des Buches: V. 1a;

Untertitel bzw. Erläuterung des Titels: VV. 1b–3;

Gruß: VV. 4–8.

2. Text (vollständige, strukturierte Wiedergabe)

V. 1 *Offenbarung Jesu Christi,*
die Gott ihm (Jesus) *gegeben hat,*
damit er seinen *Knechten* zeigt,
was bald geschehen muß;
und er (Jesus) *hat es* durch seinen *Engel*, den er sandte, seinem Knecht *Johannes gezeigt.*
V. 2 *Dieser* (Johannes) *hat bezeugt*
das Wort Gottes und das Zeugnis Jesu Christi:
alles, was er geschaut hat.
V. 3 Selig, wer *vorliest* und wer *hört*
diese prophetischen Worte
und *sich an das hält*, was geschrieben ist;
denn die Zeit ist nahe.
V. 4 (Johannes) Johannes an die sieben Gemeinden in der Provinz Asia:
Gnade sei mit euch und Friede
von Ihm, *der ist und der war und der kommt,*
und von den *sieben Geistern* vor seinem Thron
V. 5 und von *Jesus Christus;*
er ist der treue Zeuge,
der Erstgeborene der Toten,
der Herrscher über die Könige der Erde.
(Gemeinde) Er liebt uns
und hat uns von unseren Sünden erlöst durch sein Blut;
V. 6 er hat uns zu einem Königtum gemacht

und zu Priestern vor Gott, seinem Vater.
Ihm sei die Herrlichkeit und die Macht in alle Ewigkeit. *Amen.*

V. 7 (Johannes) Siehe, er kommt mit den Wolken,
und jedes Auge wird ihn sehen, auch alle, die ihn durchbohrt haben;
und alle Völker der Erde werden seinetwegen jammern und klagen.

(Gemeinde) Ja, amen.

V. 8 (Johannes) Ich bin das Alpha und das Omega, spricht Gott, der Herr,
der ist und der war und der kommt,
der Herrscher über die ganze Schöpfung.

3. Schlüssel zur Interpretation

a) Offenbarung Jesu Christi (1,1a)

So lautet der Titel des ganzen Buches. Johannes ist der erste, der das Wort «Offenbarung» als Buchtitel verwendet. Wie wir in der Einleitung gesehen haben, heißt «Apokalypse» Offenbarung, Entbergung dessen, was verborgen, geheim, unzugänglich war. Inhalt und Vorgang sind nicht neutral: Das Verborgene wird den Gerechten, den Kleinen, Unmündigen, Unterdrückten geoffenbart; es ist das, was die Ruchlosen und Gottlosen nicht verstehen können:

> Ich preise dich, Vater ..., weil du all das den Weisen und Klugen verborgen, den Unmündigen aber offenbart hast (Mt 11,25).

Der Inhalt der Offenbarung ist die Realität des Himmels, das heißt die transzendente Welt von Gottes Gegenwart in der Geschichte. Das Gegenteil von Offenbarung ist die Ver-Bergung und Verschleierung, das, was wir Ideologie nennen würden. Deren Funktion ist es, das Unrecht zu verdecken und die Herrschaft zu legitimieren. Die Apokalypse entbirgt die Welt der Armen und legitimiert ihren Kampf für das Reich Gottes, das Leben und Befreiung ist. Diese Offenbarung ist also eine frohe Botschaft für die Armen. Die Apokalypse will die Realität Gottes und die Realität der Armen in der Geschichte ent-bergen. Sie tut damit das, was Massenmedien nicht zu tun pflegen.

Im Buch Daniel, Kap. 7, finden wir ein Beispiel für die Bedeutung der Apokalypse als Offenbarung. Gott offenbart Daniel den befreienden Sinn von Geschichte, den die Theologen des Imperiums nicht zu entdecken vermochten. Im Neuen Testament ist es Paulus, der den Begriff im gleichen Sinn gebraucht:

> ... ich habe es ja nicht von einem Menschen übernommen, sondern durch die Offenbarung Jesu Christi empfangen (Gal 1,12).

Paulus redet hier nicht anmaßend oder als exaltierter Visionär, sondern als apokalyptischer Prophet. Anders ausgedrückt: Paulus fundiert und legitimiert sein Evangelium direkt mit der Gnade Gottes, der ihm ermöglicht hat, den auferstandenen Jesus in der Geschichte zu unterscheiden, zu erfahren und zu erkennen. Dieser Jesus, und nicht das Gesetz, hat ihm den Sinn der Geschichte und der Mission geoffenbart (vgl. auch Gal 1,16; 2,2; Eph 3,3). Ein anderer Text aus der paulinischen Schule, der möglicherweise zur gleichen Zeit entstand wie die Johannesoffenbarung, macht uns die Bedeutung des Terminus «Apokalypse» ebenfalls klar:

> Denn es entspricht der Gerechtigkeit Gottes, denen mit Bedrängnis zu vergelten, die euch bedrängen, euch aber, den Bedrängten, zusammen mit uns Ruhe zu schenken, wenn Jesus, der Herr, sich vom Himmel her offenbart mit seinen mächtigen Engeln (2 Thess 1,6f).

Und in 1 Petr 1,13 heißt es:

> Deshalb umgürtet euch und macht euch bereit! Seid nüchtern und setzt eure Hoffnung ganz auf die Gnade, die euch bei der Offenbarung Jesu Christi geschenkt wird.

b) Untertitel (1,1b–3)

Hier stoßen wir auf drei zentrale Wörter: «gegeben, gezeigt, bezeugt» (*edoken, esemanen, emartyresen*). Vereinfacht stellt sich die Struktur des Satzes so dar:

> Gott hat Jesus die Offenbarung gegeben (*edoken*);
> Jesus hat sie Johannes gezeigt (*esemanen*);
> Johannes hat sie der Gemeinde bezeugt (*emartyresen*).

Die Gemeinde tritt mittels dreier Verben auf:

> wer vorliest,
> wer hört,
> wer sich an das hält.

Ganz offensichtlich ist die Apokalypse ein lebendiger Text, der in einer versammelten Gemeinde seinen Sitz hat. In ihr gibt es einen, der vorliest, und eine Gruppe, die zuhört und sich zum Einhalten des Gehörten verpflichtet. Diesen Text bekommen die Hörer von Johannes, Johannes hat ihn von Jesus und Jesus von Gott. Gott gibt ihn als Gabe. Jesus zeigt ihn durch Symbole und Visionen. Johannes bezeugt ihn. Darin besteht die Legitimität und Lebenskraft der Apokalypse.

Ihr Inhalt scheint in den folgenden Wendungen auf:

was bald geschehen muß;
das Wort Gottes und das Zeugnis Jesu Christi;
alles, was er geschaut hat;
diese prophetischen Worte.

Gott offenbart in der Apokalypse *das, was bald geschehen muß*. Diese Wendung erscheint hier, im Prolog, und im Epilog 22,6. Doch in 22,7 heißt es dann, aus dem Munde Jesu selbst: *Siehe, ich komme bald (erchomai tachy)*. Das wird in 22,12.20 wiederholt. Auch in den Sendschreiben an die sieben Gemeinden erscheint der Ausdruck: 2,16 und 3,11, und der Sache, wenn auch nicht dem Wortlaut nach, ist ebenfalls in 2,5; 3,3.20 davon die Rede. Diesen Texten zufolge ist also das, was bald geschehen muß, das Kommen Jesu. Damit ist jedoch nicht seine Wiederkunft am Ende der Zeiten gemeint, sondern seine Selbstbekundung in Herrlichkeit in der Jetztzeit. Jesus kommt bald: in dieser gegenwärtigen Zeit, von der 4,1–19,10 handelt; sie ist der *kairos*, von dem uns ebenfalls gesagt wird, er sei nahe: *Die Zeit ist nahe (ho kairos engys)*: 1,3; 22,10. In diesem *kairos* kommt Jesus, um in der christlichen Gemeinde angesichts der «Tiere» zu leben und zu kämpfen. Die Johannesapokalypse kreist nicht um die «Wiederkunft», das «zweite Kommen» Jesu, sondern um seine Selbstbekundung in Herrlichkeit (*parousia*) jetzt, in der geschichtlichen Gegenwartszeit der Gemeinde. Man kann im übrigen nicht eigentlich von einem «Kommen» Jesu sprechen, so als wäre er zwischenzeitlich irgendwo anders hingegangen; Jesus ist niemals fortgegangen; als der Auferstandene ist er immer inmitten der Gemeinden gegenwärtig («Ich bin bei euch alle Tage bis zum Ende der Welt»: Mt 28,20). Nicht daß er «zurückkomme», ersehnt die Gemeinde, sondern daß er sich zeige, handle, befreie, herrsche.

Ein weiterer Inhalt der Apokalypse sind *das Wort Gottes und das Zeugnis Jesu Christi.* Derselbe Ausdruck erscheint in 1,9; 6,9 und 20,4, wo er das Motiv für die Verfolgung der Christen angibt. Johannes vernimmt diesen Inhalt in den apokalyptischen Visionen: *alles, was er geschaut hat.* Der Inhalt der Apokalypse wird ferner als *diese prophetischen Worte* charakterisiert. Gleiches finden wir in 22,7.10.18f. Der Verfasser sieht die Apokalypse also ganz klar als prophetisches Buch an. Johannes selbst versteht sich als Prophet: 10,8–11. Nach 1,1 zeigt Gott seinen Knechten, was bald geschehen muß; das bezieht sich, laut den Paralleltexten 22,6 und 22,9 auf die Propheten (vgl. Am 3,7: «Nichts tut Gott, der Herr, ohne daß er seinen Knechten, den Propheten, zuvor seine Ratschläge offenbart hat»).

In 1,3 wird die Gemeinde seliggepriesen:

> *Selig, wer diese prophetischen Worte vorliest und wer sie hört und wer sich an das hält, was geschrieben ist; denn die Zeit ist nahe.*

Dies ist die erste von sieben Seligpreisungen, die in der Johannesoffenbarung ausgesprochen werden: 1,3; 14,13; 16,15; 19,9; 20,6; 22,7; 22,14. Nicht um abstrakte Doktrin geht es in der Apokalypse, sondern um die freudige Erfahrung in der Gemeinde, in der Gegenwartszeit, im *kairos*, der schon anbricht.

c) Gruß (1,4–9)

Die Verse 1,4–9 eröffnen die Apokalypse mit einer brieflichen Grußformel. Und in 22,21 endet sie wiederum wie ein Brief. Auf diese Weise werden zwei literarische Gattungen miteinander verbunden: die der Apokalypse und die des Briefes. Der Verfasser zeigt seine Freiheit gegenüber dem apokalyptischen Genus und läßt die Besonderheiten erkennen, die der christlichen apokalyptischen Bewegung eigen sind. Auch 2 Thess ist ein apokalyptischer Text in Briefform. Doch der Gruß, mit dem die Johannesapokalypse beginnt, ist mehr als ein Gruß: Er ist ein liturgischer Text mit einem theologisch-politischen Manifest als Inhalt. In der Textstrukturierung, die wir zu Beginn geboten haben, haben wir kenntlich gemacht, daß sich ein liturgischer Dialog zwischen Johannes und der Gemeinde abspielt. Die ganze Johannesapokalypse spiegelt ja die Liturgie der Gemeinde wider: insbesondere die Kap. 4 und 5; aber auch in 11,15–

18; 12,10–12; 14,1–5; 15,1–4; 16,5–7; 22,17.20 findet sich der Widerhall des gemeindlichen liturgischen Lebens. Dieser liturgische Zuschnitt der gesamten Apokalypse gibt dem Text seinen Platz im Schoß der betenden und kämpfenden Christengemeinschaft. Die Liturgie aber bringt die Kraft und Spiritualität dieser Gemeinschaft sichtbar zum Ausdruck.

Das Grußwort hat also liturgische Form. Es enthält indes mehr, nämlich ein theologisches Manifest mit stark politischem Gehalt. Zwei klare Anspielungen auf das Exodusbuch sind erkennbar: «Ich bin der Ich-bin-da» (Ex 3,14) klingt an in der Formel vom Gott, *der ist und der war und der kommt* (Offb 1,4.8). Und das Volk erscheint als *zu einem Königtum gemacht und zu Priestern vor Gott* (Offb 1,6; Ex 19,6). Damit ist aber nicht ein «Reich von Priestern» gemeint, wie oft übersetzt wird, sondern ein als Königtum konstituiertes Volk, also ein Volk mit Macht. Von diesem als Königtum konstituierten Volk wird gesagt, seine Mitglieder seien allesamt Priester. Der Jesus zugesprochene Titel *Herrscher über die Könige der Erde* ist ebenfalls politisch; gleiches gilt für die Wendung *Siehe, er kommt mit den Wolken*. Hierin wird Dan 7 aufgegriffen und der politische Triumph des auferstandenen Jesus in der gegenwärtigen Geschichte (als Menschensohn und Repräsentant des Volkes der Heiligen, der die Fülle der Macht und die Herrschaft erhält) ausgedrückt.[1] Die Bezeichnung Gottes als «Herrscher über die ganze Schöpfung» (*ho pantokrator*) ist im Neuen Testament typisch für die Johannesapokalypse.[2] Sechsmal erscheint sie in liturgischem Kontext – 1,8; 4,8; 11,17; 15,3; 16,7; 19,6 –, jeweils aber mit politischer Tönung. In 16,14 und 19,15 steht sie in einem Gerichtskontext, wiederum mit politischer Sinnrichtung. Es geht also beim Pantokrator nicht um einen abstrakt-universalen Gott, sondern um den Gott der Heiligen, der Gerechten, der vom Imperium Unterdrückten: Der Gott der Armen ist Gott, der Allherrscher.

Der Eröffnungsgruß ist trinitarisch formuliert: Dreimal heißt es *von*. Zuerst wird Gott genannt als der, *der war und der ist und der kommt*. In dieser Formel sind zwei Brüche enthalten: Zunächst bezieht sie sich auf die Gegenwart, dann auf die Vergangenheit und zum Schluß auf die Zukunft. Und für die Zukunft benützt sie nicht

1 P. Richard (1991).

2 Im ganzen Neuen Testament erscheint sie nur einmal in 2 Kor 6,18, und dort als alttestamentliches Zitat, aber neunmal in Offb (zu den oben aufgeführten Stellen kommt noch Offb 21,22 hinzu).

das Verbum «sein», sondern das Wort «kommen». Das entspricht der Geschichtskonzeption der Apokalyptik. In ihr steht im Zentrum die Gegenwart; die Vergangenheit wird rekonstruiert, um die Gemeinde in der Gegenwart zu stärken; und Gott seinerseits ist nicht der, der sein wird, sondern der, der kommt, der Gott, der hereinbricht, um den Leiden der Gegenwartszeit ein Ende zu machen. Das Großartige an dieser Sprechweise ist, daß Gott hier nicht als der abstrakt-universale Seiende erscheint (wie in der griechischen Philosophie), sondern als der Gott der Geschichte. Der Geist wird in einer mehrdeutigen Weise dargestellt, nämlich als *die sieben Geister vor seinem Thron;* ähnlich 3,1; 4,5; 5,6. Der trinitarische Kontext legt nahe, daß dies der Geist Gottes ist in der Fülle seines Handelns und seiner Macht, symbolisiert durch die Siebenzahl. Aus dieser Erfahrung des Geistes bezieht die Gemeinde Gnade und Frieden. Die Bezugnahmen auf Jesus fallen durch ihre Häufigkeit auf; sie beinhalten eine höchst dichte, dabei aber keineswegs abstrakte Christologie, vielmehr eine Christologie, entworfen von der Erfahrung des Johannes und der christlichen Gemeinde in der Welt aus. Dreimal nimmt Johannes, dreimal die Gemeinde Bezug auf Jesus.

Johannes sagt:

> *... der treue Zeuge, der Erstgeborene der Toten, der Herrscher über die Könige der Erde.*

«Zeuge» heißt, wie schon gesagt, auf griechisch *martys*. Er ist der, der öffentlich Zeugnis gibt und für dieses Zeugnis notfalls sein Leben einsetzt. In 3,14 wird Jesus ganz ähnlich *der treue und zuverlässige Zeuge* genannt. Auch die Gemeinde von Pergamon hat ihren Märtyrer: Antipas (2,12). Die Kirche als ganze wird in Kap. 11 durch zwei Märtyrer-Propheten repräsentiert. In 17,6 erscheint Rom, die große Hure, als «betrunken vom Blut der Heiligen und vom Blut der Zeugen Jesu». In einer Märtyrerkirche war die Bezeichnung Jesu als «treuer Zeuge», das heißt als treuer Märtyrer, ein Zeichen der Hoffnung, ein Beispiel für die Gemeinde. Jesus ist nun aber auch der *Erstgeborene der Toten*, das heißt der als erster von den Toten Auferweckte (was impliziert, daß es dann auch weitere von den Toten Auferweckte geben wird). Auch dies ein Zeichen von Hoffnung in einer Gemeinschaft, in der so viele um des Wortes Gottes und des Zeugnisses Jesu willen (6,9; 20,4) hingemordet worden sind. Daß Jesus zum *Herrscher* (*archon*) über die Fürsten der Erde ausgerufen wird, ist wiederum Hoffnungszeichen für die von den politischen Mächten des Imperiums unterdrückten Christen. Auch in 17,14 und 19,16 erscheint der Herrschertitel mit klarer politischer Bedeutung.

Auf den liturgischen Gruß des Johannes antwortet die Gemeinde unter Bezugnahme auf Jesus nicht so sehr mit weiteren christologischen Titeln, sondern indem sie ihre eigene Erfahrung des auferstandenen Jesus inmitten der Gemeinde ausspricht:

> Er liebt uns und hat uns von unseren Sünden erlöst durch sein Blut; er hat uns zu einem Königtum gemacht und zu Priestern vor Gott.

Die Gemeinde weiß sich geliebt und befreit durch Jesus, durch sein Martyrium bis zum Tod um des Reiches Gottes willen. Sie weiß sich aber auch mit Macht ausgestattet: Jesus hat sie zu einem Königtum gemacht; ihre Mitglieder sind Priester:

> Ihr aber seid ein auserwähltes Geschlecht, eine königliche Priesterschaft, ein heiliger Stamm, ein Volk, das sein besonderes Eigentum wurde, damit ihr die großen Taten dessen verkündet, der euch aus der Finsternis in sein wunderbares Licht gerufen hat. Einst wart ihr nicht Volk, jetzt aber seid ihr Gottes Volk (1 Petr 2,9f).

Darauf werden wir zurückkommen, wenn wir 5,10 kommentieren, wo der nämliche Ausdruck ein weiteres Mal erscheint.

V. 7 spricht vom gegenwärtigen Kommen des auferstandenen Jesus (Verbum im Präsens: *erchetai*): *Siehe, er kommt.* Jesus kommt im geschichtlichen Heute, das die Gemeinde in der Welt durchlebt (in dem durchaus politischen Sinn von Dan 7, den wir schon zur Kenntnis genommen haben). V. 7 spricht ferner von Jesu zukünftiger Selbstbekundung (Verben im Futur: *opsetai, kopsontai*): *und jedes Auge wird ihn sehen, ... und alle ... werden seinetwegen jammern und klagen.* Jesus wird sich eines Tages selbst bekunden, um der Jetztzeit ein Ende zu setzen und das Reich Gottes in der Geschichte zu errichten (19,11–22,5). V. 8 schließt, indem er V. 4 aufnimmt und hinzusetzt: *Ich bin das Alpha und das Omega*, das heißt: Anfang und Ende der Geschichte.

II. Der Schluss des Buches: Epilog (22,6–21)

1. Struktur des Textes

Intervention Jesu (VV. 6–16)
A) Jesus: VV. 6f (Wiederaufnahme des Engelwortes)
B) Johannes: V. 8
B) Engel: V. 9
A) Jesus: VV. 10–16

Liturgie (VV. 17–20)
A) Anrufung und Einladung: V. 17
B) Mahnung: VV. 18f (allem Anschein nach von Jesus selbst gegeben)
A) Anrufung: V. 20

Brieflicher Schlußgruß (V. 21)

2. Text (vollständige, strukturierte Wiedergabe)

V. 6 Und er sagte zu mir:
(Jesus) Diese Worte sind zuverlässig und wahr.
Gott, der Herr über den Geist der Propheten,
hat seinen Engel gesandt, um seinen Knechten zu zeigen,
was bald geschehen muß.
V. 7 *Siehe, ich komme bald.*
Selig, wer an den prophetischen Worten dieses Buches festhält.
V. 8 (Johannes) *Ich, Johannes,* habe dies gehört und gesehen.
Und als ich es hörte und sah, fiel ich dem Engel, der mir dies gezeigt hatte, zu Füßen.
V. 9 Da sagte er zu mir:
(Engel) Tu das nicht!
Ich bin nur ein Knecht wie du und deine Brüder, die Propheten,
und wie alle, die sich an die Worte dieses Buches halten.
Gott bete an!
V. 10 (Johannes) Und er sagte zu mir (der Engel wird angesagt, aber es spricht Jesus):
(Jesus) Versiegle dieses Buch mit seinen prophetischen Worten nicht!
Denn *die Zeit ist nahe.*
V. 11 Wer Unrecht tut, tue *weiter* Unrecht,
der Unreine bleibe *weiter* unrein,
der Gerechte handle *weiter* gerecht,
und der Heilige strebe *weiter* nach Heiligkeit.
V. 12 *Siehe, ich komme bald,*

und mit mir bringe ich den Lohn,
und ich werde jedem geben, was seinem Werk entspricht.
V. 13 *Ich bin* das Alpha und das Omega,
der Erste und der Letzte,
der Anfang und das Ende.
V. 14 Selig, wer sein Gewand wäscht:
Er hat Anteil am Baum des Lebens,
und er wird durch die Tore in die Stadt eintreten können.
V. 15 Draußen bleiben die Hunde
und die Zauberer, die Unzüchtigen
und die Mörder, die Götzendiener
und jeder, der die Lüge liebt und tut.
V. 16 *Ich, Jesus,* habe euch meinen Engel gesandt
als Zeugen für das,
was die Gemeinde betrifft.
Ich bin die Wurzel und der Stamm Davids,
der strahlende Morgenstern.

(Liturgische Feier der Gemeinde)
V. 17 Der Geist und die Braut aber sagen: *Komm!*
Wer hört, der rufe: *Komm!*
Wer durstig ist, der komme,
Wer will, der empfange umsonst das Wasser des Lebens.
V. 18 (Jesus) *Ich bezeuge* jedem,
der die prophetischen Worte dieses Buches hört:
Wer etwas hinzufügt, dem wird Gott
die Plagen zufügen, von denen in diesem Buch geschrieben steht.
V. 19 *Und wer etwas weginmnt von den prophetischen Worten dieses Buches,*
dem wird Gott seinen Anteil am Baum des Lebens
und an der heiligen Stadt wegnehmen,
von denen in diesem Buch geschrieben steht.
V. 20 (Johannes) Er, der dies bezeugt, spricht:
(Jesus) *Ja, ich komme bald.*
(Gemeinde) *Amen. Komm, Herr Jesus (Marana-tha)!*

V. 21 (Johannes) Die Gnade unseres Herrn Jesus sei mit allen! *Amen.*

3. Schlüssel zur Interpretation

Hier haben wir einen Dialog zwischen Jesus (bzw. seinem Engel) und Johannes vor uns. Auch die Gemeinde mit ihrer Liturgiefeier tritt auf. In den VV. 6 und 7 sieht es zunächst so aus, als spräche weiterhin der Engel, der Johannes zur Vision des neuen Jerusalem geführt hat (21,9), wer aber tatsächlich spricht, ist Jesus selbst; er sagt nämlich: «Ich komme bald.» Hier gibt es also keinen Unterschied zwischen Jesus und seinem Engel. In V. 8 spricht ganz betont Johannes. In V. 9 erscheint der Engel als selbständig Redender. Von V. 10 bis V. 16 spricht wieder Jesus. Die VV. 17–20 enthalten die Schlußliturgie, in deren Rahmen der Geist, das neue Jerusalem und die christliche Gemeinde auftreten. In den VV. 18 und 19 erscheint wieder Jesus – mit einer typisch apokalyptischen Drohung innerhalb der Liturgie. Den Schluß bildet ein Gruß, ähnlich wie in einem Brief; damit stellt sich der Zusammenhang mit der brieflichen Einleitung von 1,4–8 her.

Im Epilog wird der prophetische Charakter der Johannesapokalypse mit Nachdruck unterstrichen. Viermal bezeichnet der Verfasser den Text der Apokalypse als *die prophetischen Worte dieses Buches* (VV. 7.10.18.19). So nimmt er die ähnliche Formulierung aus 1,3, «diese prophetischen Worte», wieder auf. Gott seinerseits wird als *der Herr über den Geist der Propheten* bezeichnet (V. 6). Das läßt sich interpretieren als «Gott, der die Propheten inspiriert»; besser wäre jedoch die genauere Wiedergabe mit «Gott, der in den Herzen der Propheten lebt». Der Engel wiederum ist ein Mitknecht des Johannes und seiner Brüder, der Propheten, was vermuten läßt, daß Johannes einer Prophetengruppe angehörte. Dies würde auch den Plural *euch* in V. 16 erklären: Er wäre die Empfängerangabe für die Johannesapokalypse. Der Engel übt ebenfalls Prophetenfunktion aus; wie Johannes und seine Brüder ist auch er Prophet. Möglicherweise gilt das auch für die sieben Engel der sieben Gemeinden in den Kap. 2 und 3: Sie wären demnach die Propheten, die zusammen mit Johannes die Animatoren der christlichen Gemeinden Kleinasiens sind.[3] Diesen Propheten offenbart Gott das, *was bald geschehen muß* (22,6 in Wiederaufnahme von 1,1). Sie werden in Anlehnung an den bereits erwähnten, für die Johannesoffenbarung sehr bedeutsamen Text Am 3,7 «Knechte Gottes» genannt. All das wird in den Kap. 10 und 11 des Apokalypsebuches breit ausgeführt.

Der Grundinhalt des Epilogs ist in der dreimal (VV. 7.12.20) auftretenden Wendung zusammengefaßt: *Ich komme bald (erchomai tachy)*. Wie wir bei der Interpretation von 1,1–3 schon sagten, redet Jesus hier nicht von seiner «Wiederkunft» oder glorreichen Manifestation am Ende der Zeiten (19,11), sondern von seinem jetzigen,

3 E. Schüssler Fiorenza (1985), Kap. 5.

gegenwärtigen, aktuellen Kommen zur christlichen Gemeinde, die in der Gegenwart und in der Welt mit den apokalyptischen Tieren ringt. Was bald geschehen muß, ist also das Kommen Jesu in der Jetztzeit, ist das Gegenwärtigwerden Jesu in den Gemeinden (1,9–3,22). Die Parusie ist nicht in erster Linie das zweite Kommen, die Wiederkunft Jesu, sondern vor allem seine siegreiche Gegenwart in der Geschichte. Kraft dieser präsentischen Selbstbekundung Jesu können der Geist, die Braut, die Gemeinde rufen: *Komm! Amen. Komm, Herr Jesus!* (VV. 17.20). Der ganze erste Abschnitt, in dem Jesus spricht (VV. 6–7), erhält im Kontext dieser präsentischen Eschatologie seinen Sinn. Weil Jesus bald kommt, besteht die Seligkeit darin, die prophetischen Worte der Apokalypse zu beherzigen. Die VV. 8–9 (welch letzterer 19,10 aufnimmt) weisen auf die Gefahr der Idolatrie innerhalb der Gemeinde hin: Die Idolatrie war keine rein äußere Bedrohung, die von Babylon oder von dem Tier aus dem Meer ausging, sondern eine reale Möglichkeit für Johannes und bei den Propheten selbst.

Im Licht der siegreichen Gegenwart Jesu in der Geschichte können wir den zweiten Abschnitt verstehen, in dem Jesus spricht (VV. 10–16). Alles hier Gesagte bezieht sich auf die präsentische Eschatologie. Beginnen wir mit V. 10: *Versiegle dieses Buch mit seinen prophetischen Worten nicht! Denn die Zeit ist nahe*. In Dan 8,2 und 10,14 und anderen apokalyptischen Büchern, die die Pseudonymität pflegen, das heißt als ihren Autor eine berühmte Gestalt der Vergangenheit reklamieren, um Künftiges zu prophezeien, wird dem Seher gewöhnlich befohlen, die Prophezeiung zu versiegeln; erst in einer künftigen Zeit soll sie öffentlich werden. Hier ist es nicht so. Die Offenbarung der Johannesapokalypse ist für jetzt bestimmt, für das Schon, für die Gegenwartszeit, für den *kairos*, der schon da ist. Es ist die Gegenwartszeit aus dem V. 11, in dem viermal gesagt wird: *weiter (eti)*. Es ist der *kairos*, in dem weiterhin Zeit ist: sei es um Unrecht und Idolatrie zu praktizieren, sei es um Gerechtigkeit und Heiligkeit zu üben.

In den VV. 12–14 haben wir es mit dem Vorwirken der futurischen Eschatologie in der geschichtlichen Gegenwart zu tun. Die Grundlage, die dieses Vorwirken der Zukunft in der Gegenwart ermöglicht, wird in V. 13 angegeben; dort proklamiert sich Jesus als den Herrn der Geschichte: *Ich bin das Alpha und das Omega, der Erste und der Letzte, der Anfang und das Ende*. V. 14 preist selig den, der *sein Gewand wäscht*. Das Verbum «waschen» (*plyno*) findet sich in der Johannesoffenbarung nur hier und in 7,14, zwei eindeutig parallelen Texten. In 7,14 geht es um die Märtyrer, um die, «die aus der großen Bedrängnis kommen; sie haben ihre Gewänder gewaschen (*eplynan*) und im Blut des Lammes weiß gemacht». Die Rede ist hier von den Märtyrern, die schon im Himmel sind; sie haben ihre Gewänder gewaschen (im Griechischen: Vergangenheitsform des Aorist). Die Bedeutung dieses Ausdrucks werden wir zu gegebener Zeit erläutern. In 22,14 dagegen geht es um die Gegenwart: *Wer sein Gewand (jetzt) wäscht* (Präsens), der wird in der eschatologischen Zukunft ein Anrecht haben auf den *Baum des Lebens, und er wird durch die Tore in die Stadt eintreten können*. Auch die Seligpreisung aus V. 7, eine Parallele zu der in V. 14, erhält ihren Vollsinn durch den Bezug auf die Gegenwart: Jetzt ist der *kairos*, in dem man sich an die prophetischen Worte dieses Buches halten muß. V. 12 steht gleichfalls in diesem präsentischen Kontext: *Mit mir bringe ich den Lohn, und ich werde jedem geben, was seinem Werk entspricht*. Hier erscheint das Wort *misthos*, das Lohn, Entgelt, Ausgleich bedeuten kann und das in der Johannesapokalypse außer hier nur noch in 11,18 vorkommt. Dort meint es den Lohn, den Jesus bei seiner Selbstbekundung in Herrlichkeit (19,11ff) zuteilen wird. In 22,12 geht es um den Lohn, den Jesus bringt, vielmehr: der er selbst ist für die, die in der Jetztzeit kämpfen; dabei wird jedem nach seiner Praxis entgolten. In 11,18 steht der Lohn im Zusammenhang mit dem Gericht nach dem Ertönen der sieben Posaunen; hier, in 22,12, bringt Jesus, der bereits kommt, den Lohn mit.

Auch V. 15 hat präsentisch-eschatologische Bedeutung: *Draußen bleiben die Hunde, (nämlich) die Mörder und Götzendiener*. Wenn es dabei um die eschatologische Zukunft, den neuen Himmel und die neue Erde des neuen Jerusalem ginge, dann hätte nicht davon die Rede zu sein, daß irgend etwas «draußen» bliebe. Denn dort gibt es kein Drinnen und kein Draußen. In 21,8, einem Paralleltext, ist eindeutig von der Endeschatologie die Rede; in ihr werden die Götzendiener und Mörder nicht mehr «draußen» sein, sondern in den «See von brennendem Schwefel» geworfen werden, was, wie wir noch sehen werden, bedeutet, daß sie für immer verschwinden. Hier aber, in 22,15, verschwinden sie eben nicht, sondern werden hinausgewiesen – hinaus aus der Gemeinde. Jetzt, in der Gegenwartszeit, darf es keine Götzendiener und Mörder in der Gemeinde geben.

Dies ist die Sünde der Gemeinde von Pergamon (2,12–17): Sie duldet in ihren Reihen die Bileamiten und Nikolaiten, Götzenverehrer, wie sich noch zeigen wird.

Zum Schluß sagt V. 16 ganz betont: *Ich, Jesus, habe euch meinen Engel gesandt als Zeugen für das, was die Gemeinden betrifft.* Der Inhalt der Apokalypse ist eine Offenbarung, die an Johannes und an seine Prophetengemeinschaft (daher der Plural «euch») erging und alles die Gemeinde Betreffende enthält. Das Wort «Gemeinde» (*ekklesia*) kommt in der Johannesapokalypse 19mal vor: in den Kap. 1–3 und hier in 22,16. Die ganze Botschaft der Apokalypse ist demnach für die Zeit der Kirche bestimmt, die gegenwärtige Zeit, den *kairos*, der eben jetzt kommt, für den Augenblick, in dem Jesus sagt, er komme bald. Was bald geschehen muß, wird in diesem gegenwärtigen *kairos* der Gemeinden geschehen.

Dies wird durch die beiden Bilder bestätigt, anhand deren Jesus seine Identität aufweist: *Ich bin die Wurzel und der Stamm Davids, der strahlende Morgenstern.* Jesus ist die Wurzel des Gottesvolkes, der Stamm des wahren Israel. Er ist nicht Reis (vgl. Jes 11,1ff), sondern Wurzel und Stamm (vgl. Joh 15,1: «Ich bin der wahre Weinstock»). Auch strahlenden Morgenstern nennt Jesus sich hier selbst. Das bezieht sich auf den Planeten Venus, der mit seinem Leuchten das Ende der Nacht und die Morgenröte ankündigt (vgl. Röm 13,12). Die Venus galt auch als Siegeszeichen (des Lichtes über die Finsternis). In der biblischen Tradition und in der Apokalyptik ist das Bild geläufig: «Ich sehe ihn, aber nicht jetzt, ich erblicke ihn, aber nicht in der Nähe. Ein Stern geht in Jakob auf, ein Zepter erhebt sich in Israel» (Num 24,17; von dorther rührt die Vorstellung vom Messias als Stern). Ähnlich heißt es im Testament Levis:

> Der Herr wird einen neuen Priester erstehen lassen, dem alle Worte des Herrn offenbar werden, er wird die Erde richten viele Tage lang. Sein Stern wird erstrahlen als Licht der Erkenntnis ...

So in etwa auch im Testament Judas 24,1–5. Auch 2 Petr 1,19 kennt das Bild:

> Dadurch ist das Wort der Propheten für uns noch sicherer geworden, und ihr tut gut daran, es zu beachten; denn es ist ein Licht, das an einem finsteren Ort scheint, bis der Tag anbricht und der Morgenstern aufgeht in euren Herzen.

«Morgenstern» ist an dieser Stelle im Griechischen mit *phosphoros* wiedergegeben, lateinisch *lucifer*, das bedeutet: «Lichtträger» oder «Lichtbringer».[4] Beide christologischen Bilder, Wurzel und Morgenstern, zielen nicht so sehr auf eine eschatologische Endrealität als vielmehr auf die Realität Jesu im gegenwärtigen *kairos*, auf Jesus, der durch seine Auferstehung den Triumph der Gemeinde im Kampf der Jetztzeit eröffnet, im Kampf um den Aufbau des Gottesreichs auf Erden und in der Hoffnung auf den Sieg des Lichtes über die Finsternis.

Zusammenfassend können wir sagen: Die VV. Offb 22,10–16 beziehen sich auf die präsentische Eschatologie: auf das befreiende Eingreifen Gottes in der gegenwärtigen Zeit der Apokalypse (4,1–19,10). Sie sind kohärent mit der Intervention Jesu in 22,6f und mit der Liturgie in 22,17.20. Ebenso hat die Mahnung Jesu in 22,18f nur Sinn im Hinblick auf die Gegenwartszeit. Sowohl die Einleitung (1,1–8) wie auch der Epilog (22,6–21) stellen die Apokalypse insgesamt in den gegenwärtigen *kairos*, in dem Jesus kommt. Die Johannesapokalypse offenbart uns, was bald in diesem gegenwärtigen *kairos* geschehen muß. Daher ist es so notwendig und seligmachend zugleich, die prophetischen Worte dieses Buches zu bewahren, ihnen nichts hinzuzufügen und nichts von ihnen wegzunehmen! Wir müssen in dieser Jetztzeit leben (Offb 4,1–19,10), ohne Unterlaß rufend: *Marana-tha* – komm, Herr Jesus! Danach wird die Endzeit kommen, die dieser Gegenwartszeit ein Ende machen wird (Offb 19,11–22,5).

4 Vgl. F. Hinkelammert (1985), 257–267.

KAPITEL III:
DIE APOKALYPTISCHE VISION DER KIRCHE

I. Einführung in die Lektüre und Struktur von Offb 1,9–3,22

1. Grobstruktur des Abschnitts

1) Einleitende Vision: der auferstandene Jesus inmitten der sieben Gemeinden: 1,9–20.

2) Sieben prophetische Botschaften (Sendschreiben) an die sieben Gemeinden: 2,1–3,22.

Die beiden Teile hängen aufs engste miteinander zusammen, sowohl was das Literarische wie auch was das Theologische angeht. In der einleitenden Vision haben wir die Grundlage der sieben prophetischen Botschaften vor uns: Der lebendige Jesus mitten unter den Gemeinden beauftragt Johannes, an die sieben Gemeinden zu schreiben. Schon in der Eröffnungsvision geht es also inhaltlich um die sieben Sendschreiben. Andererseits ist der, der dann zu jeder Gemeinde spricht, Jesus, so wie er in der einleitenden Vision sichtbar geworden ist. In fast allen Sendschreiben heißt es zu Beginn: «So spricht Er, der ...», und irgendein Element aus der einleitenden Vision wird aufgegriffen, um die Verbindung beider Teile herzustellen.

Beachtung verdienen auch gewisse Entsprechungen zwischen diesem ersten Abschnitt (1,9–3,22), der apokalyptischen Vision von der Kirche, und dem Schlußabschnitt (19,11–22,5), der apokalyptischen Vision der Zukunft. Beide Abschnitte beginnen mit einer Eröffnungsvision, in deren Zentrum Jesus steht. Im ersten Abschnitt tritt Jesus jeder der sieben Gemeinden gegenüber: In jeder von ihnen scheidet er das Gute vom Schlechten, und dem, «der siegt», macht er Mut. In der Vision des Schlußabschnitts tritt Jesus den Tieren und den Königen der Erde entgegen. Bevor also Jesus die Welt richtet, richtet er über die Kirche. Ferner gibt es mehrere Entsprechungen in den Verheißungen an den Sieger, die in den Sendschreiben ausgesprochen werden (2,7.11.17.26f; 3,5.12.21), und dem Schlußabschnitt (19,11–22,5). Jesus verheißt dem Sieger, daß er ihm vom Baum des Lebens zu essen geben wird, daß ihm der zweite Tod nichts anhaben kann, daß sein Name nicht aus dem Buch des Lebens gestrichen wird, usw. All diese Elemente kommen auch im Schlußabschnitt der Apokalypse vor. Im ersten Abschnitt bereitet Jesus die Kirche darauf vor, in der Gegenwart zu leben. Im letzten Abschnitt setzt er der Gegenwartszeit ein Ende und verwandelt die Geschichte durch die Bezwingung der Kräfte des Bösen und durch die Errichtung des Gottesreiches und der neuen Schöpfung. Zwischen beiden Abschnitten situiert Johannes die Gegenwartszeit, den *kairos*, der kommt, das, was bald geschehen muß: 4,1–19,10.

2. Struktur der einleitenden Vision (1,9–20)

1) Kontext der Vision: VV. 9-10a

Ich, euer Bruder Johannes ...
ich war auf der Insel Patmos
um des Wortes Gottes willen und des Zeugnisses für Jesus.
Am Tag des Herrn wurde ich vom Geist ergriffen ...

2) Vision: VV. 10b–11

Audition (ich hörte): VV. 10b–11

Schreib das, was du siehst, in ein Buch, und schick es an die sieben Gemeinden (V. 11).

Vision (ich sah): VV. 12–16

Audition: VV. 17–19

Schreib auf, was du gesehen hast:
was ist
und was danach geschehen wird (V. 19).

3) Der Sinn der Vision: V. 20

3. Struktur der Sendschreiben

Jedes Sendschreiben hat praktisch dieselbe Struktur:

1) Empfänger: «An den Engel der Gemeinde in ...»

2) Schreibbefehl: «Schreibe ...»

3) Urheber: «So spricht Er, der ...» (es folgt die Bezugnahme auf ein Element der einleitenden Vision).

4) Corpus des Schreibens (enthält fast immer folgende Elemente):
- Beschreibung der Situation: «Ich kenne ...»
- Vorwurf: «Aber ich habe etwas gegen dich ...»
- Aufruf zur Umkehr: «Kehr um! ...»
- Prophetische Offenbarung: «Siehe ...»
- Ankündigung: «Ich werde kommen»; «sonst komme ich bald».
- Ermahnung: «Fürchte dich nicht»; «denk also daran»; «darum rate ich dir».

5) Aufruf, zu hören: «Wer Ohren hat, der höre ...»

6) Eschatologische Verheißung an den Sieger: «Wer siegt, dem werde ich geben ...» (es folgt in der Regel ein Verweis auf den Schlußabschnitt der Apokalypse 19,11–22,5).

II. Schlüssel zur Interpretation

1. Einleitende Vision (1,9–20)

Der Kontext der Vision (VV. 9–10a) liefert uns vier Interpretationsschlüssel. Der erste besteht in der Selbstdarstellung des Johannes. Wir wissen nicht, wer dieser Johannes, der Verfasser der Apokalypse, historisch gesehen war. Die verschiedenen Meinungen darüber entnehme der Leser, die Leserin einem Kommentar oder den Einleitungen ins Neue Testament. Wichtiger für uns ist jedenfalls, was Johannes hier und im ganzen Buch über sich selbst sagt. In dieser Passage stellt er sich vor als *Bruder und Gefährte (adelphos kai synkoinonos)* seiner Adressaten. Damit schließt er jede Hierarchisierung der Macht in der Kirche aus. Die Kirche der Johannesapokalypse ist eine hauptsächlich von Propheten geleitete Kirche. Johannes ist ein Prophet (siehe 1,1–3; 10,1–11; 22,6–21) und möglicherweise verantwortlich für viele Gemeinden Kleinasiens; aber deshalb hört er nicht auf, Bruder und Gefährte zu sein. Konkreter gesagt: Er ist Gefährte *in der Bedrängnis (thlipsis)*, in der *Königsherrschaft* und im *Widerstand (hypomone)*[1] *in Jesus*. Johannes teilt mit der Gemeinde die *Bedrängnis*. Damit sind Verfolgung und Repression gemeint (Johannes ist im Exil auf Patmos, und die Gemeinden leiden immer wieder unter Verfolgungen); indes dürfte vor allem

1 Wir übersetzen *hypomone* korrekt mit «Widerstand» und nicht mit «standhaftes Ausharren». Die *hypomone* ist nämlich eine aktive Haltung, die geschichtliche Praxis impliziert.

auf die *permanente* Unterdrückung, Marginalisierung und Erniedrigung abgezielt sein, welche die Gläubigen im römischen Imperium leidvoll erleben müssen. Johannes hat wie seine Brüder und Schwestern teil an der *Königsherrschaft*, der christlichen Antwort und Alternative angesichts der Bedrängnis. Die Christen wollen Gottes Reich auf Erden aufbauen (20,1–10); dazu suchen sie zunächst die Kirche als alternative Gemeinschaft zu entwickeln (14,1–5), die dem Imperium (den «Tieren» und Babylon) gegenübersteht; dafür aber braucht es vor allem *Widerstand*, Stärke, Kampf. Kurz gesagt: Johannes teilt mit den Gemeinden die Situation der Unterdrückung, das alternative Geschichtsprojekt «Reich Gottes» und den Widerstand, das aktive Durchhalten bei seiner Verwirklichung.

Der Verfasser der Apokalypse ist im Exil auf der Insel Patmos, wie er schreibt, *um des Wortes Gottes willen und des Zeugnisses für Jesus*. Darum (1,2) und um den Tod der Märtyrer (6,9; 20,4) geht es in der gesamten Johannesoffenbarung. Johannes gerät in Ekstase, er wird *am Tag des Herrn vom Geist ergriffen*. Er träumt nicht, hat auch keine entfremdenden oder trügerischen Visionen. Die Vision ist für ihn vielmehr ein Akt des Glaubens und der Geistigkeit, und Johannes wird vom Geist so verwandelt, daß er eine Offenbarung empfangen kann. Das geschieht am Tag des Herrn, sicherlich am Sonntag, den die Christen bereits als den Herrentag feiern. Johannes hat die Vision während eines Gottesdienstes, vielleicht während der Eucharistiefeier. Auf die liturgischen Anzeichen in 1,4–8 und 22,17.20 sind wir schon eingegangen. Speziell 22,17 hat eucharistische Konnotationen.

Die Vision in der Johannesapokalypse will stets eine Grundgewißheit vermitteln. Sie ist schriftlich gefaßt im literarischen Genus der Vision und läßt sich oft nur schwer inhaltlich darstellen. Eine Vision können und dürfen wir nicht genauso interpretieren wie einen theoretisch-begrifflichen Text. Beide sind zwar Texte, in denen sich die Vernunft ausspricht, aber dennoch müssen sie auf unterschiedliche Weise gelesen werden. Die Vision ist wohl literarisch gestaltet, aber zunächst einmal muß sie doch kontempliert, betrachtet, geschaut werden – in dem Bemühen, die Botschaft der Symbole direkt aufzunehmen. Die Vision samt all den Symbolen, aus denen sie besteht, vermittelt eine Gewißheit, eine Spiritualität, eine Kraft, die sich nicht immer begrifflich erklären läßt. Wenn uns Johannes zum Beispiel sagt: «Seine Augen waren wie Feuerflammen», dann drückt dies nicht einen Begriff aus, sondern eine spirituelle Erfahrung, die verinnerlicht werden muß, damit die gesamte Botschaft der Vision verstanden werden kann. Indem die Vision eine Kraft oder Grundgewißheit vermittelt, will sie also nicht so sehr theoretisieren als vielmehr motivieren, überzeugen, mobilisieren. Sie will das Bewußtsein oder, wie wir in der Einleitung sagten, den Himmel wiederherstellen, re-konstruieren, neu bauen. Die Vision nimmt gegenüber der Geschichte eine Entbergungsfunktion wahr: Sie offenbart, was dem unbewaffneten Auge, dem schlichten Blick nicht erscheint: das Transzendent-Gründende. Und sie hat eine kritische Funktion gegenüber der Herrschaft und eine Funktion geschichtlicher Erinnerung: Sie hilft der Gemeinde, Grundwahrheiten im Gedächtnis zu behalten, um sie leben zu können.

Die Grundgewißheit, welche die einleitende Vision hier vermitteln will, heißt: Der auferstandene Jesus lebt leiblich mitten unter seinen Gemeinden, also in unserer Geschichte; er hat Macht über den Tod und den Ort der Toten, die Unterwelt, und er hat Macht, den Tod zu vernichten und die Toten dem Ort des Todes zu entreißen. Diese Botschaft tönt aber nicht nur aus V. 18, sondern aus der ganzen Vision. Das Symbol der Menschengestalt («einer, der wie ein Mensch – wörtlich: wie ein Menschensohn – aussah») entstammt Dan 7 und steht dort für das Volk der Heiligen des Allerhöchsten. Es ist das Gegensymbol zu den Tieren, welche die Imperien darstellen.[2] In der Johannesapokalypse symbolisiert der, «der wie ein Mensch aussah», ganz klar den auferstandenen Jesus (wiewohl die Konnotationen zu Dan 7 damit nicht getilgt sind). Die Vision beharrt auf der Leiblichkeit Jesu: Die Menschengestalt ist *bekleidet*, hat ein *Haupt, Haare, Beine, Stimme,* eine *Rechte*, einen *Mund* und ein *Gesicht*. Der Verfasser drückt symbolisch aus, wie er jedes Element von Jesu Leiblichkeit erfährt: Das Gewand ist eine priesterliche Tunika, die Haare sind weiß, die Augen wie Feuerflammen, die Beine stark wie Metall, seine Hand hält sieben Sterne (die Verantwortlichen jeder Gemeinde sind fest in seiner Hand), aus seinem Mund kommt ein scharfes Schwert, sein Gesicht leuchtet wie die Sonne. Zum Schluß spürt Johannes körperlich die Hand Jesu: *Er aber legte seine rechte Hand auf mich.*

2 P. Richard (1991).

Zweimal befiehlt Jesus dem Johannes, aufzuschreiben, was er sieht: VV. 11 und 19. Diese Anordnung ist eine Inklusion, das heißt, am Anfang und am Schluß einer Passage erscheint der gleiche Text, er schließt also einen Abschnitt ein und hat damit besondere Funktion für die Deutung. Johannes soll also in ein Buch schreiben (wörtlich: «in eine Rolle»), was er gesehen hat, und diese Niederschrift an die sieben Gemeinden schicken. Der Inhalt des Buches: *was ist und was danach geschehen wird* (V. 19). *Was ist*, bezieht sich auf die leibliche und geschichtliche Gegenwart des auferstandenen Jesus inmitten der Gemeinden mit all dem, was diese Gegenwart für die Gemeinden bedeutet (ausgedrückt durch die kraftvolle Erscheinung seiner Augen, seines Gesichtes, seines Mundes und durch das Wissen, daß die sieben Engel in seiner Hand sind, usw.); Jesu Gegenwart enthebt die Gemeinden keineswegs der Geschichte (sie leiden ja Verfolgung und müssen um den Sieg kämpfen), aber sie läßt sie eine eschatologische Situation siegreich bestehen, das heißt eine Situation, in der jene tiefe, transzendente Realität der Geschichte für die Gemeinden lebenswichtig ist: Himmel bedeutet für uns, auf eine andere, transzendente, spirituelle Weise zu leben.[3] Die sieben Gemeinden leben schon in einer anderen Existenzform, denn Christus ist auferstanden, und die Zeit der Auferstehung aller hat begonnen. *Was danach geschehen wird*, ist das, was uns die Apokalypse in den Kap. 4,1–19,10 vor Augen führen wird, das, was die geschichtliche Gegenwartszeit der Gemeinden in der Welt ausmacht.

2. *Die prophetische Botschaft der Sendschreiben an die sieben Gemeinden (2,1–3,22)*

a) Schlüssel zu einer Gesamtinterpretation

Als erstes fällt die lebendige *Beziehung Jesu zu den Gemeinden* ins Auge. Jesus ist in ihrer Mitte lebendig und hält ihre Verantwortlichen (die sieben Sterne) in seiner Rechten (1,16, wiederaufgenommen in 2,1). Gegenüber den Gemeinden tritt Jesus in differenzierter und je eigener Weise auf. Er kennt das Leben jeder einzelnen von ihnen, erkennt das Gute an, hält ihr das Schlechte vor, ermahnt,

3 Wir haben schon im einleitenden Kapitel gesehen, was für die Apokalypse «Erde und Himmel» heißt: zwei Dimensionen ein und derselben Geschichte (die empirisch-erfahrbare und die verborgen-transzendente).

ruft, droht, prophezeit, verheißt dem Sieger Lohn, je nach der Eigenheit der Gemeinde. Es ist wie eine Pastoralvisitation bei den Gemeinden. Die Gegenwart Jesu ist so wirklich und wirkungsvoll, daß in den Gemeinden der Johannesapokalypse keine eigenen Hierarchien und Mächte in Erscheinung treten: Der auferstandene Christus selbst ist ihr Leiter.

Die Siebenzahl bedeutet in der Apokalypse Fülle. Daher meinen viele Ausleger, es handle sich um eine ekklesiale Fülle, und deuten die Sendschreiben universal, als abstrakte Botschaften, die sich an die ganze Kirche aller Epochen richteten. Das steht aber im Gegensatz zum Sinn des Textes. Wenn Johannes sieben Gemeinden auswählt und nicht etwa zehn oder noch mehr, die es in jener Gegend mit Sicherheit gab, dann deshalb, weil er einer ganz konkreten Realität Fülle und universalen Charakter zuschreiben will. Diese Universalisierung leugnet den konkreten und realen Charakter jeder Gemeinde gerade nicht: Es handelt sich um wirklich existierende Gemeinden. Sie gleichen denen von heute: Alle sind verschieden, alle haben ihre jeweiligen, speziellen Probleme. Die Gemeinden in Smyrna und Philadelphia sind fehlerlos. Die von Ephesus und Thyatira weisen mehr Tugenden als Mängel auf. Die in Pergamon ist gut und schlecht zugleich. Sardes dagegen ist, mit Ausnahme einiger weniger guter Leute, gänzlich negativ. Laodizea schließlich ist eine Katastrophe. Trotzdem wendet sich Jesus an sie alle mit derselben Hirtenliebe.

Jesus wird gegenwärtig inmitten der Gemeinden und richtet eine prophetische Botschaft an jede von ihnen, um sie umzugestalten, zu verwandeln (er verleiht ihnen eschatologische Existenz) und sie zum Leben des *kairos* zuzurüsten, des *kairos*, der jetzt anbricht, des gegenwärtigen Augenblicks, in dem sie sich mit dem Imperium werden auseinandersetzen müssen. Jesus wappnet die Gemeinden für die Jetztzeit, nicht für die Parusie am Ende der Zeiten. Daher fordert er die Gemeinde von Ephesus denn auch auf, sie solle umkehren, *sonst werde ich kommen (erchomai soi: 2,5)*. Das sagt er auch zur Gemeinde von Pergamon:

> Kehr um! Sonst komme ich bald und werde sie (die Nikolaiten) mit dem Schwert aus meinem Mund bekämpfen (2,16).

Und an Philadelphia gerichtet: «Ich komme bald» *(erchomai tachy:* 3,11). Selbst Laodizea, das tadelnswerte, bekommt zu hören:

> Siehe, ich stehe vor der Tür und klopfe an. Wer meine Stimme hört und die Tür öffnet, bei dem werde ich eintreten, und wir werden Mahl halten, ich mit ihm und er mit mir (3,20).

In all diesen Ausdrücken geht es um die Selbstbekundung des auferstandenen Jesus in der Gegenwartszeit (von der 4,1–19,10 die Rede ist); die Endparusie (19,11ff) ist hier nicht gemeint. Die Tugenden, die den Gemeinden am nachdrücklichsten abverlangt sind, sind jene, deren es in der Bedrängnis der Jetztzeit am meisten bedarf: Widerstand leisten, nicht fehltreten, sich nicht fürchten, Liebe, Glaube, Geist des Dienens, Mut. In dieser Bedrängnis muß man kämpfen und siegen; daher bildet den Schluß jedes Schreibens die Verheißung an den Sieger.

Einen weiteren wichtigen Schlüssel zur Interpretation der sieben Sendschreiben liefert uns die Bestimmung, wer die *internen Gegner* des Johannes in den Gemeinden sind und wie er sich mit ihnen auseinandersetzt. Diese Widersacher sind jene, die sich Apostel nennen, ohne es zu sein (2,2); die Anhänger der Lehre Bileams (2,14); die Nikolaiten (2,16); die Prophetin Isebel und ihre Gruppe (2,20). Sie alle gehören derselben Strömung an, und die Namen, die Johannes ihnen gibt, sind typologisch oder symbolisch. «Nikolaos» bedeutet «Der das Volk besiegt» (*nika laon*); ähnlich meint «Bileam»: «Der das Volk verzehrt» (*bala am*), übernommen aus Num 22–24 und gebraucht zur Bezeichnung des Typus, der das Volk verwünscht und verdirbt; Isebel (vgl. 1 Kön 17–21) schließlich ist der Typus der götzendienerischen Frau, welche die Propheten Jahwes bekämpft.

Wie sind nun die Praktiken dieser Leute beschaffen? In 2,14 finden wir eine Beschreibung unter Bezugnahme auf das Alte Testament. In Num 25,1f wird erzählt, wie das Volk Israel mit den Moabiterinnen Unzucht trieb und den Gott Baal-Pegor zu verehren begann. Num 31,16 führt diesen Vorgang auf den Rat Bileams zurück; dieser hatte König Balak von Moab empfohlen, er solle Moabiterinnen einsetzen, um Israel zu verführen (Num 22–24). Der Sinn ist klar: *Die Lehre Bileams ist Idolatrie.* Diese geschieht durch das Essen von Götzenopferfleisch und durch Unzucht, die real sein mag oder vielleicht nur als Symbol für den Götzendienst hier eingeführt wird. Laut 2,20 ist die Praxis Isebels die gleiche wie die Bileams in 2,14, und in 2,24 wird von ihr und ihren Anhängern gesagt, sie kennten «die Tiefen des Satans». Wer sind nun all diese Gegner, diese Nikolaiten, Bileamiten, falschen Apostel, Anhänger Isebels, Kenner der Tiefen des Satans? Sie sind allesamt dieselben. Sie sind dieselben, die Paulus in 1 Kor bekämpft hat, also eine gnostische oder frühgnostische Strömung, deren Vertreter eine höhere Gotteserkenntnis zu haben meinten, sich für schon gerettet hielten und auf die einfachen Christen verächtlich herabsahen. Woraus ist diese Tendenz entstanden? Aus einer Notwendigkeit, die sich für eine Reihe von Christen ergab, nämlich das Christentum umzuformen, um so am wirtschaftlichen, politischen und gesellschaftlichen Leben des Imperiums teilnehmen zu können. Diese Teilnahme fand statt in den Vereinen und Gremien, in denen der Kaiserkult die gängige Ideologie war und es als ganz normal galt, das zuvor den Göttern geopferte Fleisch zu essen. Das Christentum mußte spiritualisiert werden, wenn man an diesen Strukturen ohne Gewissensprobleme beteiligt sein wollte. Die Leute nun, die diese Umformung des Christentums betreiben, sind die Reichen und Mächtigen. Der Gnostizismus entsteht aus einer Adaptation des Christentums ans Imperium. In seiner Apokalypse widersetzt sich Johannes heftig dieser Tendenz. Er bekämpft sie mit seiner Lehre vom Zeugnis und Martyrium: Das christliche Leben ist ein Leben in Opposition zum römischen Imperium. Wer das Kennzeichen Gottes trägt, kann nicht kaufen oder verkaufen (Kap. 13), er steht am Rand des gesellschaftlichen und kommerziellen Lebens im Staat. In ähnlicher Form bekämpft Paulus seine enthusiastischen Gegner mit seiner Theologie des Kreuzes.

Neben den internen Gegnern gibt es freilich auch *Widersacher von außen*. Der äußere Hauptfeind, der in der ganzen Johannesapokalypse spürbar anwesend ist, ist das römische Imperium. Zur Gemeinde von Smyrna sagt Jesus:

> Fürchte dich nicht vor dem, was du noch erleiden mußt. Der Teufel wird einige von euch ins Gefängnis werfen, um euch auf die Probe zu stellen, und ihr werdet in Bedrängnis sein, zehn Tage lang (2,10).

Laut Kap. 12 und 13 wirkt der Teufel in der Gemeinde durch das Tier, eben das römische Imperium. Hier wird nun der Gemeinde eine Verfolgung durch dieses Imperium angekündigt, die allerdings nicht lange dauern soll. Zur Gemeinde von Pergamon sagt Jesus so:

> Ich weiß, wo du wohnst; es ist dort, wo der Thron des Satans steht ... Antipas, mein treuer Zeuge, (wurde) bei euch getötet ..., dort, wo der Satan wohnt (2,13).

«Satan» steht hier als Symbol für die «geistige und übernatürliche» Verführungskraft des römischen Imperiums, das mittels seiner Strukturen Wirkung entfaltet.

An der Gemeinde von Thyatira rühmt Jesus diejenigen, die der Lehre der Gnostiker (der internen Gegner) nicht folgen. Letztere meinen, sie verträten ein Wissen über «die Tiefen Gottes»; in Jesu Augen aber ist das nichts anderes als eine Kenntnis der «Tiefen des Satans» (2,24). Nicht Gott kennen diese Gegner, sondern die «geistigen» Tiefen des römischen Imperiums; nicht in Gott sind sie eingetaucht, sondern ersoffen in der Philosophie und Ideologie des Imperiums.

Der zweite äußere Widersacher ist eine bestimmte Tendenz im Judentum, die Johannes mit großer Härte angeht: «Ich weiß, daß du von solchen geschmäht wirst, die sich als Juden ausgeben; sie sind es aber nicht, sondern sie sind eine *Synagoge des Satans*» (2,9; ähnlich 3,9). Wie schon gesagt, steht «Satan» hier für die «geistigen» Kräfte des Imperiums. Eine Synagoge des Satans ist also eine Synagoge, die sich dem Imperium anbequemt hat, die politisch und geistig vom Imperium beherrscht wird. Damit haben ihre Mitglieder ihr Judesein verloren. Sie sind nur mehr Juden dem Namen nach. Nicht mehr Synagoge Jahwes sind sie, sondern Synagoge des Satans, der geschichtlich durch das Imperium wirkt.

Kurz zusammengefaßt: Der auferstandene Jesus, leiblich lebendig inmitten der Gemeinden, wappnet sie für den Kampf in der gegenwärtigen Zeit gegen ihre Gegner, seien sie intern (frühgnostisch-enthusiastische Christen) oder extern (die teuflischen Kräfte des römischen Imperiums).

b) Schlüssel zur Einzelinterpretation

Ephesus (2,1–7)

Ephesus ist der bedeutendste Hafen Kleinasiens und die belebteste und dank ihrem Handel und ihrer Lage an den Verbindungswegen wichtigste Stadt der ganzen Region. Schon bevor die Griechen kamen, betete man dort zur «Muttergöttin». In griechischer Zeit erhielt diese dann den Namen Artemis (siehe Apg 19 zu Zauberei und Artemiskult in Ephesus). Im Jahre 29 v. Chr. wurde die Verehrung der Roma Dea und des göttlichen Julius Caesar, der römische Kaiserkult, eingeführt.

Die Ortskirche von Ephesus war nach der in Jerusalem, die mit der Stadt im Jahre 70 unterging, und noch vor der in Rom die wichtigste Gemeinde der apostolischen und nachapostolischen Zeit. Paulus hatte sie gegründet und dort zwischen Dezember 52 und März 55 (zwei Jahre und drei Monate) einen wichtigen apostolischen Dienst ausgeübt. Von Ephesus aus schrieb Paulus seinen Brief an die Galater, die beiden Korintherbriefe und aus dem Gefängnis möglicherweise die Briefe an die Philipper und an Philemon. Das Kap. 16 des Römerbriefs ist mit einiger Wahrscheinlichkeit ein kurzer Brief an die Epheser, der uns gültige Auskunft über diese Gemeinde liefert. Von Ephesus aus sind in nachapostolischer Zeit (nach 70) wohl auch Briefe der Paulus-Schüler abgegangen: die Pastoralbriefe und vielleicht 2 Thess (in etwa zeitgleich mit der Johannesapokalypse). Auch die Tradition des Lieblingsjüngers» (Johannesevangelium und Johannesbriefe) war in Ephesus bekannt. Ebenso dürfen wir annehmen, daß die Verbreitung der Johannesapokalypse von Ephesus ihren Ausgang nahm. Und schließlich ist auch der erste und wichtigste Brief des Ignatius von Antiochien an die Kirche von Ephesus gerichtet.

In 2,1 werden die beiden Elemente der einleitenden Vision aufgegriffen, die sich auf die Gesamtheit der Gemeinden beziehen: *So spricht Er, der die sieben Sterne fest in seiner Rechten hält und mitten unter den sieben goldenen Leuchtern einhergeht.* Die sieben Sterne symbolisieren die sieben Engel der sieben Gemeinden, die, wie schon gesagt, möglicherweise die sieben mit den Gemeinden betrauten Propheten sind (vgl. 22,8: der Engel ist ein Knecht wie Johannes und seine Propheten-Brüder, die sich an die Worte dieses Buches halten). Die sieben Leuchter sind die sieben Gemeinden. Was die Vision angeht, so weist 2,1 zwei Veränderungen gegenüber 1,16 auf: Jetzt *hält* Jesus die sieben Sterne *fest* (*kraton*) in seiner Rechten (in 1,16 heißt es einfach, er «halte» sie: *echon*), er bändigt sie gleichsam; und er ist nicht mehr nur «mitten unter den Leuchtern» (wie in 1,16), sondern *geht mitten unter ihnen einher (peripaton)*. Mit diesen beiden Veränderungen akzentuiert der Verfasser kräftig die Präsenz und Aktivität Jesu in den Gemeinden; und genau das wird nun dem Propheten von Ephesus mitgeteilt, der vermutlich für alle Gemeinden Verantwortung trägt – eine Position, die er durchaus auch verlieren kann (V. 5).

Das Leben der Gemeinde in Ephesus, das Jesus, wie er selbst sagt, kennt, läßt sich in drei Faktoren zusammenfassen: *Werke (erga)*,

Mühe (kopon), Widerstand (hypomone). Der Nachdruck liegt auf dem Widerstand: *Du hast widerstanden und um meines Namens willen Schweres ertragen und bist nicht müde geworden* (V. 3). Der Widerstand ist die Tugend, deren es bedarf beim Aufbau des Reiches Gottes in den Zeiten der Verfolgung oder in einer Unterdrückungssituation. Und just in der Bedrängnis, in der Königsherrschaft und im Widerstand ist Johannes Bruder und Gefährte der Gemeinden (1,9). Der Widerstand vollzieht sich im Zeugnis (*martyria*), er kennzeichnet den Zeugen (*martys*) in seinem Kampf gegen das Tier (das Imperium) sowie gegen die äußeren und inneren Gegner. Es heißt dann, die ephesinische Gemeinde zeichne sich durch ein spezifisches Verhalten aus: Sie könne die Bösen nicht ertragen, habe die falschen Apostel auf die Probe gestellt und als Lügner entlarvt und sie verabscheue das Treiben der Nikolaiten. Hier ist die Rede von verschiedenen Umtrieben eines und desselben Widersachers innerhalb der Gemeinde, dem symbolisch die Bezeichnung «Nikolaiten» zugelegt wird. Muß uns das heute nicht als Intoleranz erscheinen? Kann man da überhaupt von Gemeinde reden, wo Andersdenkende nicht geduldet werden? Darum geht es hier nicht. Wie wir schon gesehen haben, ist die Lehre der Nikolaiten eine frühgnostische Häresie, die das Christentum zu spiritualisieren trachtete, um es mit dem Imperium kompatibel zu machen. Sie widerspricht der Ethik und Theologie der Johannesapokalypse radikal, der zufolge das Leben der Christen und der Gemeinde ein unablässiges Zeugnis gegen die Unterdrückung und Idolatrie sein soll, die Babylon und seine Tiere, also das römische Imperium, ausüben. Möglicherweise waren die Nikolaiten wohlhabende Christen, die aktiv an den wirtschaftlichen, gesellschaftlichen, kulturellen und zwangsläufig auch religiösen Strukturen des Staates beteiligt waren; sie suchten also eine Lehre, die das Christentum für die besagte Integration ins Imperium sollte geeignet scheinen lassen.

Die eschatologische Präsenz Jesu in der Gemeinde führt nicht nur zur Scheidung von Gut und Böse, sondern auch zum Urteilsspruch über das Negative: *Ich werfe dir ... vor, daß du deine erste Liebe (agapen sou ten proten) verlassen hast.* Die Agape ist die geschwisterliche Liebe oder die Solidarität, die die Gemeinde von Anfang an zusammenhält. In Ephesus ist diese Solidarität verlorengegangen, vielleicht unter dem Einfluß der Nikolaiten und durch die Auseinandersetzung mit ihnen. Deshalb gebietet Jesus der Gemeinde ein Doppeltes: *Bedenke, aus welcher Höhe du gefallen bist. Kehr zurück zu deinen ersten Werken!* Zuerst kommt also die Erinnerung an die Anfänge und sodann die Umkehr als Änderung des Verhaltens. Für den Fall, daß die Gemeinde sich nicht ändert, droht Jesus an: *Ich werde kommen (erchomai soi).* Wir haben schon gesehen, daß damit nicht sein zweites Kommen, seine Wiederkunft am Zeitenende gemeint ist, sondern sein Kommen zur Gemeinde jetzt, in der Gegenwartszeit. Es ist auch schon gesagt worden, daß Jesus lebt, daß er unter den Gemeinden einhergeht, daß er mit seiner Rechten seine verantwortlichen Propheten gefaßt hält und jedem Propheten für seine Gemeinde eine prophetische Botschaft aufträgt. Jetzt jedoch kommt etwas Neues hinzu: eine persönliche Heimsuchung der Gemeinde von Ephesus, mit dem Zweck, sie von ihrer Stelle wegzurücken. Nicht daß sie damit bloß ihres Ranges als Mutter- oder Hauptkirche verlustig ginge – nein, schlimmer noch: Sie wird von der Kommunikation mit den anderen Gemeinden und von der Gemeinschaft mit dem auferstandenen Jesus abgeschnitten. Wenn es keine Solidarität (*agape*) gibt, dann gibt es auch keine Gemeinschaft mit Jesus und mit den anderen Gemeinden.

Den Schluß jedes Sendschreibens bildet ein Aufruf zum Hören: *Wer Ohren hat, der höre, was der Geist den Gemeinden sagt.* Jesus, der Lebendige selbst, wendet sich an die Gemeinden. Auf ihn zu hören heißt, auf den Geist zu hören, den Heiligen Geist, den Prophetengeist des getöteten und auferstandenen Jesus. Jedes Sendschreiben schließt aber auch mit einer Verheißung an den Sieger: *Wer siegt (to nikonti), dem werde ich geben ...* Die «siegen», sind die Märtyrer, «die Sieger über das Tier, über sein Bild und über die Zahl seines Namens» (15,2). Die den Satan besiegten – «sie haben ihn besiegt durch das Blut des Lammes und durch ihr Wort und Zeugnis; sie hielten ihr Leben nicht fest, bis hinein in den Tod» (12,11).

21,7 spricht vom Anteil des Siegers. Für die Gemeinde von Ephesus bestünde dieser Anteil darin, daß sie vom Baum des Lebens essen dürfte, das heißt, daß sie durch die Auferstehung des Leibes die Unsterblichkeit zurückgewänne. Mit dem «Baum» ist hier aber nicht der Baum des verlorenen Paradieses gemeint, sondern der in vollem Wuchs stehende Baum des neuen Jerusalem. Dieser Baum unterliegt nicht dem Verbot, das auf dem Baum der Ekenntnis von Gut und Böse lag. Das neue Jerusalem ist ein Paradies ohne Verbot, ohne Gesetz, ganz erfüllt von der Herrlichkeit Gottes, in dem alle ihn von Angesicht zu Angesicht schauen.

Smyrna (2,8–11)

Smyrna ist eine blühende Hafenstadt und eine starke Konkurrenz für Ephesus. Zu Rom steht sie in ganz besonderer Loyalität. Im Jahr 195 v. Chr. baut die Stadt einen Tempel zu Ehren der Roma Dea und 26 n. Chr. einen Tempel für den Kaiser Tiberius. Die christliche Gemeinde dort ist möglicherweise von Paulus gegründet (Apg 19,10). Ignatius von Antiochien schreibt einen Brief an die Christen von Smyrna und einen an ihren Bischof Polykarp. Dessen Martyrium wird von der Gemeinde schriftlich bezeugt.[4] Es ereignet sich im Jahre 155 und ist auf das Zusammenwirken jüdischer und heidnischer Kreise mit dem Imperium zurückzuführen. Zur Abfassungszeit der Johannesapokalypse hatte Polykarp wahrscheinlich schon eine wichtige Stellung in seiner Gemeinde inne; er bezeugt ja selbst vor seinem Tod, er habe dem Herrn 86 Jahre lang gedient.

Die Kirche von Smyrna ist eine Gemeinde, der Jesus nichts vorzuwerfen hat. Sie ist eine Kirche in *Bedrängnis* und *Armut*. Ihre Armut ist vermutlich die Folge der Bedrängnis. Diese kann punktuell sein – in Gestalt von Verfolgungen (vgl. V. 10) – oder aber auch systematisch – in der Form von Unterdrückung und Ausschluß. Die Christen, von denen in der Johannesapokalypse die Rede ist, tragen das Kennzeichen des Tieres nicht; daher können sie weder kaufen noch verkaufen (vgl. Kap. 13), sie sind marginalisiert und damit auch verarmt. Zu ihrer Bedrängnis und Armut kommen die *Schmähungen* von seiten gewisser jüdischer Kreise, die, wie oben schon gesagt, dem Imperium in Kollaboration ergeben sind und das Kennzeichen des Tieres tragen.

Die ganze prophetische Botschaft an die Gemeinde von Smyrna ist geprägt von dem Gegensatz «Tod – Leben». Von Jesus, der das Sendschreiben erläßt, heißt es, daß er *tot war und wieder lebendig wurde*. Die Mahnung an die Gemeinde steht unter demselben Motto: *Sei treu bis in den Tod; dann werde ich dir den Kranz des Lebens geben.* Und dem Sieger wird die Verheißung zuteil, ihm könne *der zweite Tod nichts anhaben*. Von diesem «zweiten Tod» handelt der

4 D. Ruiz Bueno (1987), 263ff: «Das Martyrium Polykarps, Bischofs von Smyrna».

letzte Teil der Johannesoffenbarung, gemeint ist damit der endgültige Tod – die totale Vernichtung für immer.

Pergamon (2,12–17)

Pergamon ist seit dem Jahr 133 v. Chr. Hauptstadt der römischen Provinz Asia und das imperiale Zentrum der ganzen Region. Daher sagt Johannes, hier stehe *der Thron des Satans – dort, wo der Satan wohnt*. «Satan» ist das Symbol für die «übernatürlichen» Fähigkeiten und Kräfte des Tieres. Die Stadt ist voll von der Verehrung für das Tier. Mitten in der Akropolis steht ein Zeus-Altar. Als erste Stadt in der Provinz Asia erhält Pergamon einen dem Augustus und der Roma Dea geweihten Tempel (29 v. Chr.). Auch Asklepios, der überaus populäre Gott der Heilkunst, wird in der Stadt verehrt.

Die Gemeinde hat eine Verfolgung durchgemacht und nennt schon einen der Ihren Märtyrer: *Antipas*. Darum lobt Jesus an ihr, daß sie treu war und den Glauben nicht verleugnet hat. Dennoch gibt es eine Verfehlung unter den Christen Pergamons: daß sie nämlich die Bileamiten und die Nikolaiten, welche die Johannesapokalypse als Gegner ausgemacht hat, in ihren Reihen dulden. Wir haben schon gesehen, daß die Praxis dieser Leute in der Idolatrie bestand; diese wird hier als das Essen von Götzenopferfleisch und sexuelle Zügellosigkeit gekennzeichnet. Diese Verhaltensweisen sind deshalb idolatrisch, weil sie genau der üblichen Praxis in den offiziellen Kreisen der Stadt entsprechen, zu denen eben auch jene vermögenden Christen gehören, die sich ins Imperium integrieren. Johannes ruft seine Hörer auf, sich nicht zu beteiligen, jede idolatrische Praxis abzulehnen, welche die Gemeinde mit dem Imperium und seinem Geist gemein machen würde. Er kritisiert damit nicht nur das religiöse Leben des Imperiums, sondern auch die wirtschaftlichen und gesellschaftlichen Verhältnisse, deren integrierender Bestandteil diese Idolatrie ist.

Jesus ruft die Gemeinde zur Umkehr; für den Fall, daß diese nicht erfolgt, droht er an: *Sonst komme ich bald (erchomai soi tachy)*. Wie bei der Gemeinde von Ephesus geht es auch hier um das Kommen Jesu in der Gegenwartszeit der Gemeinde, in dem *kairos*, den die Christen jetzt erleben, in dem sie Zeugnis geben sollen gegen die unterdrückerische Idolatrie des römischen Imperiums. Jesus selbst ist in diesem Sendschreiben durch die Macht seines Wortes präsent: *Er, der das scharfe, zweischneidige Schwert trägt* (V. 12). Er sagt von sich: Ich *werde sie* (die Götzenverehrer in der Gemeinde) *mit dem Schwert aus meinem Mund bekämpfen* (V. 16).

Dem Sieger wird etwas Geheimnisvolles in Aussicht gestellt: *Wer siegt, dem werde ich von dem verborgenen Manna geben. Ich werde ihm einen weißen Stein geben, und auf dem Stein steht ein neuer Name, den nur der kennt, der ihn empfängt* (V. 17). Das «verborgene Manna» ist jenes, das Jeremia bei der Zerstörung des Tempels versteckte und das jetzt, in messianischer Zeit, wieder ans Licht kommt. Es ist die Lebensspeise der Gemeinde, in unversöhnlichem Gegensatz zu der Todesspeise, dem Götzenopferfleisch, an dessen Verzehr sich die Nikolaiten beteiligen. Vielleicht haben wir es dabei auch mit einer Anspielung auf die Eucharistie zu tun. Das verborgene Manna wäre dann das Brot Gottes, das Leben der Welt; wer davon ißt, wird niemals sterben (vgl. Joh 6,31ff). Der «weiße Stein» könnte ein Unterscheidungszeichen der Christen sein: ein Zeichen des Triumphs beim Gericht über die Geschichte.

Thyatira (2,18–29)

Thyatira hat weder verwaltungstechnische noch militärische Bedeutung, es ist eine Stadt von Kaufleuten und Handwerkern, die sich in Gremien und Vereinen organisiert haben. Die Praxis (die *Werke)* der Gemeinde besteht in *Liebe (agape)* bzw. Solidarität, in *Glauben (pistis), Dienen (diakonia)* und *Widerstand (hypomone)*. Die Anstrengungen, die die Gemeinde in der jüngsten Zeit unternommen hat, gehen über das hinaus, was sie anfänglich tat (in Ephesus war es genau umgekehrt). Die Praxis der gegnerischen Gruppe um Isebel gleicht derjenigen der Bileamiten und Nikolaiten. Der Prophetin, die in der Gemeinde Schaden anrichtet, legt Johannes den symbolischen Namen «Isebel» zu, den er aus dem Alten Testament bezieht (2 Kön 9,22). Damals führte Isebel die Baals-Propheten an, gegen die Elija stritt. Johannes ist der neue Elija, der nun die neue Isebel, die falsche Prophetin, und ihren Anhang bekämpft. Isebel verführt die Gemeinde dazu, sich an den idolatrischen Praktiken der Unterdrücker zu beteiligen. Zu diesem Zweck setzt sie eine Theologie ein, die den Anspruch erhebt, tief, erhaben und spirituell zu sein, die Johannes aber nur als die *Tiefen des Satans* einstufen kann. Der Jesus der Apokalypse unterscheidet die satanische Unterdrückungstheologie der Isebel-Gruppe von der apokalyptischen Befreiungstheologie des Johannes: *Ich bin es, der Herz* (Gedanken) *und Nieren* (Gefühle) *prüft*. Daher kann er sich zu Beginn des Sendschreibens nach Thyatira als der vorstellen, *der Augen hat wie Feuerflammen* – eben um unterscheiden zu können. Die Prophetin Isebel spielt hier also eine negative Rolle. Immerhin aber kann man auch aus dieser positiv folgern, daß es Prophetinnen gab. Wenn wir also im Zusammenhang der Johannesapokalypse von «Propheten» reden, müssen wir immer an Männer *und* Frauen denken.

Das Eindrucksvollste an diesem Sendschreiben ist die Verheißung: *Wer siegt ..., dem werde ich Macht über alle Völker geben ..., und ich werde ihm den Morgenstern geben.* Die Theologie, die hinter diesem Versprechen steht, ist inspiriert von Psalm 2 (einem politischen Psalm, der die gesamte Johannesoffenbarung prägt). In ihm wird der Messias als Sohn Gottes dargestellt (so ist denn auch zu Beginn des Sendschreibens in 2,18 die Rede von Jesus als Sohn Gottes). Er erhält die Macht über die Völker und Könige der Erde. Nunmehr verheißt Jesus diese Macht demjenigen aus der Gemeinde von Thyatira, der im Kampf siegt: eine eschatologisch-politische Macht über die Nationen und Herrscher der Erde. Auch den *Morgenstern* soll der Sieger erhalten. In 22,6 sagt Jesus von sich selbst, er sei der Morgenstern. Der Planet Venus kündigt das Ende der Nacht und den Anbruch des Tages und damit den Sieg des Lichtes an. Dieses Zeichen wird nun der Gemeinde übergeben: Auch sie soll die Finsternis besiegen und den nahenden Tag mit seinem Licht ansagen.

Wir haben hier ein durchgehendes Thema der Apokalyptik vor uns. Es kommt z. B. in Dan 7 zum Tragen; dort empfängt das Volk der Heiligen vom Höchsten die Herrschaft und die Macht. Damit ist gemeint die Erhöhung der Heiligen, Gerechten, Unterdrückten. Die «Sieger über das Tier, sein Bild und die Zahl seines Namens» erhalten jetzt die Macht über die Könige und Völker, die das römische Imperium bilden. «Er stürzt die Mächtigen vom Thron und erhöht die Niedrigen» (Lk 1,52). Worum kann es bei diesem Detail gehen? Gewiß nicht um die Macht des Imperiums selbst, die Macht zu Mord und Idolatrie. Es ist nicht einfach Umkehrung der Verhältnisse gemeint, so daß jetzt auch die andere Seite einmal oben zu liegen käme. Wovon hier die Rede ist, das ist die messianische oder eschatologische Macht: die Macht der Solidarität, des Glaubens, des Dienens und des Widerstands (eben die «Werke» der Gemeinde von Thyatira: V. 19) sowie die Macht der Wahrheit (14,5) und des Zeugnisses (12,11). Dies ist die Macht der Heiligen, der Armen und der Unterdrückten. Die Gemeinde als Morgenstern soll das Ende der Finsternis und das Heraufkommen des Tages ankündigen. So hat es schon Paulus ausgedrückt:

> Die Nacht ist vorgerückt, der Tag ist nahe. Darum laßt uns ablegen die Werke der Finsternis und anlegen die Waffen des Lichts (Röm 13,12).

Sardes (3,1–6)

In der Stadt spiegelt sich in etwa die Situation in der Gemeinde: glanzvolle Vergangenheit, in der Gegenwart Niedergang. Wirtschaftlich lebt Sardes von Baumwollproduktion und Färberei. Zweimal in seiner Geschichte ist es überraschend eingenommen worden (weil es selbst nicht wachsam war).

Die Gemeinde ist tot. Nur scheinbar gibt es noch Leben in ihr. Nur der eine oder andere hat seine Kleider nicht befleckt – eine deutliche Anspielung darauf, daß diese Gemeindemitglieder sich nicht durch die Idolatrie des Imperiums besudelt haben. Wir dürfen davon ausgehen, daß Schuld am Absterben der Gemeinde die von den Nikolaiten und Bileamiten vertretene Idolatrie hat. Wenn es von einigen wenigen heißt, sie seien keine solchen Götzendiener, so ist anzunehmen, daß die Mehrheit in der Gemeinde es ist. Jesus geht die Gemeinde mit fünf Imperativen an:

> Werde wach ..., stärke, was noch übrig ist, was schon im Sterben lag ... Denk also daran, wie du mein Wort empfangen und gehört hast. Halte daran fest und kehr um!

Jesus entwirft für die Gemeinde eine regelrechte Strategie zur Wiedergewinnung des verlorenen Lebens. Falls die Gemeinde darauf nicht eingeht, droht er ihr an, er *werde kommen wie ein Dieb*. Diese Wendung besagt, ähnlich dem Ausdruck «ich komme bald» (2,5.16; 3,11) und genau entsprechend 16,15, daß Jesus die Gemeinde in der Jetztzeit heimsuchen wird.

Das Thema «Kleider» ist für die Gemeinde von einigem Belang. Hier erscheint es gleich dreimal. Das weiße Gewand, das nicht durch Idolatrie befleckt ist, ist das Kleid der Märtyrer, die das Tier, sein Bild und sein Kennzeichen bezwingen. Auch Jesus selbst ist ein

Märtyrer und trägt das Gewand der Märtyrer. Unter diesen können wir die Zeugen verstehen, die noch am Leben sind, oder jene, die ihr Leben bereits zum Zeugnis hingegeben haben. Sie alle tragen weiße Gewänder. Derselbe Ausdruck findet Verwendung in 4,4 in bezug auf die vierundzwanzig Ältesten, die, bekleidet mit weißen Gewändern, im Himmel um den Thron Gottes stehen. Auch in 6,11 und 7,9.13 ist von den weißen bzw. in 7,14 und 22,14 von den weißgewaschenen Kleidern die Rede. Das Kleid ist das Symbol für das Verhalten oder die Praxis der Menschen (vgl. 19,8).

Das Wort «Name» *(onoma)* erscheint im Sendschreiben nach Sardes viermal – Ausdruck dafür, daß die Beteiligten möglichst genau gefaßt werden sollen: Da ist einmal die Gemeinde als solche, die nur noch dem Namen, das heißt dem Vernehmen nach lebendig ist; dann sind da die wenigen Namen derer, die keine Götzendiener sind; der Name des Siegers wird nicht aus dem Buch des Lebens gestrichen; und Jesus wird den Namen dessen, der siegt, vor seinem Vater und seinen Engeln bekennen. Der Nachhall der synoptischen Evangelien in diesem Sendschreiben ist unüberhörbar.

Philadelphia (3,7–13)

Über die Stadt selbst gibt es nicht viel zu sagen: Sie ist die jüngste der sieben, wurde mehrmals durch Erdbeben zerstört und ist in hohem Maß römisch geprägt. Im Jahr 17 n. Chr. wurde sie durch ein Erdbeben völlig verwüstet und anschließend von Tiberius wieder aufgebaut; daher auch ihr Beiname *Neocaesarea.* Unter Vespasian trug sie den Namen *Flavia.*

Die Gemeinde von Philadelphia hat mit der von Smyrna viel gemein. Beiden hat Jesus keinen Vorwurf zu machen; die Gemeinde von Smyrna ist arm, die von Philadelphia ist gering an Kraft; beide haben Probleme mit der «Synagoge des Satans»; beide müssen mit einer unmittelbar bevorstehenden Krisis rechnen.

Jesus tritt gegenüber der Gemeinde mit göttlicher Autorität auf, als *der Heilige, der Wahrhaftige* (Titel, die in 6,10 Gott zugelegt werden). Ferner besitzt Jesus die Macht, den Zugang zum Reich Gottes (hier als Reich Davids symbolisiert) zu öffnen oder zu versperren. Kraft dieser Macht spricht Jesus zur Gemeinde: *Ich habe vor dir eine Tür geöffnet.* Das heißt, er hat ihr direkten Einlaß ins Reich Gottes verschafft. Möglicherweise hatte die Synagoge den Christen die Tür gewiesen und sie so vom Reich Gottes fernhalten wollen. Da greift Jesus ein als der, *der den Schlüssel Davids hat*, als der einzige, der das Gottesreich öffnen oder verschließen kann. Paulus aus Tarsus spricht (1 Kor 16,9; 2 Kor 2,12; Kol 4,3) von der geöffneten Tür als der Chance zu missionarischem Wirken. Hier dagegen geht es um das Reich, das ja letztlich der Grund und Gegenstand der Mission, auch der des Paulus, war. Jesus öffnet der Gemeinde eine Tür, eben diese Chance, das Reich aufzubauen; er kann ihr nämlich bestätigen: *Du ... hast ... an meinem Wort festgehalten und meinen Namen nicht verleugnet.* Philadelphia ist eine Gemeinde ohne viel Macht und Einfluß in ökonomischer, politischer, sozialer und kultureller Hinsicht, aber von großer Treue zum Projekt Jesu (seinem Wort und seinem Namen). Es ist eine Gemeinde, die ihre einzige Stütze und Stärke darin sieht, am Wort festzuhalten.

Wie wir im Fall von Smyrna sahen, ist die *Synagoge des Satans* die Synagoge der ins Imperium integrierten Juden, die Babylon, dem Tier, seinem Bild und seinem Kennzeichen sich unterworfen haben. Da ist kein Antijudaismus oder Antisemitismus im Spiel, sondern die Anti-Imperium-Einstellung: Wer dem Imperium Gefolgschaft leistet, ist des Teufels, denn dieser ist es, der dem Imperium seine Macht verleiht. Diese Synagoge verschließt ihre Tore vor den apokalyptischen Christen, die sich dem Imperium widersetzen; aber Jesus, der Herr über die Schlüssel zum Gottesreich, öffnet ihnen eine Tür. Die Machtlosen und Armen haben jetzt Zugang zum Reich – dank Jesus. Jesus sagt, er werde die jüdischen Kollaborateure demütigen. Nicht daß sie konvertieren und aufhören, Juden zu sein – nein, sie werden nicht mehr der Pro-Imperium-Idolatrie huldigen. Die mächtige, romtreue offizielle Gemeinde in Philadelphia wird sich dieser machtlosen apokalyptischen Gemeinde zu Füßen werfen und erkennen, daß Jesus dieser seine Liebe zugewandt hat.

Jesus läßt die Gemeinde wissen, daß *über die ganze Erde (he oikoumene)* eine *Stunde der Versuchung (he hora tou peirasmou)* kommen soll. Die *oikoumene,* die bewohnte Erde, ist nicht die ganze, sondern nur die im römischen Imperium organisierte und von ihm beherrschte Welt. Der Rest galt seinerzeit als die Welt der Barbaren. Die Versuchung (*peirasmos*) ist dazu bestimmt, *die Bewohner der Erde auf die Probe zu stellen (peirasai).* «Bewohner der Erde» ist Terminus technicus in der Apokalypse; er bezeichnet die Ungläubigen, die dem Tier folgen. Um welche Probe aber handelt es sich?

Nicht um das Endgericht (19,11–22,5), sondern um ein geschichtliches Gericht in der Jetztzeit (4,1–19,10). Der Prüfung unterworfen werden die ruchlosen Anhänger des Tieres; das Imperium gerät in die Krise, unter das Gericht, das in der Gegenwart hereinbricht mit dem Kommen Jesu (*erchomai tachy*) und durch das Zeugnis der Christen. In jener Stunde werden die Christen um ihres Zeugnisses willen verfolgt und unterdrückt werden, aber Jesus verheißt ihnen, daß die Gemeinde gerettet werden wird, denn: *du hast dich an mein Gebot gehalten, zu widerstehen (ho logos tes hypomones).* In jener Stunde wird für die Christen Jesu Mahnung höchste Geltung haben: *Halte fest, was du hast, damit kein anderer deinen Kranz bekommt.*

Die Verheißung an den Sieger im Sendschreiben an die philadelphische Gemeinde ist recht ausführlich. Wie in den anderen Verheißungen wird auch hier auf den letzten Teil der Apokalypse angespielt (19,11–22,5): Die Gemeinde kämpft in der geschichtlichen Jetztzeit und hält in diesem Kampf die letzte, äußerste Realität Gottes in der Geschichte gegenwärtig: die neue Schöpfung und das neue Jerusalem. Jesus wird den Sieger *zu einer Säule im Tempel ... Gottes machen.* Welcher Tempel ist damit gemeint? In Gal 2,9 nennt Paulus Jakobus, Kephas und Johannes «Säulen» der Gemeinde von Jerusalem. Hier allerdings geht es nicht um die aktuelle Kirche, wir haben es ja mit einer Verheißung für die Zukunft zu tun, aber auch nicht um die zukünftige Kirche, denn im neuen Jerusalem gibt es keinen Tempel mehr. Es könnte sich freilich dennoch insofern um das neue Jerusalem handeln, als es in diesem zwar keinen Tempel mehr gibt (21,22), aber der Herr selbst sein Tempel ist, da seine Herrlichkeit die ganze Stadt erfüllt. *Jeder* Sieger im Kampf gegen das Imperium wird eine Säule im neuen Jerusalem sein, und nicht nur, wie im alten Jerusalem, die herausragenden Persönlichkeiten. Den Sieger wird Jesus mit drei Namen kennzeichnen: mit dem Namen Gottes, dem Namen des neuen Jerusalem und mit dem neuen Namen Jesu. Dieser dem Menschen eingeprägte Name demonstriert die Zugehörigkeit zu Gott, zum neuen Jerusalem und zu Jesus. In 14,1–5 treten die hundertvierundvierzigtausend auf, die dem Lamm hier auf Erden gefolgt sind und nun seinen und seines Vaters Namen auf ihrer Stirn geschrieben tragen; in 7,1–8 erscheinen sie als die Besiegelten. Sie sind auch die Sieger aus 3,12. Die Namen bzw. das Siegel, die sie tragen, sind das Gegenzeichen gegen das Kennzeichen des Tieres, das dessen Verehrer an sich haben. Der neue Name Jesu ist einzig den Heiligen bekannt; am Ende erst wird er allen geoffenbart werden (19,11ff).

Laodizea (3,14–22)

Laodizea war die reichste Stadt in Phrygien. Ihre Banken, ihre Leinen- und Baumwollmanufakturen, ihre Medizinerschule und ihre Apotheken hatten sie bekannt gemacht. Wie in den anderen Botschaften beschreibt Johannes die Gemeinde anhand der Charakteristika der Stadt.

Jesus wird hier mit drei Titeln eingeführt: *Er, der Amen heißt, der treue und zuverlässige Zeuge, der Anfang der Schöpfung Gottes.* Johannes orientiert sich dabei mehr an 1,4–8 als an der einleitenden Vision. Das «Amen» drückt Festigkeit und Gewißheit im Zeugnis aus; daher ist Jesus treuer Zeuge. 1,5 nennt ihn den Herrscher (*archon*) über die Könige der Erde; hier heißt er Anfang (*he arche*) der Schöpfung Gottes. Die Apokalypse versteht die Geschichte als Ergebnis sowohl des kosmischen wie des menschlichen Wirkens. Jesus hat den kosmischen und den geschichtlich-politischen Primat. Diese zugleich kosmische und geschichtliche Christologie finden wir auch in dem Hymnus Kol 1,15–20. Das Kosmische stützt und verstärkt das Geschichtliche.

Die Gemeinde von Laodizea vermittelt ein völlig negatives Bild – ganz im Gegensatz zu den Gemeinden vom Smyrna und Philadelphia, die so positiv auffallen. Laodizea ist *weder kalt noch heiß*, vielmehr *lau;* deshalb wird Jesus diese Gemeinde *ausspeien*. Die Opposition «kalt – heiß» drückt nicht nur psychologisch die Haltung von Indifferenz bzw. Begeisterung aus, sie bezeichnet vielmehr auch zwei historische Kategorien. Das Kalte symbolisiert die Gleichgültigkeit der heidnischen und besitzenden Welt gegenüber den Christen. Das Heiße steht für die apokalyptische Empörung der armen Christen gegenüber den Unterdrückungsstrukturen des römischen Imperiums. Die Leute von Laodizea wollen zugleich reich (kalt) und christlich (heiß) sein, und genau deshalb sind sie am Ende lau. Sie wollen gleichzeitig als reiche Römer und als Christen leben, und deshalb sind sie letztlich weder das eine noch das andere. Sie gleichen den Nikolaiten, jenen Gnostikern, die ein spiritualistisches, individualistisches, geschichtsloses Christentum zu verwirklichen suchen, das mit einem angepaßten Leben im Rahmen des römischen Imperiums vereinbar sein soll. Sie wollen das Christentum in die Unterdrückungsstrukturen des Imperiums «inkulturieren» – und am Ende sind sie weder richtige Anhänger des Tieres noch wahre Nachfolger Jesu. Sie sind lau, und Jesus speit sie aus.

Der Christ dieser lauen Gemeinde steht auf dem Standpunkt: *Ich bin reich und wohlhabend, und nichts fehlt mir.* Jede der drei Aussagen beinhaltet etwas anderes. Zuerst stellt dieser Typ von Gemeindemitglied seinen aktuellen Status als Reicher fest; sodann das Ergebnis eines Bereicherungsprozesses: seine Wohlhabenheit, die im Licht des alttestamentlichen Paralleltextes Hos 12,9 als Korruptheit und Fremdausbeutung erscheinen muß; und schließlich tritt die subjektive Haltung überheblicher Selbstgenügsamkeit hervor. Jesus antwortet darauf mit einem in fünf Adjektiven zusammengefaßten Tadel: Du bist *elend, erbärmlich, arm, blind und nackt.* Und darum muß die Gemeinde hören:

> Ich rate dir: Kaufe von mir Gold, das im Feuer geläutert ist, damit du reich wirst; und kaufe von mir weiße Kleider, damit du nicht nackt dastehst und dich schämen mußt; und kaufe Salbe für deine Augen, damit du sehen kannst.

Eine ebenso geläufige wie falsche Interpretation dieser Stelle besagt, die Gemeinde von Laodizea sei zwar materiell reich, aber spirituell arm, und Jesu Rat gehe dahin, sie solle nun auch spirituell reich werden. Diese Deutung erliegt genau der Auffassung, die die Apokalypse korrigieren will: sie ist gnostisch, nikolaitisch, lau. Als wichtig erscheinen ihr Armut und Reichtum im Spirituellen, in materieller Hinsicht bedeuten sie ihr nichts. Was die Johannesapokalypse von der Gemeinde in Laodizea wirklich fordert, ist aber gerade, daß sie aufhört, lau, gnostisch, nikolaitisch zu sein, das heißt, daß sie aufhört, reich zu sein nach Art der römischen Götzendiener und Unterdrücker, daß sie sich nicht mehr bereichert auf Kosten anderer, daß sie nicht länger hochmütig und selbstgenügsam ist. Wenn ihr Reichtum von dieser Art ist, dann ist sie (spirituell und materiell) in Wirklichkeit elend und erbärmlich, arm, blind, und nackt. Was Jesus ihr rät, ist nicht, daß sie spirituell reich sein, sondern daß sie sich (spirituell und materiell) darum bemühen soll, Reichtum ohne Ausbeutung anderer zu erwerben (im Feuer geläutertes Gold, Reichtum an Leben für alle), daß sie ein Verhalten ohne Idolatrie (weißes Kleid) und ein reines Gewissen (Augensalbe fürs Sehen) anstreben soll. Die Sprache ist gewiß symbolisch, aber die Unterscheidung, die dahintersteht, heißt nicht: hie das Materielle, Sichtbare, Äußere – dort das Spirituelle, Unsichtbare, Innerliche, sondern so: hie materielles und spirituelles Leben – dort materieller und spiritueller Tod; hie das Reine – dort das Idolatrische.

In V. 18 sagt Jesus: *Darum rate ich dir (symbouleuo);* darin drückt sich eine gewisse Distanzierung von der Gemeinde aus; in V. 19 jedoch erklärt er: *Wen ich liebe, den weise ich zurecht und nehme ihn in Zucht.* Die Gemeinde muß ihr Verhalten ändern, wenn sie in diesem Sinn Objekt von Jesu Liebe werden will. In V. 20 skizziert Jesus, wie er sich die Gestaltwerdung einer Gemeinde vorstellt:

> Siehe, ich stehe vor der Tür und klopfe an. Wer meine Stimme hört und die Tür öffnet, bei dem werde ich eintreten, und wir werden Mahl halten, ich mit ihm und er mit mir.

Das ist keineswegs intimistisch-individualistisch gemeint – Jesus, der an die Tür der Seele klopft –, sondern ganz kommunitär. Es zielt auf die Bildung, den Aufbau einer häuslichen oder örtlichen Gemeinde; da gibt es einen Leiter, der die Stimme Jesu hört und die Tür öffnet, und alsbald findet das Mahl Jesu mit der Gemeinde statt, möglicherweise die Eucharistie.

Die Verheißung an den Sieger setzt gleichsam den Schlußpunkt hinter alle sieben Sendschreiben und schafft den Übergang zum folgenden Abschnitt (4,1–8,1). Jesus verheißt dem, der über das Tier, sein Bild und sein Kennzeichen siegt, daß er – auf Jesu Thron sitzend – an seiner Macht teilhaben wird, so wie Jesus an der Macht seines Vaters teilhat.

KAPITEL IV: DIE PROPHETISCHE VISION DER GESCHICHTE

I. Einführung in Lektüre und Struktur von Offb 4,1–8,1

1. Einführung

Die Struktur weist zwei Abschnitte auf: eine Liturgie im Himmel (in zwei Bildern: Kap. 4 und 5) und anschließend eine Anordnung in sieben Teilen – der Öffnung der sieben Siegel folgend. Die vier ersten Siegel bilden einen Block. Das sechste Siegel kommt am breitesten zur Darstellung, denn der Verfasser situiert sich selbst zwischen diesem und dem siebten Siegel. In dieser Vision der Geschichte spielt die Dualität «Himmel – Erde» für die Textstruktur eine besonders wichtige Rolle. Wie wir schon dargelegt haben, sind «Himmel und Erde» ein mythisches Symbol, das die transzendente und die empirische Dimension der Geschichte theologisch zum Ausdruck bringen soll. Auf dieselbe Struktur (einleitende Vision und sieben Teile) sind wir in Off 1,9–3,22 gestoßen. Dort waren es sieben Sendschreiben an sieben Gemeinden; hier sind es sieben Siegel. Die Struktur ist also in ihrer äußeren Gliederung gleich; doch dem literarischen Genus und dem theologischen Gehalt nach sind die beiden Abschnitte höchst verschieden.

2. Grobstruktur des Textes

a) Einleitende Vision: Liturgie im Himmel: Kap. 4 und 5.

b) Die sieben Siegel: 6,1–8,1.

Erstes bis viertes Siegel: auf der Erde: die tödliche Realität des Imperiums: 6,1–8.

Fünftes Siegel: im Himmel: die Märtyrer rufen: «Wie lange noch?»: 6,9–11.

Sechstes Siegel: *auf der Erde:* 6,12–7,8;
Gericht über die Unterdrücker: 6,12–17;
Schutz für das Volk Gottes: 7,1–8:
im Himmel: 7,9–17;
Liturgie der Märtyrer: 7,9–15a;
Leben bei Gott: 7,15b–17.

Siebtes Siegel: im Himmel: die halbstündige Stille: 8,1.

II. Schlüssel zur Interpretation

1. Einleitende Vision: Kapitel 4 und 5

Jede Vision der Johannesapokalypse will eine Grundüberzeugung vermitteln. Wie wir schon betont haben, sind Visionen keine begrifflichen Texte. Sie wollen zunächst (an)geschaut werden, dann müssen wir die Kraft ihrer Symbole auf uns wirken lassen und schließlich in dieser Kraft unsere Wirklichkeit verändern. Die Vision ist eine Wiederherstellung des kollektiven Bewußtseins der Gemeinde. In den Kap. 4 und 5 wird uns darüber hinaus eine Liturgie vor Augen geführt: ein kommunitäres Geschehen des Gebets, des Lobpreises und der spirituellen Verwandlung.

Die einleitende Vision führt direkt in den Abschnitt 4,1–8,1, den wir unter den Titel «Die prophetische Vision der Kirche» gestellt haben. Sie führt aber auch in den umfassenderen Teil 4,1–19,10 ein, der in unserer Strukturierung den *gegenwärtigen Augenblick der Geschichte* darstellt, bevor die eschatologische Realität des Zeitenendes zur Sprache kommt (19,11–22,5). Wir entdecken ferner, daß dieser gegenwärtige Augenblick mit einer Liturgie beginnt (Kap. 4 und 5) und mit einer Liturgie endet (19,1–10). Mit diesen beiden Liturgien will Johannes die Kraft und die Spiritualität sprechen lassen, aus denen die Gemeinde der Heiligen und Zeugen in dieser geschichtlichen Gegenwart leben soll.

Die Kap. 4 und 5 sind eine beeindruckende *Rekonstruktion des Himmels.* In der Einleitung haben wir gesehen, was der Ausdruck «Erde – Himmel» bedeutet: die symbolisch-mythische Bezeichnung für die erscheinungsweltliche Seite bzw. die Tiefendimension der Geschichte. Die Erde ist der Herrschaftsraum der Ruchlosen, der Götzendiener und Unterdrücker. Der Himmel ist die transzendente Welt Gottes mitten in der Geschichte, die Welt der Heiligen, derer, die weder Götzendiener noch Unterdrücker sind. Den Himmel zu rekonstruieren heißt, die Welt der Heiligen, der Armen, der Unterdrückten zu rekonstruieren, eine Welt, die im prunkvollen Leben des Imperiums nicht sichtbar wird und die dennoch real ist und durch die in der Apokalypse sich vollziehende Ent-Bergung zur Sichtbarkeit gelangt. Die Rekonstruktion des Himmels geschieht in einer Liturgie, dem Fest der Heiligen und der Armen, in der sie voll Freude und unter lautem Jubel ihren Glauben, ihre innersten Überzeugungen, ihre Hoffnung und ihre Utopie feiern. Wir wollen im folgenden die Schlüsselelemente dieser Rekonstruktion des Himmels betrachten. Sie sind zugleich die Schlüsselelemente der Rekonstruktion des kollektiven Bewußtseins der Gemeinde, just in dem Augenblick, da sich diese der gegenwärtigen Geschichte stellt.

Eine Tür war geöffnet am Himmel, das heißt eine Chance, in jene Tiefendimension der Geschichte einzudringen. 19,11 wird sagen, der Himmel sei offen, was wiederum heißt, der Augenblick der allumfassenden Offenbarung sei gekommen. In der Apokalyptik bedeutet die Wendung «die Himmel sind verschlossen», daß keine Offenbarung ergeht, daß nichts zu vernehmen ist, daß es weder Hoffnung noch Utopie gibt. Jetzt aber ist eine Tür geöffnet, und das meint eben: Es gibt eine Chance, einen Anfang. Die Stimme, die Johannes anruft, ist die Stimme des auferstandenen Jesus, desselben, der zuvor Johannes erschienen ist und den sieben Gemeinden die sieben Sendschreiben zugedacht hat (1,9–3,22). Jesus also wird Johannes zeigen, *was danach geschehen muß (ha dei genesthai meta tauta)*. Wie 1,1 («was bald geschehen muß») und 1,19 («Schreib auf, was du gesehen hast: was ist und was danach geschehen wird») bezieht sich 4,1b ganz klar auf das, was bald geschehen wird, nachdem die einleitende Vision oder Liturgie beendet ist. (Dieselbe literarische Form liegt in 17,1 vor, wo ein Engel kommt, um Johannes das Strafgericht über die große Hure zu zeigen.) V. 4,1b zielt entweder direkt auf die sieben Siegel (6,1–8,1) oder aber auf den gesamten Abschnitt über die geschichtliche Gegenwart vor dem Endgericht (6,1–19,10).

Das zentrale Moment der Vision in *Kap. 4* ist der *Thron*, der *im Himmel* steht. Gottes Thron ist ein Symbol seiner Macht. Auf der Erde, in der vom römischen Imperium organisierten und beherrschten Welt, steht der Thron des Imperators. Dessen Macht kennen die Christen aus leidvoller Erfahrung. Die große Hoffnung, die nun in der apokalyptischen Vision sich ausspricht, ist, daß im Himmel die Macht Gottes herrsche. Der Widerstand gegen das römische Imperium speist sich aus dieser Hoffnung. In der Vision treten aber auch *vierundzwanzig Älteste* und *vier Lebewesen* auf. *Die Ältesten* symbolisieren in weiterem Sinne die befreite Menschheit: die heilige Menschheit, die keine Götzen mehr anbetet und die sich für das Leben entschieden hat. In engerem Sinne repräsentieren sie das Volk Gottes, das Volk der Märtyrer, welche die Macht erhalten, das Reich Gottes aufzubauen, und die Priester vor Gott sind (1,6; 5,10). Die Zahl 24 stellt das Volk in seiner Ganzheit dar: das Volk aus den zwölf Stämmen Israels und das Volk der zwölf Apostel. *Die vier Lebewesen* symbolisieren den Kosmos. Die Zahl vier spielt auf die vier Himmelsrichtungen oder vier Ecken der Erde an (so in 6,1–8; 7,1). Der Verfasser hebt die positiven Qualitäten des Kosmos hervor: Macht, Stärke, Weisheit und Majestät (V. 7 zeigt die Symbole Löwe, Stier, Mensch und Adler), und betont die Gegenwart und Wirkung Gottes in ihm (V. 8 bringt das Symbol der augenbesetzten Flügel). Subjekt der Geschichte ist in der Johannesapokalypse nicht nur die Menschheit (die vierundzwanzig Ältesten), sondern auch der Kosmos (die vier Lebewesen). Sowohl die befreite Menschheit wie auch der Kosmos nehmen teil an der Liturgie des Himmels und singen zum Schöpfergott.

Die Grundelemente der Vision in *Kap. 5* sind die siebenfach versiegelte Buchrolle in der rechten Hand Gottes und der auferstandene Jesus, der würdig ist, das Buch in Empfang zu nehmen und seine sieben Siegel zu lösen. Das Kapitel ist dramatisch aufgebaut: Die Ereignisse folgen Schlag auf Schlag, wie in einem Soziodrama. Das *versiegelte Buch* symbolisiert die menschliche Geschichte. Nicht daß in diesem Buch alles niedergeschrieben wäre, was geschehen wird, vielmehr birgt es das Geheimnis, das Mysterium der Geschichte; es enthält die Offenbarung des Mysteriums Gottes, das die Geschichte verstehbar macht und ihr Sinn verleiht. Das Problem ist freilich, daß sich niemand findet, der imstande wäre, es zu öffnen und zu lesen. Das erschreckt und bestürzt den Verfasser der Apokalypse: *Da weinte ich sehr*. Dieses Weinen wiederum ist in der dramatischen «Aufführung» der Liturgie das Symbol für die Bedrängnis der christlichen Gemeinde, die die Geschichte nicht versteht, die sich nicht erklären kann, warum sie verfolgt und unterdrückt wird. Genau in diesem Augenblick tritt *der auferstandene Jesus* auf. Das wirkt, als erstünde Jesus just jetzt von den Toten auf: *Gesiegt hat der Löwe aus dem Stamm Juda ...; er kann das Buch und seine sieben Siegel öffnen.* Jesus erscheint als Löwe aus Juda und Sproß aus der Wurzel Davids,[1] als Sieger («stand ein Lamm»), mit den Malen seines Martyriums («wie geschlachtet»), in der Fülle seiner Macht («sieben Hörner») und in der Fülle des Geistes und der Weisheit («sieben Augen»). Die Not, die sich der Gemeinde bemächtigt hatte, schwindet, und neuerlich bricht der freudige Jubel der Heiligen auf: *Und sie sangen ein neues Lied* (VV. 9–14).

Die Lieder sind in der Johannesapokalypse von besonderer Bedeutung. Erstens drücken sie Freude und Hoffnung der Armen aus. Die ganze Apokalypse ist voll davon. Zweitens haben sie eine hermeneutische Funktion: Sie explizieren und interpretieren den Hörern, was gerade geschieht oder was soeben geoffenbart wird. Und schließlich haben sie, gerade aufgrund der beiden erstgenannten Momente, in der Regel einen ausgeprägt politischen Gehalt. Sie stehen für ein alternatives Bewußtsein. Schon beim Prolog (1,1–8) und beim Epilog (22,6–21) haben wir gesehen, daß es sich dabei um eine Liturgie handelt. Die Kapitel 4 und 5 sind voll von Hymnen. Und auch an anderen Stellen finden wir die Lieder von Hoffnung und politischer Utopie: 7,10–12; 11,15–18; 12,10–12; 14,2f; 16,5–7; 19,1–8.

Der Hymnus 5,9–14 weist alle Kennzeichen der Lieder der Apokalypse auf. Er gilt Jesus, der würdig ist, die Geschichte zu deuten (das Buch zu nehmen und seine Siegel zu öffnen), und dies aus drei Gründen, die mit drei parallelsinnigen Verben ausgedrückt werden: «denn du wurdest geschlachtet» (*esphages*) «und hast ... erworben» (*egorasas*) «und hast ... zu einem Königtum gemacht» (*epoiesas*). Jesus kann – das ist das erste – die Geschichte deuten, weil er geschlachtet wurde, das heißt: aufgrund des Zeugnisses, das er mit seinem Tod besiegelt hat. Er ist der treue Zeuge (1,5), der erste Märtyrer der Gemeinde, ermordet vom Imperium. Sodann verwendet Johannes ein Wort aus dem ökonomischen Bereich (erwerben) und eines aus dem politischen (Königtum). Jesu hat mit seinem *Blut Menschen für Gott erworben aus allen Stämmen und Sprachen, aus al-*

1 Eine eigenartige Christologie: Christus ist Löwe (V. 5) und Lamm (V. 6)! Darin zeigt sich die Freiheit des Verfassers im Umgang mit den Symbolen. Er folgt nicht abendländischer Rationalität, sondern symbolischer Logik, die sich in erster Linie aufs Alte Testament stützt. Zum Löwen vgl. Gen 49,9f und zum Sproß vgl. Jes 11,1.

len Nationen und Völkern. Er hat sie *zu einem Königtum* und *zu Priestern gemacht; und sie werden auf der Erde herrschen.* Der politisch-theologische Sinn des Hymnus ist, daß Jesus hier auf der Erde eine Gemeinschaft aufgebaut hat, die eine Alternative zum Imperium darstellt.[2] Sie ist eine Gemeinschaft mit Macht, die über die Erde herrscht. «Erwerben» meint hier: befreien. Jesus hat mit seinem Blut Menschen aus aller Welt befreit; seine Gemeinschaft ist universal, sie umfaßt alle Rassen, Sprachen, Völker und Nationen. Weil diese Gemeinschaft nun aber durch das Zeugnis Jesu begründet ist, durch die Hingabe seines Lebens (seines Blutes), deshalb ist sie eine Gemeinschaft oder ein Volk von Priestern. Dieser Ausdruck stammt aus Ex 19,5f: Gottes Volk ist ein Volk von Priestern, weil es eine heilige Nation ist, die auf die Stimme Jahwes hört und seinen Bund bewahrt. Laut Jes 61 wird das Volk «Priester des Herrn» genannt werden, denn auf ihm ruht der Geist Jahwes, damit sie den Armen eine frohe Botschaft bringen und alle heilen, deren Herz zerbrochen ist, damit sie den Gefangenen die Entlassung verkünden und den Gefesselten die Befreiung ... Die von Jesus aufgebaute Gemeinschaft ist somit eine universale Gemeinschaft, die über die Erde zu herrschen vermag, aber dennoch keine Gemeinschaft von Imperatoren, Senatoren, Magnaten, Mächtigen, sondern eine Gemeinschaft von Priestern, eine heilige Gemeinschaft, die die Stimme Gottes hört, eine Gemeinschaft, in der die Armen frei sind, kurz: eine *Alternative* zum Imperium. Sie herrscht über die Erde, aber sie herrscht durch ihr Zeugnis, ihre Hoffnung, ihre Utopie, ihre Freude und ihre Spiritualität.

2. Die sieben Siegel

Zwischen der einleitenden Vision (Kap. 4 und 5) und dem Abschnitt über die sieben Siegel (6,1–8,1) besteht eine enge Beziehung, ähnlich der uns bereits bekannten Beziehung zwischen der einleitenden Vision 1,9–20 und den sieben Sendschreiben (Kap. 2 und 3). In diesem Abschnitt über die sieben Siegel teilt uns Johannes eine prophetisch-apokalyptische Vision mit; anders gesagt: Er offenbart uns den verborgenen Sinn der Geschichte, den Sinn dessen, was auf der Erde geschieht, indem er das in Betracht nimmt, was im Himmel

2 E. Schüssler Fiorenza (1985), Kap. 2: «Erlösung als Befreiung».

sich abspielt. Heute würden wir sagen, Johannes unternehme eine Analyse der historischen Realität oder historischen Konjunktur, aber mit apokalyptischer Methode, das heißt mit einer sozio-theologischen Methode, die nicht nur die (sichtbar-greifbare) empirische Wirklichkeit berücksichtigt, sondern auch die geistigen Realitäten, die in derselben Geschichte wirksam präsent sind. Die Konstruktion des Himmels bzw. die Schaffung des kollektiven Bewußtseins der Gemeinde in den Kap. 4 und 5 dient ihm als Grundlage für diese apokalyptische Analyse der Geschichte. Die Offenbarung dessen, was in der Geschichte geschieht, vollzieht sich durch die Öffnung der sieben Siegel des Buches, das die Geschichte repräsentiert. Jedes geöffnete Siegel offenbart uns einen Aspekt der Geschichte. Jesus selbst aber ist es, der die Siegel öffnet.

a) Die ersten vier Siegel (6,1–8)

Die vier ersten Siegel stellen symbolisch die todbeladene Realität des römischen Imperiums dar. Es sind vier Pferde mit vier Reitern. In der Struktur des Buches entspricht dies dem apokalyptischen Tier, auf dem die große Hure sitzt (17,1–7) – ein Bild für das römische Imperium unter Roms Leitung –, Babylon, die Götzendiener- und Mörderstadt. Im Überblick über die Globalstruktur der Apokalypse haben wir schon auf die Entsprechung zwischen 4,1–8,1 und 17,1–19,10 hingewiesen. In beiden Abschnitten liegt eine prophetische Vision der Geschichte vor, die die Gegenwartszeit (4,1–19,10) eröffnet bzw. abschließt. Die vier Pferde mit ihren vier Reitern sind mythisch-symbolischen Charakters und stehen für vier Dimensionen des römischen Imperiums. Es ist falsch und irreführend, einen Parallelismus zwischen den sieben Siegeln, den sieben Posaunen (8,2–11,19) und den sieben Schalen (15,5–16,2) herzustellen. In den beiden letzteren Abschnitten haben wir es nämlich mit einem anderen literarischen Genus zu tun, und der ihnen zugrunde liegende theologische Gedanke ist die Relektüre des Exodus im Kontext des römischen Imperiums. Dort ist die Rede von aufeinander folgenden Plagen, die über das römische Imperium hereinbrechen; hier dagegen, bei den Siegeln, geht es um die Analyse der Unterdrückung, die das Imperium über das Volk und die Gemeinde verhängt. Die vier Lebewesen rufen jeweils ein Pferd herbei. Sie stellen den Kosmos dar, die «vier Ecken der Erde». Hier wird also das Imperium in seiner ganzen Ausdehnung analysiert. Jede Ecke der Erde hat etwas über den «tierischen» Charakter des römischen Imperiums zu sagen.

Das erste ist *ein weißes Pferd* (6,1f). Die weiße Farbe und der Kranz, den der Reiter erhält, sind Siegeszeichen. Der Reiter ist ein Krieger mit einem Bogen, der typischen Waffe eines Barbarenvolkes, möglicherweise der Parther aus dem Osten des Imperiums. *Als Sieger zog er aus, um zu siegen (nikon kai hina nikese).* Dies ist der primäre und schrecklichste Zug am Imperium: daß es triumphiert und immerfort triumphiert – tragisch für die von ihm Unterdrückten. Doch Johannes macht einen kritischen Vorbehalt: Das Imperium siegt nach Art der Barbaren (der Reiter führt einen Bogen), sein Sieg ist letztlich der Sieg der politischen Gewalttätigkeit (rotes Pferd), der ökonomischen Unterdrückung (schwarzes Pferd) und des Todes (fahles Pferd). Eine falsche Deutung identifiziert den Reiter des weißen Pferdes mit Jesus, wofür sie 19,11ff als Paralleltext heranzieht, wo Jesus auf einem weißen Pferd sitzend dargestellt ist. Parallelität heißt nicht notwendig Synonymität, sie kann auch antithetisch sein. Jesus auf dem weißen Pferd in 19,11ff, der das Tier und seinen falschen Propheten niederwirft, ist das Gegensymbol zum Imperium. Außerdem haben wir ja gesehen, daß die vier Tiere aus 6,1–8 parallel zu dem Tier aus 17,1–7 stehen. Mit 19,11 beginnt die eschatologische Endrealität jenseits der Gegenwartszeit. Andererseits ist es in 6,1 Jesus, der das Siegel öffnet; und es ist schwer vorstellbar, daß er gleichzeitig der Reiter des ersten Pferdes sein soll, das von dem ersten der vier Lebewesen gerufen wird. Wie dem auch sei: das weiße Pferd ist Symbol für den triumphierend-siegreichen Charakter des römischen Imperiums, das wie ein Barbar triumphiert, tötet und unterdrückt.

Das *zweite Pferd* ist *feuerrot* (6,3f). Der Auftrag seines Reiters lautet, *der Erde den Frieden zu nehmen, damit die Menschen sich gegenseitig abschlachteten. Und es wurde ihm ein großes Schwert gegeben.* Dieses Pferd symbolisiert die politische Gewalttätigkeit des römischen Imperiums. Die sogenannte *Pax Romana* bedeutet für die Armen und Unterdrückten nichts anderes als politische Gewalt. In der Darstellung der Apokalypse widerfährt sie dem hingemordeten Jesus (5,6.9.12; 13,8) und den Märtyrern (6,9; 18,24). Es ist das Imperium, das sie abschlachtet und das Gewalt auch unter den Völkern selbst sät.

Als drittes kommt *ein schwarzes Pferd* (6,5f). Sein Reiter *hielt in der Hand eine Waage*, das Symbol der ökonomischen Macht. Eine

Stimme sagt einen wirtschaftlichen Einbruch an: *Ein Maß Weizen für einen Denar und drei Maß Gerste für einen Denar.* Ein Denar war ein Tageslohn, und mit diesem Lohn konnte man damals acht- oder zehnmal mehr Weizen bzw. Gerste kaufen. Es gibt also eine schlimme Inflation, welche die Konsumgüter der einfachen Leute trifft und unter der armen Bevölkerung zur Hungersnot führt. Im Gegensatz dazu haben die Luxusgüter, *Öl und Wein*, nicht unter negativer Veränderung zu leiden. Das schwarze Pferd symbolisiert also die ökonomische Unterdrückung durch das römische Imperium. Einzig die Reichen erfreuen sich der berühmten wirtschaftlichen Prosperität des Imperiums, wie sie auch als einzige von der *Pax Romana* profitieren.

Das vierte ist *ein fahles Pferd* (6,7f). Erstmals wird hier der Name des Reiters genannt: Es ist *Thanatos*, der Tod. *Und die Unterwelt zog hinter ihm her.* Diesem Reiter ist *Macht gegeben über ein Viertel der Erde, zu töten durch Schwert, Hunger und Tod und durch die Tiere der Erde.* Dieses Pferd samt seinem Reiter versinnbildet die Globalität des Imperiums; in gewisser Weise ist es die Synthese der drei vorausgegangenen Pferde: Das römische Imperium ist ein Imperium des Todes. Es tötet durch politische Repression und ökonomische Oppression. Schwert, Hunger, wilde Tiere sind Symbole des Todes; sie stehen für die tödlichen Kräfte der Natur, entfesselt infolge der Repression und Oppression, die das Imperium ausübt.

b) Das fünfte Siegel (6,9–11)

Nachdem die vom Tod durchdrungene Realität des römischen Imperiums auf der Erde offengelegt und gedeutet ist, schaut Johannes nunmehr die Tiefe des Himmels, jene verborgene und transzendente Realität der Geschichte. In diesem Himmel sieht er *alle lebendig, die hingeschlachtet worden waren wegen des Wortes und wegen des Zeugnisses, das sie abgelegt hatten.* Daß Johannes «alle lebendig» sieht, ist die korrekte Übersetzung des griechischen *eidon tas psychas*, das gewöhnlich unrichtig mit «die Seelen aller» wiedergegeben wird. Abgesehen davon, daß man Seelen nicht sehen kann, meint der griechische Terminus die Seele, insofern sie dem Leib Leben verleiht. Auffallend ist hier, daß im Himmel die Märtyrer am Leben sind. Auch in *7,9–17* treten sie als lebendige Menschen auf: «eine große Schar ... Sie standen ... vor dem Thron und vor dem Lamm ...

Sie riefen mit lauter Stimme ...» Ebenso in *15,2–4:* «die Sieger über das Tier, sein Bild und die Zahl seines Namens standen ... Sie sangen ...» *19,1–4:* «etwas wie den lauten Ruf einer großen Schar im Himmel»; *20, 4–6:* «Ich sah am Leben alle, die enthauptet worden waren, weil sie am Zeugnis Jesu und am Wort Gottes festgehalten hatten ... Sie gelangten zum Leben und zur Herrschaft mit Christus ...» Alle diese Texte sind parallel, auch wenn sich die erstgenannten auf die Gegenwartszeit beziehen und 20,4–6 der ersten Auferstehung zur tausendjährigen Herrschaft in der Zukunft der Geschichte gilt. Für die verfolgte christliche Gemeinde war es eine große Freude, zu wissen, daß ihre hingemordeten Märtyrer im Himmel, das heißt in jener transzendenten Dimension der Geschichte, lebten.

Die im Himmel lebendigen Märtyrer *schreien mit lauter Stimme.* Das Verbum «schreien» (*krazo*) ist ein starker Ausdruck; es erinnert an das Schreien (*krauge*) der unterdrückten Israeliten in Ägypten vor dem Exodus. Es ist das Schreien aller Ermordeten der Geschichte, der verzweifelte und drängende Schrei des Gebets der Ausgeschlossenen, wie er in den Psalmen (z. B. Ps 5) häufig begegnet. Die lebendigen Märtyrer rufen:

> *Wie lange zögerst du noch, Herr, du Heiliger und Wahrhaftiger, Gericht zu halten und unser Blut an den Bewohnern der Erde zu rächen?*

Sie schreien, kurz gesagt, nach *Gerechtigkeit* und *Rache.* Dieser Schrei ist im Himmel zu hören, und er wird gehört. Eine auffallende Parallele zu Lk 18,7–8a: «Sollte Gott seinen Auserwählten, die Tag und Nacht zu ihm schreien, nicht zu ihrem Recht verhelfen, sondern zögern? Ich sage euch: Er wird ihnen unverzüglich ihr Recht verschaffen.» Auch Sir 35,11–24 geht in diese Richtung. Das Verbum «rächen» (*ekdikeo*) erscheint in der Johannesapokalypse nur hier in 6,10 und in 19,2, wo die Märtyrer im Himmel darüber jubeln, daß Gott die große Hure Rom gerichtet und so *Rache genommen* hat für das Blut seiner Knechte.

Die Antwort, die den Märtyrern zuteil wird, ist zunächst die Anerkennung ihrer Werke, ihrer Treue, ihres Zeugnisses; zum Zeichen dessen *wurde jedem von ihnen ein weißes Gewand gegeben.* Darauf wird ihnen gesagt, die Zahl der Märtyrer, die gleich ihnen sterben sollten, sei noch nicht voll. Mit anderen Worten: Sie bekommen zu hören, daß die Gerechtigkeit und Rache, die sie heischen, erst am Ende der Zeiten geschehen wird, daß es noch lange hin ist bis zu diesem Ende und daß die Gegenwartszeit mit ihrem Widerstand und ihrem Martyrium noch andauert. Wir würden heute sagen: Der Kampf geht weiter!

c) Das sechste Siegel (6,12–7,8)

Mit den vier ersten Siegeln hat Johannes die todverhaftete-todbringende Realität des römischen Imperiums auf der Erde analysiert. Diese apokalyptisch-tierische Realität ruft im Himmel den beängstigenden, fordernden Schrei der Märtyrer hervor: Wie lange noch? Sie verlangen Gerechtigkeit und Rache. Sie wollen, daß Gott in die Geschichte eingreift und der Situation strafloser Ungerechtigkeit im römischen Imperium ein Ende setzt. Doch die Antwort auf ihren Schrei lautet: Es ist noch nicht soweit, die Zeit der Unterdrükkung, Verfolgung und des Widerstands ist noch nicht zu Ende. Die Märtyrer wollen das Endgericht schon jetzt, aber sie werden gebeten, *sie sollten noch kurze Zeit warten*, denn Gott hält noch an einem *kairos*, an einer Stunde der Gnade und einer Chance zur Umkehr fest. Für sie wird es eine schlimme Zeit werden, in der viele Heilige das Martyrium werden erleiden müssen; doch sollen sie sich deswegen keine Sorgen machen, da in dieser Zeit der Zorn des Lammes gegen die Unterdrücker und Götzendiener entbrennen, das Volk Gottes aber, versehen mit dem Siegel des lebendigen Gottes, gerettet werden wird. Diese gegenwärtige Zeit der Unterdrückung, des Widerstands und des Martyriums wird mit der Öffnung des sechsten Siegels offengelegt.

Das sechste Siegel bezieht sich auf die Gegenwartszeit; daher ist es von komplexerer Struktur. Wir haben sie schon beim Überblick über die Grobstruktur von Offb 4,1–8,1 skizziert; hier sei sie in Erinnerung gerufen:

Was *auf der Erde* geschieht: 6,12–7,8
  Gericht über die Unterdrücker: 6,12–17
  Schutz für das Volk Gottes: 7,1–8

Was *im Himmel* geschieht: 7,9–17
  Liturgie der Märtyrer: 7,9–15a
  Leben bei Gott: 7,15b–17

Was auf der Erde geschieht: 6,12–7,8

Zunächst wird eine schreckliche kosmische Katastrophe geschildert (VV. 12–14):

> *Da entstand ein gewaltiges Beben. Die Sonne wurde schwarz wie ein Trauergewand, und der ganze Mond wurde wie Blut. Die Sterne des Himmels fielen herab auf die Erde, wie wenn ein Feigenbaum seine Früchte abwirft, wenn ein heftiger Sturm ihn schüttelt. Der Himmel verschwand wie eine Buchrolle, die man zusammenrollt, und alle Berge und Inseln wurden von ihrer Stelle weggerückt.*

Es geht hier nicht um das totale Verschwinden des Kosmos vor dem Endgericht wie in 20,11 (es «flohen Himmel und Erde, und es gab keinen Platz mehr für sie») oder in 21,1 («der erste Himmel und die erste Erde sind vergangen, auch das Meer ist nicht mehr»). Hier besteht der Kosmos fort: Die Ruchlosen verbergen sich in den Höhlen, und laut 7,1–3 existiert die Erde ja noch. Die kosmische Katastrophe ist eine Art Dramatisierung einer geschichtlichen Menschheitskatastrophe. Der Text darf nicht buchstäblich interpretiert, vielmehr muß er als mythisch-symbolische Figur gedeutet werden. Dieser Rückgriff auf Kosmisches ist in der späten prophetischen und in der apokalyptischen Literatur sehr häufig zu finden. Als Beispiel wollen wir Jes 34,2–4 zitieren:

> ... daß der Herr über alle Völker erzürnt ist ... Er hat sie dem Untergang geweiht und zum Schlachtopfer bestimmt. Die Erschlagenen wirft man hinaus ..., die Berge triefen von ihrem Blut, alle Hügel zerfließen. Wie eine Buchrolle rollt sich der Himmel zusammen, sein ganzes Heer welkt dahin ...

Und Jes 24,17.19–21 heißt es:

> Grauen, Grube und Garn warten auf euch, ihr Bewohner der Erde ... Die Erde birst und zerbirst, die Erde bricht und zerbricht, die Erde wankt und schwankt. Wie ein Betrunkener taumelt die Erde, sie schwankt wie eine wacklige Hütte. Ihre Sünden lasten auf ihr; sie fällt und kann sich nicht mehr erheben. An jenem Tag wird der Herr hochdroben das Heer in der Höhe zur Rechenschaft ziehen und auf der Erde die Könige der Erde.

Dies sind geschichtliche Katastrophen, die mittels kosmischer und mythischer Symbole dramatisiert werden.

Die geschichtliche Katastrophe bricht jetzt erschütternd über das Imperium herein, *denn der große Tag ihres* (Gottes und des Lammes) *Zorns ist gekommen.* An diesem Tag versuchen die Ruchlosen, sich zu verbergen *vor dem Blick dessen, der auf dem Thron sitzt, und vor dem Zorn des Lammes.* Und alsbald erhebt sich die schwere Frage: *Wer kann da bestehen (tis dynatai stathenai)*? Die Antwort erfolgt in 7,9 (ebenso in 15,2): Die Märtyrer «standen vor dem Thron und vor dem Lamm». Im Gegensatz zu ihnen trachten die Ruchlosen sich vor Gott und vor dem Lamm zu verstecken und können sich nicht auf den Füßen halten. In V. 15 werden sie im einzelnen in fünf sozialen Kategorien aufgelistet:

die Könige der Erde *(hoi basileis tes ges);*
die Großen *(hoi megistanes);*
die Heerführer *(hoi chiliarchoi);*
die Reichen *(hoi plousioi);*
die Mächtigen *(hoi ischyroi).*

Hinzu kommen als sechste Gruppe: *alle Sklaven und alle Freien,* das heißt soviel wie: alle anderen.

Es sind also fünf sehr genau umschriebene soziale Kategorien. *Die Könige der Erde* sind die örtlichen Könige, Vasallen von Roms Gnaden, wie etwa Herodes. *Die Großen* mögen Minister oder aber wichtige politische Persönlichkeiten in den römischen Provinzen sein (sie treten auch in 18,23 auf). *Die Heerführer* sind Militärs (Kommandanten von jeweils tausend – griechisch *chilioi* – Soldaten). *Die Reichen* – im Plural und mit bestimmtem Artikel – sind eine Gesellschaftsklasse, die den Armen gegenübersteht. *Die Mächtigen* sind «die von oben», die große Macht in ihrer Hand vereint haben und die die soziale Antithese zu den einfachen Leuten bilden. Sie alle sind Ruchlose, weil sie durch ihre Macht oder ihren Reichtum strukturell ins römische Imperium integriert sind, was zwangsläufig Komplizenschaft mit der imperialen Idolatrie bedeutet. Alle sind Anhänger des Tieres und seines Bildes und tragen sein Kennzeichen auf ihrer rechten Hand.

Was hat dies alles historisch gesehen zu bedeuten? Hat sich die hier geschilderte kosmisch-geschichtliche Katastrophe tatsächlich zu einem bestimmten Datum ereignet, oder handelt es sich eher um eine tiefe, langanhaltende Krise des römischen Imperiums? Aus der Textpassage selbst geht es nicht klar hervor, doch im Licht der gesamten Johannesapokalypse können wir annehmen, daß eine länger dauernde historische Krise in der Gegenwartszeit gemeint ist, die das Imperium und seine unterdrückerischen Gruppierungen heimsucht und die durch die Kraft des Gotteswortes und des Zeugnisses Jesu hervorgerufen ist. Um dieses Zeugnis geht es inhaltlich in der Apokalypse (1,2), um seinetwillen ist Johannes auf Patmos in der Verbannung (1,9), und es ist der Grund, warum die Christen verfolgt (12,17) und die Märtyrer gemordet werden (6,9; 20,4). Für den Verfasser der Apokalypse ist es die Kraft des Wortes Gottes und des Zeugnisses Jesu, die jene historische Katastrophe hervorruft, die die Ruchlosen mit Schrecken erfüllt und sie zu dem Schluß veranlaßt, vor Gott und dem Lamm könne niemand bestehen, verliere jedermann sein Gleichgewicht und gerate alles ins Stürzen. Der Verfasser zeigt die Macht dieser Kraft des Wortes und des Zeugnisses, damit die Christen Widerstand leisten und Hoffnung schöpfen.

Die historische Katastrophe, die das römische Imperium erschüttert, hier in mythischer Form als kosmische Katastrophe dargestellt, ist bedrohlich für alle Bewohner der Erde. Auch die christliche Gemeinde fürchtet sich vor diesem schrecklichen Ereignis. Die Armen und Unterdrückten sind ja normalerweise die ersten, die unter solchen Katastrophen zu leiden haben. Daher wird es erforderlich, inmitten des Schreckens anzusagen, daß Gott das Volk der Heiligen schützt, wie auch eine alternative Gemeinschaft aufzubauen. Dies ist der tiefste Sinn des Abschnitts 7,1–8, der das Gegenbild zu 6,12–17 darstellt. In 7,1–8 tritt die Gemeinde der Zeugen (der lebendigen Märtyrer) auf, die auf der Erde Widerstand leisten. Fünfmal ist das Wort «Erde/Land» (griechisch *ge*) eingesetzt; damit soll die Gemeinde ganz klar auf der Erde verortet werden. Diese Gemeinde wird nun mit dem *Siegel des lebendigen Gottes* gekennzeichnet. Dieses Siegel schützt die Heiligen vor der historischen Katastrophe, die das Imperium bedroht. Man sehe dazu auch den Paralleltext 9,4. Die Idee ist dem Exodusbuch entnommen (Ex 12,7.13), wo die gekennzeichneten Häuser von dem vorübergehenden Würgeengel verschont werden. Das Motiv findet sich ebenso bei Ezechiel (Ez 9,4–7), wo es heißt, alle sollten erschlagen werden außer denen, die das Zeichen auf der Stirn trügen. Das Siegel (*sphragis*) entspricht dem Kennzeichen (*charagma*) aus 13,16f; dort allerdings handelt es sich um das Kennzeichen des Tieres. In 14,1 wird gesagt, diejenigen, die dem Lamm folgten, trügen auf ihrer Stirn seinen Namen und den Namen seines Vaters. Besiegelt zu sein, bezeichnet zu sein, den Namen auf der Stirn zu tragen, das drückt stets eine ganz ähnliche Idee aus: Es besagt Zugehörigkeit zu etwas oder zu jemandem, und es symbolisiert ein Verhalten, eine Praxis, eine Existenzweise. Die einen sind die Heiligen, andere die Götzendiener, die einen folgen dem Lamm, andere dem Tier. Es handelt sich bei dem Siegel allerdings nicht um die Taufe, sondern um eine bestimmte Weise des Lebens-in-Geschichte.

Die bezeichneten und geretteten Heiligen organisieren sich nun in einem Volk von hundertvierundvierzigtausend Personen. Das entspricht zwölftausend pro Stamm Israels. Zweifellos ist die Figur der Stämme Israels als ein Vollkommenheit anzeigendes Zahlensymbol gemeint. Sie steht für das vollständige, vollkommene und organisierte Volk Gottes. Dieses ist das Volk der Heiligen, das hier *auf der Erde* das Volk oder die Gemeinschaft in Alternative zum Imperium bildet; es ist das Volk, das das Wort Gottes und das Zeugnis Jesu bewahrt; es ist das Volk, das über das Tier, sein Kennzeichen und sein Bild triumphiert. Dieses Volk ruft die Katastrophe des Imperiums, seine Schmach und sein Unvermögen hervor, vor Gott und dem Lamm standzuhalten. Es ist das nämliche Volk, das auch in 14,1–5 auftritt.

Was im Himmel geschieht (7,9–17)

Geschichte ist nicht nur das, was in der empirischen Welt der Erscheinungen zu sehen ist. Sie hat vielmehr auch eine verborgene, transzendente Tiefendimension. Der Christ erlebt die Geschichte in Übereinstimmung mit dem, was die Apokalypse ihm über das offenbart, was im Himmel, eben der verborgenen Tiefendimension, geschieht. Die Geschichte ist Erde und Himmel zugleich. In 6,12–7,8 zeigt uns Johannes, was jetzt, in der Gegenwartszeit, auf der Erde geschieht. Es sind geschichtliche Ereignisse, die der Vorleser und die Hörer der Apokalypse entdecken. Der normale Einwohner des römischen Imperiums weiß so gut wie nichts von diesen Vorgängen (dem Gericht über die Unterdrücker und dem Schutz für die Heiligen), oder sie spielen sich nahezu unbemerkt ab. Etwas freilich müssen die Zeitgenossen wohl mitbekommen, denn das Zeugnis der Christen ist ja öffentlich, und die Entwicklung der Gemeinde der Heiligen als alternativer Gemeinschaft vollzieht sich auf der Erde, ist also eine sichtbare Herausforderung. Und dennoch ist das, was «bei den Armen» geschieht, den Mächtigen unbekannt, auch wenn Johannes glaubt, gerade der Glaube der Heiligen versetze das Imperium in Erschütterung. Doch ein wirklich tiefes Verständnis der Geschichte ergibt sich erst, wenn man weiß, was die Apokalypse über das Geschehen im Himmel offenbart.

Was im Himmel geschieht, hat zwei Momente: ein aktuell-liturgisches (7,9–15a) und ein futurisch-utopisches Moment (7,15b–17). Johannes empfängt die Offenbarung darüber durch eine Vision im Himmel. Darin erscheint *eine große Schar ..., niemand konnte sie zählen*. Diese Schar steht im Himmel, sie trägt kein Siegel und kann deshalb nicht zu den hundertvierundvierzigtausend auf der Erde gerechnet werden. Sie überschreitet jede Zählbarkeit und durchbricht die Organisationsschemata der Kirche auf Erden. Und sie ist universal, sie überschreitet jede Begrenzung von *Nationen, Stämmen, Völkern und Sprachen*. Im Himmel gibt es keine religiöse, rassische, nationale und kulturelle Exklusivität mehr. *Sie standen in weißen Gewändern vor dem Thron und dem Lamm* – in deutlichem Gegensatz zu den Ruchlosen, die sich am großen Tag des Zornes von Gott und Lamm nicht aufrecht halten können (6,17). Die weißen Gewänder sind das Kleid der Märtyrer, die sich mit der Idolatrie des Imperiums nicht befleckt haben, und die Palmen in ihren Händen sind Zeichen des Sieges. Sie haben über das Tier, sein Bild und die Zahl seines Namens triumphiert. Es sind dieselben Märtyrer, die auch in 15,1–4 und 19,1–4 singen und rufen. Die Märtyrer schreien ebenso wie die vom fünften Siegel in 6,9–11. Dort heischten sie Gerechtigkeit und Rache, hier dagegen rufen sie: *Die Rettung kommt von unserem Gott, der auf dem Thron sitzt, und von dem Lamm.* Der Begriff «Rettung» (*soteria*) ist im Zusammenhang des römischen Imperiums ein politischer Begriff: Er bezeichnet Frieden, Sicherheit und Wohlergehen, die das Imperium bereitstellt. Nunmehr erkennen die Märtyrer, daß die Rettung in Wahrheit von Gott und vom Lamm kommt. Einschlußweise sagen sie damit aus, daß sie eben nicht vom römischen Imperator und seinem Imperium kommt. Sie ist aber auch keine individuelle Rettung der Einzelseele, sondern ein soziales und leibliches Heil, was das personal-spirituelle ja nicht ausschließt. Die «Rettung», die das Imperium den Heiligen hier auf der Erde verweigert, empfangen die Märtyrer jetzt von Gott im Himmel. Mit dem Schrei der Märtyrer vereinen sich die Stimmen der vierundzwanzig Ältesten und der vier Lebewesen zum Lobgesang, und so nehmen sie die Eröffnungsliturgie aus Kap. 4 und 5 wieder auf.

In 7,13f wird die Frage nach der Identität der großen, universalen Schar in weißen Gewändern gestellt. Einer der Ältesten gibt die Antwort: *Es sind die, die aus der großen Bedrängnis kommen; sie haben ihre Gewänder gewaschen und im Blut des Lammes weiß gemacht.* Viele Exegeten interpretieren die *große Bedrängnis* als Verfolgung und fragen sich dann, um welche große Verfolgung es sich dabei handle, die eine so hohe Zahl von Märtyrern zur Folge gehabt haben könnte. Manche meinen, es sei die Verfolgung unter Nero im Rom der sechziger Jahre gewesen. Ich glaube freilich nicht, daß «Bedrängnis» hier einen so eingeschränkten und fernliegenden Sinn hat. Der Ausdruck bezieht sich vielmehr auf die permanente Unterdrückung durch das Imperium, die ökonomisch, politisch, sozial, kulturell und religiös ist und von der jene betroffen sind, die sich weigern, sich zu integrieren und an seinen unterdrückerischen, götzendienerischen Strukturen Anteil zu haben. Es ist keine punktuelle oder konjunkturelle Bedrängnis, wie es die Verfolgungen nun einmal sind, sondern eine alltägliche und fortgesetzte Unterdrückung. Dies ist die große Bedrängnis, die man erleidet, folgt man dem Lamm, wohin auch immer es geht, und die man ertragen muß um des Wortes Gottes und des Zeugnisses Jesu willen. Die große Schar im Himmel entspricht nicht einfach exakt der organisierten Kirche auf Erden, die ja symbolisch durch die hundertvierundvierzigtausend dargestellt wird. Dem Verfasser geht es eher um die Unzählbarkeit und Universalität der Schar als um ihre spezifische Identifikation. Das bedeutet, daß der Triumph der Märtyrer weit über die sichtbaren Grenzen der organisierten Kirche hinausreicht.

Der Schluß der Passage vom sechsten Siegel (7,15b–17) nach der Liturgie der Märtyrer hat futurisch-utopischen Charakter. Er beschreibt das Leben der Märtyrer bei Gott im Himmel. Dieses Leben steht in scharfem Kontrast zu der todverhafteten Realität des römischen Imperiums, wie sie durch die vier ersten Siegel (6,1–8) beschrieben wird. Die Christen wissen: Auch wenn sie auf der Erde den Tod durch das Imperium erleiden müssen, erfreuen sie sich in der Himmelsdimension, die die Geschichte auch hat, doch schon des göttlichen Lebens. Dieses Leben aber wird mit Worten von starker geschichtlich-leiblicher Charakteristik beschrieben: *Der, der auf dem Thron sitzt, wird sein Zelt über ihnen aufschlagen* (als Zeichen freundlich bergenden Schutzes); *sie werden keinen Hunger und keinen Durst mehr leiden, und weder Sonnenglut noch ... Hitze wird auf ihnen lasten; denn das Lamm ... wird sie weiden und zu den Quellen führen, aus denen das Wasser des Lebens strömt* (das Symbol der körperlichen und geistigen Unsterblichkeit), *und Gott wird alle Tränen von ihren Augen abwischen.* Wir haben schon gesagt, daß der Himmel in der Apokalypse nicht das «andere Leben» ist, sondern die transzendente Tiefendimension unserer Geschichte, die uns dieses unser Leben auf eine andere Weise leben läßt. Kap. 21 und 22,1–5 werden einen detaillierteren Entwurf des Himmels bieten. Womit wir es hier zu tun haben, ist eine Vorwegnahme dieser Zukunft der Geschichte, die alle vom Imperium um des Wortes Gottes und um des Zeugnisses Jesu willen Ausgeschlossenen schon jetzt im Himmel genießen dürfen.

d) Das siebte Siegel (8,1)

Als das Lamm das siebte Siegel öffnete, trat im Himmel Stille ein, etwa eine halbe Stunde lang. Dieser geheimnisvolle Vers, der die in 4,1 einsetzende apokalyptische Vision der Geschichte abschließt, ist ganz und gar polysemantisch, das heißt, er ist überaus reich an Bedeutungen. Diese Polysemie müssen wir respektieren, insofern sie mit dem gesamten Abschnitt kohärent ist. In einem gewissen Sinn bildet dieses Schweigen im Himmel zusammen mit der Eröffnungsliturgie von Kap. 4 und 5 einen Rahmen. Dort ist der Himmel von Liedern, Hymnen und Rufen erfüllt. Auch in den beiden Visionen des Himmels, 6,9–11 und 7,9–17, vernehmen wir den Schrei der Märtyrer. Jetzt dagegen herrscht Stille im Himmel. Dieses Schweigen schafft den Übergang zum folgenden Abschnitt von den sieben Posaunen (8,2–11,19), speziell zur Eröffnungsliturgie 8,2–5. Genauso kann die Stille im Himmel dem Leser, der Leserin aber auch ankündigen, daß nunmehr die Stunde der Erde gekommen ist: Vom Himmel gehen wir zur Erde über. Die Stille im Himmel veranlaßt uns, Gott auf der Erde zu suchen. Tatsächlich wird der nun folgende Abschnitt von den sieben Posaunen einen schrecklichen und von Erwartungen und Hoffnungen getragenen apokalyptischen Kampf auf der Erde schildern. Die Stille im Himmel lenkt unsere gesammelte Aufmerksamkeit auf die Erde.

KAPITEL V: DIE SIEBEN POSAUNEN UND DIE SIEBEN SCHALEN

Einleitung

Bei der Darstellung der Globalstruktur der gesamten Johannesapokalypse haben wir schon auf die Entsprechung zwischen dem Abschnitt von den *sieben Posaunen* (8,2–11,19) und dem von den *sieben Schalen* (15,5–16,21) hingewiesen. In diesem Kapitel werden wir nun im Detail zeigen, daß zwischen diesen beiden Abschnitten eine innere Parallelität besteht, die uns einen wichtigen Schlüssel zu ihrer Interpretation an die Hand gibt. Das zentrale Thema dieser Abschnitte ist eine Relektüre des Exodus, der nun nicht mehr in Ägypten, sondern im Herzen des römischen Imperiums erlebt wird. Daß der vorausgehende Abschnitt von den sieben Siegeln (4,1–8,1) ganz anders geartet ist und zu 17,1–19,10 in Parallele steht, haben wir ebenfalls schon in der Einleitung gesagt. Beide letztgenannten Passagen haben wir unter den Titel «Die prophetische Vision der Geschichte» gestellt. Viele Autoren behaupten eine Parallelität zwischen den sieben Gemeinden, den sieben Siegeln, den sieben Posaunen und den sieben Schalen. Das bringt aber nur Verwirrung in die Interpretation. Man muß einfach sehen, daß Inhalt und Eigenart des Abschnitts von den sieben Siegeln genauso wie die des Abschnitts von den sieben Sendschreiben an die sieben Gemeinden (Kap. 2–3) ganz anders geartet sind. Daß man in all diesen Abschnitten die Siebenerstruktur vorfindet (sieben Sendschreiben, sieben Siegel, sieben Posaunen, sieben Schalen), macht noch keine Parallelität aus! Man muß eben auch den Inhalt, die Eigenart und die literarische Gattung jedes Abschnitts beachten. Schließlich haben wir auch noch gesagt, die parallelen Abschnitte der sieben Posaunen und der sieben Schalen dienten als Rahmen für den zentralen Abschnitt der ganzen Johannesoffenbarung (12,1–15,4).

Zusammenfassend können wir folgendes Gesamtschema entwerfen:

A) Prophetische Vision der Geschichte: 4,1–8,1

B) *Die sieben Posaunen: 8,2–11,19*

Zentrum der Apokalypse: 12,1–15,4

B') *Die sieben Schalen: 15,5–16,21*

A') Prophetische Vision der Geschichte: 17,1–19,10

I. Einführung in die Lektüre und Struktur der Texte

1. Struktur von Offb 8,2–11,19 (Die sieben Posaunen)

Vision im Himmel: 8,2–6

Erste Posaune: 8,7
Hagel und Feuer, mit Blut vermischt, auf das Land.
Folgen: ein Drittel der Erde verbrannt.

Zweite Posaune: 8,8f
Großer brennender Berg ins Meer.
Folgen: ein Drittel des Meeres zu Blut geworden.

Dritte Posaune: 8,10f
Ein großer Stern wie eine Fackel auf Flüsse und Quellen.
Folgen: ein Drittel des Wassers bitter geworden.

Vierte Posaune: 8,12
Ein Drittel der Sonne, des Mondes und der Sterne getroffen.
Folgen: ein Drittel mehr Dunkelheit.

«Wehe! Wehe! Wehe den Bewohnern der Erde! Noch drei Engel werden ihre Posaunen blasen» (8,13).

Fünfte Posaune: 9,1–11 (Erstes Wehe)
Ein vom Himmel gefallener Stern öffnet den Schacht zum Abgrund; Heuschrecken kommen heraus und quälen fünf Monate lang die Menschen, die das Siegel Gottes nicht auf der Stirn tragen; die Heuschrek-

ken sehen aus wie Pferde, die zur Schlacht gerüstet sind; sie haben über sich als König den Engel des Abgrunds.

«Das erste Wehe ist vorüber. Noch zweimal wird das Wehe kommen» (9,12).

Sechste Posaune: 9,13–11,13 (Zweites Wehe)

Die vier Engel vom großen Strom Eufrat werden losgebunden, um ein Drittel der Menschheit zu töten; ihre Reiterei ist 200 Millionen Mann stark; aus den Mäulern der Pferde kommen Feuer, Rauch und Schwefel; die Menschen, die nicht umkommen, lassen nicht ab von Idolatrie und Mord.

Prophetische Bewegung: 10,1–11,12

a) Vision des Engels und Offenbarung an die Propheten: 10,1–7
b) Prophetenberufung des Johannes: 10,8–11,2
c) Die prophetische Kirche (die beiden Zeugen-Propheten): 11,3–13

«Das zweite Wehe ist vorüber, das dritte Wehe kommt bald» (11,14).

Siebte Posaune: 11,15–19 (Drittes Wehe)

Der siebte Engel bläst die Posaune; laute Stimmen ertönen:
«Nun gehört die Herrschaft über die Welt unserem Herrn» (V. 15).
Die vierundzwanzig Ältesten beten Gott an und sprechen:
«Wir danken dir, Herr, Gott ..., der du bist und der du warst; denn du hast deine große Macht in Anspruch genommen und die Herrschaft angetreten. Die Völker gerieten in Zorn. Da kam dein Zorn und die Zeit, die Toten zu *richten:*

> deine Knechte zu *belohnen,* die Propheten und die Heiligen ...
> alle zu *verderben,* die die Erde verderben» (VV. 16–18).

Der Tempel Gottes im Himmel wird geöffnet, und die Lade seines Bundes wird sichtbar.
Da begann es zu blitzen, zu dröhnen und zu donnern, es gab ein Beben und einen schweren Hagel (V. 19).

2. *Struktur von Offb 15,5–16,21 (Die sieben Schalen)*

Vision im Himmel[1]: 15,1.5–16,1

Erste Schale: 16,2

Schale über das Land.
Schlimmes Geschwür an denen, die das Kennzeichen des Tieres tragen und sein Bild anbeten.

1 Der Vers 1 ist verschoben, um den Abschnitt von den Schalen (15,5–16,21) mit dem vorhergehenden Abschnitt (12,1–15,4) zusammenbringen zu können. Die Wörter «sieben Engel», «sieben Plagen», «zum Ende kommen» und «Zorn Gottes» werden in 15,5ff wiederaufgenommen.

Zweite Schale: 16,3

Schale über das Meer.
Das Meer wird zu Blut, alle Lebewesen im Meer sterben.

Dritte Schale: 16,4–7

Schale über die Flüsse und Quellen.
Wasser wird zu Blut.

Liturgie von der Gerechtigkeit Gottes

Und ich hörte den Engel, der die Macht über das Wasser hatte, sagen:
«Gerecht bist du ..., denn damit hast du ein gerechtes Urteil gefällt.
Sie haben das Blut von Heiligen und Propheten vergossen;
deshalb hast du ihnen Blut zu trinken gegeben, so haben sie es verdient.»
Und ich hörte eine Stimme vom Brandopferaltar her sagen: «... gerecht sind deine Gerichtsurteile.»

Vierte Schale: 16,8f

Schale über die Sonne, die die Menschen verbrennen darf.
Alle Menschen verbrennen in der großen Hitze.
Dennoch verfluchen sie den Namen Gottes und kehren nicht um.

Fünfte Schale: 16,10f

Schale über den Thron des Tieres.
Finsternis über dem Reich des Tieres, und die Menschen zerbeißen sich vor Schmerz die Zunge.
Dennoch verfluchen sie Gott und kehren nicht um

Sechste Schale: 16,12–16

Schale über den großen Fluß Eufrat.
Sein Wasser trocknet aus,
so daß der Weg für die Könige des Ostens frei wird.

Antiprophetische Bewegung: 16,13–16

a) Vision der falschen Propheten (V. 13)
b) Offenbarung über die falschen Propheten und ihre Mission (VV. 14–16)

Siebte Schale: 16,17-21

Schale über die Luft.
Eine laute Stimme aus dem Tempel, die sagte: Es ist geschehen.
Blitze, Stimmen, Donner und gewaltiges Erdbeben,
die große Stadt brach in drei Teile auseinander,
die Städte der Völker stürzten ein.
Gott erinnerte sich an Babylon, die Große,
und reichte ihr den Becher mit dem Wein seines Zornes,
die Inseln verschwanden, es gab keine Berge mehr.

Gewaltige Hagelbrocken fielen vom Himmel auf die Menschen.
Dennoch verfluchten sie Gott wegen dieser Hagelplage.

3. Vergleich der Struktur der sieben Posaunen (8,2–11,19) mit der Struktur der sieben Schalen (15,5–16,21)

Dieser Vergleich liefert uns einen ganz entscheidenden Schlüssel für die Interpretation beider Abschnitte. Beide ergänzen und erläutern einander.

Der Abschnitt von den *sieben Posaunen* beginnt mit einer Vision im Himmel (8,2–6):

1) Die sieben Engel erhalten sieben Posaunen.
2) Ein Altar im Himmel (dreimalige Erwähnung).
3) Rauch (Weihrauch mit den Gebeten der Heiligen).
4) Die glühenden Kohlen vom Altar werden auf die Erde geworfen.
(10,7: «Wenn der siebte Engel seine Stimme erhebt und seine Posaune bläst, wird auch das Geheimnis Gottes vollendet sein».)
5) Donnern, Dröhnen, Blitzen und Beben (Inklusion von 8,5 und 11,19).

Der Abschnitt von den *sieben Schalen* beginnt ebenfalls mit einer Vision im Himmel; sie weist dieselben Elemente auf (15,1.5–16,1):

1) Die sieben Engel erhalten sieben Schalen.
2) Der himmlische Tempel, das Zelt des Zeugnisses, öffnet sich (viermalige Erwähnung des Tempels).
3) Rauch (Herrlichkeit Gottes).
4) Sieben Schalen mit dem Zorn Gottes werden über die Erde ausgegossen. Mit den sieben Plagen erfüllt sich der Zorn Gottes.
5) Blitze, Stimmen, Donner und Beben erscheinen hier nur am Ende, in 16,18 in Parallele zu 11,19.

Erste Posaune (8,7): über die Erde
Erste Schale (16,2): über die Erde

Zweite Posaune (8,8f): über das Meer
Zweite Schale (16,3): über das Meer

Dritte Posaune (8,10f): über Flüsse und Quellen
Dritte Schale (16,4–7): über Flüsse und Quellen

Nach der dritten Schale wird die Liturgie von der Gerechtigkeit Gottes zwischengeschaltet (16,5–7), die im Abschnitt von den Posaunen keine Parallele hat. Diese Liturgie hat starke Ähnlichkeit mit der in 19,1–10.

Vierte Posaune (8,12): über Sonne, Mond und Sterne
Vierte Schale (16,8f): über die Sonne

Fünfte Posaune (9,1–1): Verfinsterung von Sonne und Luft
Fünfte Schale (16,10f): Verfinsterung im Reich des Tieres

Sechste Posaune (9,13–11,13): vier Engel vom Eufrat losgekettet; ihre Reiterei 200 Millionen Mann stark
Sechste Schale (16,12–16): Eintrocknen des Eufratwassers;[2] der Weg offen für die Könige des Ostens

Nach der sechsten Posaune: *prophetische Bewegung* (10,1–11,13)
Nach der sechsten Schale: *antiprophetische Bewegung* (16,13–16)

Siebte Posaune (11,15–19):
- Eröffnung: 11,15a
- Ankunft der Herrschaft (*egeneto he basileia*)
- Kosmische Katastrophe: 11,19b

Siebte Schale (16,17–21):
- Eröffnung: 16,17a
- Es ist geschehen (*gegonen* in Zusammenfassung von 11,15b–19a)
- Kosmische Katastrophe: 16,18–21 (breitere Ausführung von 11,19b)

II. Schlüssel zur Interpretation der beiden Texte von den sieben Posaunen und den sieben Schalen

1. Die einleitende Vision im Himmel

Beide Abschnitte beginnen mit einer Liturgie im Himmel, bei der *sieben Engel* als Protagonisten auftreten. Im Abschnitt von den Posaunen erscheint im Himmel ein *Altar*, auf dem Weihrauch und die Gebete der Heiligen dargebracht werden. Zusammen mit diesen steigt der *Rauch* empor. Ein Engel wirft die glühenden Kohlen vom *Altar* auf die Erde. Im Abschnitt über die Schalen erscheint im Himmel *der Tempel, das Zelt des Zeugnisses*. Die sieben Engel empfangen sieben Plagen, nämlich sieben Schalen, gefüllt mit dem Zorn Gottes. Der Tempel füllt sich mit dem *Rauch* der Herrlichkeit und Macht Gottes. Die Engel erhalten Befehl, die sieben Schalen des göttlichen Zorns *über die Erde* auszugießen. Im ersten Abschnitt wird die

2 Der Eufrat kommt im ganzen Neuen Testament nur an diesen beiden Stellen – Offb 9,14 und 16,12 – vor.

aktive Funktion betont, welche die Heiligen mittels ihrer Gebete wahrnehmen: Sie sind es, die provozieren, daß Feuer über die Erde ausgegossen wird. Im zweiten Abschnitt liegt der Akzent dagegen auf dem *Zorn Gottes.*

Der Himmel ist, wie nun schon mehrfach gesagt, die Tiefendimension der Geschichte. In diesem Himmel trifft Johannes auf die Offenbarung Gottes: die verborgenen Gründe für das Geschehen auf der Erde, in der sichtbar-empirischen Dimension der Geschichte. Diesen Himmel erlebt die christliche Gemeinde in der Liturgie, und in ihren Symbolen und Riten drücken sich der Glaube und das Bewußtsein der Gemeinde aus. Die Gebete der Heiligen in der Gemeinde sind es, die das Eingreifen Gottes in der Geschichte auf den Plan rufen, die die Erneuerung des Exodus, nunmehr mitten im römischen Imperium, initiieren. Diese Gebete entsprechen dem Schrei des Volkes im Buch Exodus (Ex 2,23; 3,7f).

Ein sehr wichtiges Wort kommt in beiden Abschnitten vor: das griechische *teleo* im Sinn von «vollenden, erfüllen, sein Ende erreichen, zum Ende kommen». In der Johannesapokalypse findet sich dieses Verb nur 10,7; 11,7; 15,1.8; 17,17; 20,3.5.7. In 11,7 und 17,17 hat es neutrale Bedeutung; an den übrigen Stellen sind die Texte von erheblichem theologischem Gewicht. In 10,7 vollendet sich mit dem Ertönen der siebten Posaune das Geheimnis Gottes, das heißt: Es kommt an sein Ende; in 15,1 kommt mit der siebten Schale der Zorn Gottes an sein Ende; und in 15,8 kommen die sieben Plagen zu ihrem Ende. Der Sinn ist in allen Fällen derselbe: Mit der siebten Posaune oder der siebten Schale kommt die Jetztzeit zu ihrem Ende, jene Zeit, in der sich das Geheimnis Gottes vollzieht, bzw. die Zeit des Zornes Gottes (gegen die Unterdrücker): die Zeit des Exodus, in der die Umkehr noch möglich ist. In den anderen Textpassagen – 20,3.5.7 – geht es um die Vollendung, das heißt die Beendigung der tausendjährigen Herrschaft. Es gibt also in der Apokalypse zwei Vollendungen oder zwei Endmomente (wenn etwas beendet wird): das Ende der Gegenwartszeit, wenn die letzte Posaune ertönt bzw. wenn die letzte Schale ausgeleert wird, und das Ende der tausend Jahre. Nach der tausendjährigen Herrschaft kommen das Endgericht und die neue Schöpfung. Das Schema sieht also so aus:

Gegenwartszeit – Ende (*telos*);
tausendjährige Herrschaft – Ende (*telos*);
Endgericht – neue Schöpfung ohne Ende.

2. Die ersten vier Posaunen und ersten vier Schalen

Dieser Abschnitt folgt dem typisch jüdischen Weltschema, das den Kosmos in Erde – Meer – Flüsse – Wasserquellen und in Sonne – Mond – Sterne aufteilt (bei der vierten Schale wird allerdings nur die Sonne erwähnt). Bei den Posaunen herrscht die kosmische Sprache vor. Die einzige direkt geschichtliche Anspielung finden wir in 8,9, wo die Rede von der Zerstörung eines Drittels der Schiffe ist. Indirekt gibt es jedoch noch eine weitere geschichtliche Anspielung in 8,8 («ein großer brennender Berg»), wo Jer 51,25 aufgenommen wird, gemünzt auf Babylon, und 8,10 («da fiel ein großer Stern vom Himmel; er loderte wie eine Fackel») mit einem Anklang an Jes 14,12, gemünzt auf den Tod des Tyrannen. Das Wasser wird bitter durch den Sturz des Tyrannen. Der vom Himmel gefallene Stern erscheint dann wieder in 9,1. Bei den Schalen liegt die Sache etwas anders, da kommt Geschichte ausdrücklicher zur Sprache: Das schlimme Geschwür befällt nur jene, die das Kennzeichen des Tieres tragen; das zu Blut gewordene Wasser erhalten nur die zu trinken, die das Blut der Heiligen und Propheten vergossen haben; die Sonne verbrennt nur die Lästerer.

Nach der dritten Schale wird *eine Liturgie* zwischengeschaltet: 16,5–7. Ihr Thema ist die *Gerechtigkeit Gottes.* Diese Liturgie ähnelt zwei anderen: der von 15,3f und der aus 19,1–10.[3] Diese Liturgie bricht hier gleichsam herein, um die Gemeinde handelnd präsent zu machen; immer wenn im Text eine Liturgie vorkommt, kommt auch die Gemeinde vor. Sie ist nicht Zuschauerin beim Exodus, den Gott im römischen Imperium bewirkt, sondern nimmt an ihm teil, und das findet seinen symbolischen Ausdruck in der Liturgie.

3. Die fünfte und sechste Posaune (9,1–21) und fünfte und sechste Schale (16,10–12)

In dieser Passage wird die Sprache hoch apokalyptisch und schwer deutbar. Beginnen wir mit den eindeutigsten Elementen. In beiden Abschnitten geht es ganz offensichtlich um *Plagen, die über die Ruchlosen verhängt werden.* 8,13 heißt es, daß die drei noch bevorstehen-

3 Der Terminus «gerecht» (*dikaios*) kommt in der Johannesapokalypse nur in 15,3; 16,5.7.; 19,2 vor (in 22,11 steht er in anderem Kontext); die beiden Termini «gerechtes Urteil fällen» (*krino*) und «Urteil» (*krisis*) finden sich in 16,5 bzw. 19,2.

den Posaunen (9,1–11,19) ein dreifaches Wehe über die «Bewohner der Erde» bedeuten. Letztere Wendung ist ein Terminus technicus der Johannesapokalypse zur Bezeichnung der Ruchlosen (die zu dem Tier gehören und sein Kennzeichen tragen). Ausdrücklich wird zudem in 9,4 gesagt, die Heuschreckenplage treffe nur die, «die das Siegel Gottes nicht auf der Stirn haben». Genauso ist bei der sechsten Posaune (9,20f) klar, daß die Gezüchtigten die Götzendiener und Mörder sind. Der Paralleltext von den Schalen macht, wie wir schon betont haben, ganz deutlich, daß sich die Plagen gegen die Anhänger des Tieres richten. Die fünfte Schale wird über den Thron des Tieres entleert, und die Menschen, die sich vor Angst und Schmerz die Zunge zerbeißen, sind die Lästerer gegen den Gott des Himmels. Die sechste Schale läßt den Eufrat austrocknen, die Ostgrenze des römischen Imperiums, und macht so den Einfall der Feinde aus dem Orient möglich. Es handelt sich also nicht um eine weltweite Heimsuchung, welche die ganze Menschheit träfe, sondern um Schläge gegen das Tier und seine ruchlosen, Gott verfluchenden Anhänger.

Zum Ertönen der *fünften Posaune* sagt Johannes: *Da sah ich einen Stern, der vom Himmel auf die Erde gefallen war* (9,1). Der biblische Hintergrund dieses Satzes ist Jes 14,3–15, ein Spottlied auf den Sturz des Tyrannen, des Königs von Babel, möglicherweise Nebukadnezzars. Der König wollte in seiner Anmaßung seinen Thron noch über den Sternen Gottes aufstellen, und genau deshalb wurde er in die äußerste Tiefe hinabgestürzt:

> Ach, du bist vom Himmel gefallen, du strahlender Sohn der Morgenröte.
> Zu Boden bist du geschmettert, du Bezwinger der Völker (14,12).

Jetzt ist der gefallene Stern der römische Kaiser. Die apokalyptische Tradition hat diesem prophetischen Orakel einen mythischen Sinn beigelegt: Der gefallene Stern ist ein gefallener und nunmehr zum Dämon gewordener Engel. Er hat Macht über den Abgrund, in dem die Dämonen hausen. Der Sturz dieses Satan-Imperators eröffnet die Heuschreckenplage (inspiriert von Ex 10,1–20 und Joel 1–2). Die Heuschreckenplage ist der Prototyp des Schreckens. Hier nehmen die Tiere einen geradezu satanischen Charakter an: Sie kommen aus dem Rauch aus dem Dämonenschacht und fressen, anders als die echten Heuschrecken, nicht das Gras und die Bäume, sondern attackieren die Menschen, *die das Siegel Gottes nicht auf der Stirn haben ... Sie haben als König über sich den Engel des Abgrunds; er heißt auf hebräisch Abaddon, auf giechisch Apollyon* (auf deutsch «Verderben» bzw. «Verderber»). Der griechische Name Apollyon für diesen Todesengel ist dem Namen des Gottes Apollon nachgebildet, mit dem der Imperator (seinerzeit Domitian) identifiziert wurde. Diese dämonische Plage tötet die Menschen nicht, sondern quält die Ruchlosen eine Zeitlang. Die Folge der Heimsuchung ist eine Reihe von Kriegen, Greueltaten, Quälereien und Betrügereien (so die Bedeutung von 9,7–10).

Die fünfte Posaune (9,1–11) nimmt nicht Bezug auf ein konkretes historisches Geschehen zur Abfassungszeit der Apokalypse oder auf einen bestimmten Vorgang, der sich in der Zukunft abspielen soll. Sie bezieht sich vielmehr ganz allgemein auf das Handeln Gottes, der den Hochmut des Tyrannen bestraft. Die kaiserliche Macht ist ein gefallener Stern, ein Dämon, ein Dämonenhäuptling, der dämonischen Schrecken über alle Ruchlosen bringt, die das Kennzeichen des Tieres an sich tragen. Dieser Schrecken berührt jene nicht, die auf ihrer Stirn das Siegel Gottes haben (9,4). Eine deutlichere symbolische Erklärung dafür finden wir in dem Paralleltext über die *fünfte Schale*: Der fünfte Engel goß seine Schale über den Thron des Tieres. Da kam Finsternis über das Reich des Tieres, und die Menschen zerbissen sich vor Schmerz die Zunge (15,10). Die Finsternis figuriert auch im Zusammenhang mit der fünften Posaune: «Sonne und Luft wurden verfinstert» (9,2). So kommt der Schrecken zum Ausdruck, den das römische Imperium erlebt, wenn Gott den Hochmut des Tyrannen dämpft und seinen Zorn über seinen Thron hereinbrechen läßt.

Die sechste Posaune und die sechste Schale erwähnen ausdrücklich den Eufrat (9,14; 16,12), die Ostgrenze des Imperiums und die Schutzlinie gegen die Invasionen der orientalischen Barbarenkönige (die Parther). Bei der sechsten Posaune nimmt der Text, ähnlich wie bei der fünften, eine mythisch-dämonische Konnotation an. Im Abschnitt von den Schalen ist er dagegen eher geographisch-historisch getönt. Das Handeln Gottes, das von der sechsten Posaune angekündigt wird, besteht im Losbinden der vier am Eufrat gefesselten Engel; sie werden losgelassen, damit sie ein Drittel der Bevölkerung des Imperiums töten können. Die Mörderengel befehligen eine Reiterei von 200 Millionen Mann. Aus den Mäulern ihrer

Pferde dringen Feuer, Rauch und Schwefel. Ein weiteres Mal müssen wir feststellen, daß hiermit keineswegs auf konkrete historische Ereignisse Bezug genommen wird. Der Parthereinfall dient lediglich als imaginativer Anknüpfungspunkt. Worum es in der sechsten Posaune und der sechsten Schale geht, ist das Handeln Gottes, der das römische Imperium von seiner schwächsten Stelle her heimsuchen kann, eben der Ostgrenze. Dieses politische Handeln gegen das Imperium wird in mythischen Termini als Invasion dämonischer Kräfte dargestellt. Jetzt handelt es sich um Dämonen von außen. Bei der fünften Posaune und der fünften Schale war es ein Angriff innerer, eigener Dämonen, die losgelassen werden, als Gott den Hochmut des Tieres bestrafte. In beiden Fällen (der fünften wie der sechsten Posaune) wird das römische Imperium zum Opfer des Schreckens, des brutalen, massiven Angriffs der fremden wie der eigenen Dämonen.

An die Passage von der sechsten Posaune (9,20f) schließt sich ein Text über die Überlebenden der Plagen an; eine Parallele dazu bildet 16,11 nach der fünften Schale. Die die Katastrophe überlebt haben, bekehren sich nun keineswegs, sondern fahren fort mit Götzendienst und Mordtaten; sie verfluchen den Gott des Lebens und empfinden keine Reue über ihr Tun. Man beachte die Beziehung, die hier zwischen Idolatrie (symbolisch gefaßt als Zauberei und Unzucht) und Mord hergestellt wird: Wer das Bild Gottes entstellt oder es durch ein Idol ersetzt, der ist auch des Brudermordes fähig (die Idolatrie als Wurzel der sozialen Sünde).[4] Und man beachte den Pessimismus der Apokalypse hinsichtlich der Möglichkeit, daß sich Menschen innerhalb des römischen Imperiums bekehren, und ihre negative Sicht derer, die das Kennzeichen des Tieres an sich tragen.

Worin besteht nun aber der *Gesamtsinn* der Plagen, die Johannes nach dem Ertönen einer jeden Posaune hereinbrechen und die er durch die sieben Schalen des göttlichen Zorns bewirkt sieht? Wir finden diesen Sinn, wie schon gesagt, in der Tradition des *Exodus*: Gott hört den Schrei seines Volkes und beschließt, es zu befreien; um dies zu erreichen, schickt er Plagen und entlädt seinen Zorn über den Pharao und die Ägypter. Nicht ums Endgericht geht es, sondern um das Gericht Gottes in der Geschichte: Gott schafft dem Volk Gerechtigkeit, indem er es von seinem Unterdrücker und aus der Armut befreit. Jetzt ergeht das Gericht Gottes nicht mehr

4 P. Richard (1988).

in Ägypten, sondern im römischen Imperium. Johannes stellt uns in Visionen, Symbolen und Mythen dar, wie Gott mitten im Imperium an den und für die christlichen Gemeinden befreiend handelt. Sein Handeln ist geschichtlich, wird aber in kosmischer und mythischer Form geschildert. Die Plagen oder Strafen, die Gott verhängt, bedeuten keine totale oder definitive Zerstörung, sondern sind ein partielles Geschehen, das in der geschichtlichen Gegenwartszeit sich vollzieht. Deshalb wird bei den vier ersten Posaunen so betont, daß nur ein Drittel aller Elemente vernichtet wird. Zwei Drittel bleiben intakt. Diese zwei Drittel stellen den Raum der Gnade zur Umkehr und Reue dar. Auch die teuflischen Heuschrekken töten nicht, sondern quälen die Menschen nur, fünf Monate lang. Die vier Würgengel bringen nur ein Drittel der Götzendiener um; danach soll sich zeigen, ob die übrigen zwei Drittel ihr Verhalten ändern. Bei den Schalen wird besonderer Wert darauf gelegt, daß die vom Zorn Gottes Heimgesuchten solche Menschen sind, die ganz konkret das Kennzeichen des Tieres tragen, nämlich die, die das Blut der Heiligen und der Propheten vergossen haben und die den Gott des Himmels verfluchen. Der ganze Zorn Gottes und der vernichtende Schrecken der Dämonen – sowohl der eigenen (fünfte Posaune und fünfte Schale) wie auch der fremden (sechste Posaune und sechste Schale) – fällt auf die hartnäckigen Anhänger und Anbeter des Tieres, des römischen Imperiums. Ziel des Gottesgerichts in der Geschichte bzw. des Exodus inmitten des römischen Imperiums ist die Umkehr der Unterdrücker und Götzendiener und die Befreiung der Heiligen. Mit der «Wiederholung» des Exodus will Gott die rasende Fahrt des Imperiums in die Zerstörung der Welt und seiner selbst aufhalten. Daher ist der Exodus die gute Kunde vom Gericht Gottes (vgl. 10,7 und 14,6f).

Die Plagen und Strafen, von denen in der Johannesapokalypse die Rede ist, lassen sich nicht alle historisch identifizieren. Jeder Versuch, diese Texte so zu entziffern, um in ihnen irgendwelche geschichtlichen Ereignisse jener Zeit oder in der Zukunft zu entdecken, mündet in Abwege und Manipulationen. Es kommt entscheidend darauf an, die beiden Abschnitte von den Posaunen und den Schalen im Geist des Exodus zu interpretieren, nämlich als befreiendes Eingreifen Gottes in der Geschichte, gegen die Unterdrücker und für die Unterdrückten. Nicht Naturkatastrophen (Erdbeben, Vulkanausbrüche, Überschwemmungen, Dürre, Wirbelstürme, Seuchen) sind hier gemeint, denn solche Unfälle treffen ja nicht das Imperium und seine Gefolgsleute, sondern im wesentlichen die Armen. Diese kosmischen Leiden sind zudem nicht «naturwüchsig», sondern direkte Auswirkungen der Herrschafts- und Unterdrückungsstrukturen: Die Armen sterben in den Überschwemmungen, weil sie keine sicheren Wohnplätze haben und schutzlos am Ufer der Flüsse siedeln müssen; bei Erdbeben und Hurricans verlieren die Armen ihre Elendshütten, weil sie nicht die Mittel haben, stabilere Häuser zu bauen; Seuchen suchen vor allem die unterernährten Armen heim, denen es an Schulbildung und medizinischer Grundversorgung fehlt (das gilt z. B. für Cholera und Tuberkulose). Daher also stehen die Posaunen und Schalen der Johannesapokalypse nicht für «Natur»-Katastrophen, sondern für die Leiden der Geschichte, die das Imperium selbst verursacht und unter denen es ächzt; für die Leiden des Tieres, hervorgerufen durch seine Idolatrie und Kriminalität. Heutzutage lassen sich die apokalyptischen Plagen am ehesten als ökologische Zerstörung, Rüstungswahn, besinnungsloser Konsumismus, Logik des Götzen Markt, hemmungsloser Einsatz technischer Mittel und Verbrauch natürlicher Ressourcen lesen.

4. Prophetische Bewegung (10,1–11,13) und antiprophetische Bewegung (16,13–16)

a) Strukturierte Lektüre beider Texte

Prophetische Bewegung: 10,1–11,13

a) Vision des Engels und Offenbarung an die Propheten: 10,1–7

Vision des gewaltigen Engels mit dem kleinen, aufgeschlagenen Buch: VV. 1f.
Ruf des Engels wie ein brüllender Löwe; keine Niederschrift: VV. 3–4.
Schwur des Engels: die gute Nachricht vom Ende: VV. 5–7.

b) Prophetische Berufung des Johannes: 10,8–11,2

Befehl an Johannes, das aufgeschlagene Buch zu essen: 10,8–10.
Befehl an Johannes, noch einmal zu weissagen: 10,11.
Befehl an Johannes, den Tempel zu vermessen: 11,1f.

c) Die prophetische Kirche (die beiden Zeugen-Propheten): 11,3–13
Machtvolles Handeln der beiden Zeugen-Propheten: VV. 3–6.
Triumph des Tieres und der Bewohner der Erde: VV. 7–10.
Schließlicher Triumph der Propheten: VV. 11–13.

Antiprophetische Bewegung: 16,13–16

a) Vision von den falschen Propheten: V. 13
«Dann sah ich aus dem Maul des Drachen
und aus dem Maul des Tieres und
aus dem Maul des falschen Propheten
drei unreine Geister hervorkommen, die wie Frösche aussahen.»

b) Offenbarung über die falschen Propheten und ihre Mission: VV. 14–16
«Es sind Dämonengeister, die Wunderzeichen tun;
sie schwärmten aus zu den Königen der ganzen Erde (*oikoumene*),
um sie zusammenzuholen,
für den Krieg am großen Tag Gottes, des Herrschers über die ganze Schöpfung.
(Siehe, ich komme wie ein Dieb.
Selig, wer wach bleibt ...),
und er führte sie an dem Ort zusammen, der auf hebräisch Harmagedon heißt.»

Was wir mit den beiden Abschnitten über die prophetische und die antiprophetische Bewegung vor uns haben, folgt auf die sechste Posaune bzw. auf die sechste Schale. *Es ist der gegenwärtige Augenblick, in dem der Verfasser der Apokalypse und die christlichen Gemeinden situiert sind.* Alsbald schließen sich die siebte Posaune bzw. die siebte Schale an, dann nämlich, als die Gegenwartszeit zu ihrem Ende gelangt. Auch zwischen dem sechsten und dem siebten Siegel hat uns der Verfasser die geschichtliche Situation der Kirche in der Gegenwart gezeigt, und zwar sowohl auf der Erde (7,1–8) wie auch im Himmel (7,9–17). 10,1–11,3 (mit 16,13–16) ist keine Unterbrechung und kein Zwischenstück, sondern das sinngebende Zentrum von allem. Es ist ein fundamentaler Bestandteil der Struktur des ganzen Abschnitts von den sieben Posaunen und den sieben Schalen. In der Johannesapokalypse ist die Aufmerksamkeit stets zentral auf die Gegenwart gerichtet; dort befindet sich die Gemeinde, die Widerstand leistet und Zeugnis ablegt gegen das Imperium (vgl. die Globalstruktur der Apokalypse, die ihr Zentrum in 12,1–15,4 hat). Diese Gegenwart umfaßt einen Teil, der bereits vergangen ist (die ersten sechs Posaunen und ersten sechs Schalen), und ein Ende, das bald eintreten wird (die siebte Posaune und siebte Schale). Der Verfasser selbst steht zwischen dem, was schon vergangen ist, und dem Ende, das kommt; im gegenwärtigen Augenblick entscheidet sich alles, in ihm erhält alles seinen Sinn. Im Abschnitt der Posaunen besteht die zentrale Herausforderung des gegenwärtigen Augenblicks, der dem früher Geschehenen (den ersten sechs Posaunen) seinen Sinn gibt, in der prophetischen Bewegung (10,1–11,13). Im Abschnitt der Schalen ist die zentrale Herausforderung für die Gemeinde die antiprophetische Bewegung der drei Tiere (16,13–16). Diese prophetische bzw. antiprophetische Bewegung in der Gegenwartszeit repräsentiert die Aktivität der Heiligen und der Gottlosen beim Exodus Gottes im römischen Imperium. Es ist eine Auseinandersetzung zwischen den Propheten des Lammes und den Propheten des Tieres. Gott greift in die Geschichte ein, doch auch die Gemeinde wird bei diesem Gericht Gottes aktiv.

b) Prophetische Bewegung (10,1–11,13)

Vision des Engels und Offenbarung an die Propheten (10,1–7)

In 10,1–7 ist die Zentralfigur der *gewaltige Engel*, der die den Propheten bereits geoffenbarte gute Botschaft vom Ende bringt; in 10,8–11,2 steht im Zentrum *Johannes*, der drei präzise Befehle erhält (zu essen, zu weissagen und zu vermessen), während in 11,3–13 die Protagonistenrolle der gesamten *Kirche* in ihrer prophetischen Sendung zufällt. Zwischen 10,1, wo der Engel vom Himmel *herabkommt*, bekleidet mit einer *Wolke*, und 11,12, wo die beiden Propheten-Märtyrer in einer *Wolke* zum Himmel *hinaufsteigen*, besteht eine Inklusion.[5] Zwischen diesen beiden Bewegungen spielt sich alles auf der Erde ab. Das Zentrum des Abschnitts ist 10,11, wo Johannes den Befehl empfängt, zu weissagen.

10,1–7 bringt die Vision des Engels, der vom Himmel herabkommt. Zunächst wird die Vision des Engels beschrieben (VV. 1f), dann sein Ruf wie der eines brüllenden Löwen (VV. 3f) und schließlich sein Schwur (VV. 5–7). Es ist eine gewaltige, beeindruckende

5 Das Wort «Wolke» (*nephele*) erscheint in der Johannesapokalypse nur 1,7; 14,14.15.16 im Zusammenhang mit Jesus und mit Dan 7,13 als Hintergrund sowie in unserem Abschnitt hier, eine Inklusion bildend, in 10,1 und 11,12.

Vision. Der Engel trägt die Charakteristika des alttestamentlichen Jahwe an sich (Ijob 37; Ps 18,7–15; Am 3,8): Der Regenbogen steht über seinem Haupt (ähnlich Jahwe in 4,3), er hält ein Buch in der Hand (wie Jahwe in 5,1). Zugleich aber hat er auch Kennzeichen des auferstandenen Jesus (sein Gesicht wie die Sonne: 1,16). Gott, Christus und der Engel erscheinen so in einer einzigen Gestalt. Die erste Offenbarung dieses Engels (Ruf, Brüllen, sieben Donner) ist versiegelt, sie entzieht sich dem Wissen; danach erst wird der feierliche Schwur des Engels durch Johannes mitgeteilt. Diese allmähliche Offenbarung des zunächst Verborgenen verleiht der Szene erhöhte Dramatik; und sie läßt uns verstehen, daß das, was da geoffenbart wird, nicht alles ist, sondern nur ein Aspekt einer viel umfassenderen Offenbarung, die dem Ende vorbehalten bleibt. Um Offb 10,1–7 zu verstehen, muß man Dan 12,1–13 lesen. Dort wird der Engel bei seinem Namen genannt: Michael (der bald auch in Offb – 12,7 – auftreten wird). Die Rede ist von einer Zeit der Not, doch es wird auch angekündigt: «Dein Volk wird in jener Zeit gerettet.» Ebenfalls spielt ein außergewöhnlicher Schwur eine Rolle, der besagt, alles werde sich vollenden, wenn der am Ende sei, der die Macht des heiligen Volkes zerschlage. Auch in zahlreichen weiteren Details besteht Übereinstimmung, und die Grundbedeutung beider Texte ist dieselbe.

Der feierliche Schwur 10,5–7 legt uns den Sinn des ganzen Abschnitts 10,1–11,13 offen (daher ist er denn auch derart dramatisch gestaltet). Es wird uns gesagt: *Es wird keine Zeit mehr bleiben (chronos ouketi estai)*, das heißt, die Zeit ist zu Ende, die Frist abgelaufen. Die «Zeit» ist die Gegenwartszeit, sie ist jetzt, da Gott den Exodus vollzieht, den uns die ersten sechs Posaunen und Schalen beschreiben. Es ist die Zeit, in der Umkehr noch möglich ist. Doch jetzt wird uns gesagt, daß diese Zeit ihrem Ende zugeht: *Wenn der siebte Engel seine Stimme erhebt und seine Posaune bläst, wird auch das Geheimnis Gottes vollendet sein (etelesthe to mysterion tou theou)*. Das Verb *teleo* (vollenden, erfüllen, sein Ende erreichen, zum Ende kommen) bezieht sich hier, wie wir schon sagten, auf das Kommen des *Endes* der Gegenwartszeit. Den gleichen Sinn hat es an der streng parallelen Stelle 15,1.8 (mit den sieben Schalen kommt die Zeit der Plagen, die Zeit des göttlichen Zorns, zu ihrem Ende). Das Wort *Geheimnis* bezeichnet hier das Handeln Gottes in der Geschichte, den Plan Gottes, das, was der Geschichte ihren Sinn einstiftet. Das ist die gute Botschaft, die *er seinen Knechten, den Propheten, verkündet* hatte (*euengelisen*). Sinngleich heißt es in den synoptischen Evangelien: «Euch ist es gegeben, die Geheimnisse des Himmelreichs zu erkennen» (Mt 13,11; Mk 4,11; Lk 8,10; vgl. auch 1 Kor 2,1; 4,1; Kol 2,2; 4,3). In Offb 1,20 und 17,5.7 meint «Geheimnis» den Sinn einer Vision oder eines Symbols.

Prophetische Berufung des Johannes (10,8–11,2)

Im Abschnitt *10,8–11,2* (einer geschlossenen Einheit, die nicht zerschnitten werden darf) empfängt Johannes drei Befehle: das Büchlein zu essen, noch einmal zu weissagen und den Tempel zu vermessen. Das Buch bzw. die Buchrolle erscheint zweimal im Diminutiv (10,2.10: *biblaridion*) und einmal in der Normalform (10,8: *biblion*). Es kommt dabei nicht auf das Format des Buches an, sondern darauf, daß es *aufgeschlagen* ist (VV. 2 und 8). Der Kontrast zu dem Buch aus Kap. 5 ist offensichtlich: Das siebenfach *versiegelte* Buch befindet sich in der Hand Gottes, und der auferstandene Christus wird es öffnen und lesen. Das Buch, das die Offenbarung des Sinnes der Geschichte enthält, ist bereits geöffnet: Sein Inhalt ist bekannt und schon gedeutet. Jetzt geht es darum, es zu lesen und zu praktizieren, dargestellt im dem Bild vom Essen des Buches. Deshalb soll Johannes das geöffnete Buch essen. Offenbar hat sich der Verfasser an Ez 2,8–3,3 orientiert (ein Text, der zur Lektüre empfohlen sei!). Johannes soll also die Offenbarung Gottes nicht nur lesen oder deuten, sondern verzehren, das heißt verinnerlichen, sich von ihr nähren; das Wort Gottes soll Fleisch und Blut von seinem eigenen Körper werden. Dieses Offenbarungswort ist süß im Mund, aber *bitter* im Magen. Unsere erste Begegnung mit ihm ruft Freude und Begeisterung hervor, aber wenn wir es uns wirklich zu eigen machen, haben wir seinetwegen mit Leiden und Verfolgung zu rechnen.

Der zweite Befehl an Johannes (10,11) lautet: *Du mußt noch einmal weissagen über viele Völker und Nationen, Sprachen und Könige.* Der Befehl wird als ein Muß dargestellt (*dei se propheteusai*); so ist es Plan Gottes. Der Text ist inspiriert von Jer 1,9f, wo Gott seine Worte in den Mund Jeremias legt und ihm Autorität über Völker und Reiche gibt. In der Johannesapokalypse wird stets die Fügung «Stamm, Sprache, Volk, Nation» angeführt (5,9; 7,9; 13,7; 14,6). Hier allerdings ersetzte der Verfasser, vielleicht unter dem Einfluß Jeremias, «Stamm» (*phyle*) durch «Könige» (*basileusin*); das gibt der Berufung des Johannes einen stärker politischen Charakter. Nun soll er also *noch einmal (palin)* weissagen. Es geht dabei nicht um eine zweite, sondern um eine neue Prophezeiung: Die Apokalypse ist ein prophetisches Buch in einer neuen Zeit (nach der Auferstehung Jesu).

Der dritte Befehl an Johannes (11,1f): *Geh, miß den Tempel Gottes und den Altar, und zähle alle, die dort anbeten!* Der äußere Vorhof des Tempels soll nicht vermessen werden, denn er ist den Heiden überlassen, die die heilige Stadt 42 Monate lang zertreten. Der Akt des Ausmessens hat hier die Bedeutung «rekonstruieren, restaurieren, schützen». Heiligtum und Altar sind Symbole für die christliche Kirche. Zur Zeit der Abfassung der Johannesapokalypse (in den Jahren 90 bis 96 n. Chr.) war das historische Jerusalem schon vom römischen Imperium zerstört worden. In 3,12 und 21,2.10 erwähnt die Apokalypse Jerusalem als utopisches Symbol für die zukünftige Gesellschaft, die Gott im neuen Himmel und auf der neuen Erde schafft. Johannes hat also seinen Ort zwischen dem bereits von den Römern zerstörten Jerusalem und dem himmlischen Jerusalem, das noch nicht da ist. Als Symbol greift er hier die Elemente des historischen Jerusalem auf (Altar, Tempel, Vorhof der Heiden, Stadt), das utopische Jerusalem wird ja keinen Tempel mehr haben (21,22). Johannes stellt die Herrschaft des römischen Imperiums über das Volk Gottes dar, indem er dafür die Zerstörung des historischen Jerusalem als Symbol nimmt. Roms Krieg gegen das jüdische Volk ist Symbol für den Krieg des Imperiums gegen das Volk der Heiligen. Doch jetzt wird Johannes retten, was bei der Zerstörung des historischen Jerusalem nicht gerettet worden ist: den Tempel und den Altar. Der Rest der Stadt geht zugrunde. Damit zeigt die Apokalypse die geschichtliche Wirksamkeit der prophetischen Sendung des Johannes. Nachdem er das Buch gegessen und den Befehl zu neuerlicher Weissagung erhalten hat, realisiert er nun seine prophetische Sendung durch den Schutz der christlichen Gemeinde. Johannes, der Prophet, vermag, was die jüdischen Führer im Jüdischen Krieg nicht vermochten: die Gemeinde zu retten. Dieses rettend-schützende Prophetenhandeln des Johannes unterscheidet sich nicht von Gottes Handeln, der die Erwählten besiegelt (7,1–8).

Der jetzige Krieg, in dem die Gemeinde durch des Johannes prophetisches Handeln gerettet wird, wird *zweiundvierzig Monate* dauern. Diese geheimnisvolle Zahl wird in 11,3 und 12,6 wiederholt, dabei aber in Tagen ausgedrückt: 1260 (42 mal 30) Tage; das gleiche geschieht in etwa in 12,14: eine Zeit und zwei Zeiten und eine halbe Zeit (aus Dan 7,25 übernommen). 42 Monate oder 1260 Tage sind die Hälfte von sieben Jahren (sieben Jahre = 84 Monate = 2520 Tage), die symbolische Darstellung der Gegenwartszeit. Die gegenwärtige Zeit ist die Zeit der Verfolgung und des Martyriums, der Umkehr und des Kampfes, sie ist die Zeit des Exodus, der Kirche, der christlichen Propheten, zu denen Johannes zählt. In der Symbolik Daniels: Sie ist die letzte Woche vor dem Ende (Dan 9).[6] Wir stünden also in der Mitte dieser Gegenwartszeit, dieser letzten Zeit vor dem Ende, bevor die letzte Posaune ertönt und die letzte Schale des göttlichen Zorns ausgegossen wird. Für diese Zeit ist Johannes zum Propheten berufen worden. Auf diese Zeit bezieht sich auch der Schwur des Engels (10,1–7; Dan 12).[7]

Die prophetische Kirche – die beiden Zeugen-Propheten (11,3–13)

Nach der Prophetenberufung des Johannes (10,8–11,2) fährt der Text fort mit dem *prophetischen Zeugnis der gesamten Kirche: 11,3–13*. Er bringt eine Erzählung oder symbolische Darstellung der prophetischen Sendung der Kirche in dieser Gegenwartszeit zwischen der Auferstehung Christi und dem Ende, wenn die siebte Posaune ertönt und die siebte Schale ausgegossen wird. Es handelt sich dabei nicht um eine Allegorie, sondern um ein Drama, ein Soziodrama. Zwei Personen treten auf, die gleichermaßen Zeugen (V. 3) und Propheten (V. 10) genannt werden; sie reden prophetisch (V. 10) und geben Zeugnis (V. 7). In 19,10 wird diese Beziehung zwischen Zeugnis und Prophetie so zusammengefaßt: «Das *Zeugnis* Jesu ist der Geist *prophetischer Rede*.» Die Propheten sind Märtyrer, und die Märtyrer sind Propheten.[8] Warum aber sind es *zwei* Zeugen (Mär-

6 P. Richard (1991).

7 Wenn wir die Wortfamilie «Prophet, Prophetie, prophezeien» (insgesamt 18mal vorkommend) nehmen, beobachten wir ihr häufigstes Vorkommen (7mal) einerseits am Anfang der Apokalypse (1,1–3) und im Epilog (22,6–21) und andererseits hier, in 10,1–11,13 (5mal). In diesen drei Passagen wird der prophetische Charakter des Apokalypsebuchs definiert. In 16,6; 18,20; 18,24 wird an die ermordeten Propheten erinnert.

8 Das griechische Wort *martys* bedeutet «Zeuge». Im Deutschen haben wir (wie im Spanischen auch) dem Wort die Konnotation von «Tod» beigegeben: Märtyrer ist für uns je-

tyrer) und Propheten? Weil es für jedes gültige Zeugnis immer zweier Zeugen bedarf. Hier steht aber auch Sach 4 im Hintergrund; die beiden Ölbäume sind Jeschua und Serubbabel (der politische und der religiöse Führer beim Wiederaufbau des Tempels); auch auf Mose und Elija (die politische und die prophetische Macht) wird angespielt; und vielleicht ist sogar an Petrus und Paulus gedacht.[9] In jedem Fall repräsentieren die beiden Zeugen-Propheten die Kirche. Die ganze Gemeinde ist dazu berufen, Prophet und Zeuge (Märtyrer) in der Gegenwartszeit zu sein.

Als erstes begegnet uns eine symbolische Beschreibung der beiden Zeugen-Propheten (VV. 3–6): Sie tragen härenes Zeug, denn sie sind arm und predigen Buße und Umkehr, gemäß dem, was Gott durch sein Handeln für diese Zeit des Exodus will. Ihr Auftreten ist bescheiden, obwohl sie über schreckenerregende Macht verfügen.

Wenn jemand ihnen Schaden zufügen will (das wird zweimal gesagt), *schlägt Feuer aus ihrem Mund*, das ihre Feinde verzehrt und tötet. Hintergrund ist Jer 5,14: «Ich mache meine Worte in deinem Mund zu Feuersglut» (so auch Sir 48,1 über Elija). V. 6 spezifiziert die Macht der prophetischen Gemeinde: Sie hat die – prophetische – Macht Elijas (den Himmel zu verschließen) und die – politische – Macht Moses (das Wasser in Blut zu verwandeln und die Erde zu schlagen mit allen möglichen Plagen). Laut 13,13 ist übrigens auch der falsche Prophet zu solchen Zeichentaten fähig. Die im Zusammenhang mit den ersten sechs Posaunen und ersten sechs Schalen beschriebenen Plagen werden von Gott selbst gegen die Ruchlosen vollstreckt, doch ebenso durch die prophetische Gemeinde, die die Macht hat, solche Plagen zu realisieren. Wir ersehen daraus die aktive Rolle der christlichen Gemeinde beim Vollzug des Exodus inmitten des römischen Imperiums. Die Apokalypse kennt keine Passivität und keinen Fatalismus.

11,7–13 handelt vom *Mysterium paschale* der prophetischen Gemeinde: von ihrer Passion, ihrem Tod, ihrer Auferstehung und Himmelfahrt. Das Martyrium beginnt, wenn die Christen *ihren Auftrag*

mand, der sein Zeugnis mit seinem Tod besiegelt, der zumindest bereit ist, für das, was er glaubt und erhofft, sein Leben hinzugeben, auch wenn er dann nicht wirklich dafür sterben muß. In diesem Sinn besteht kein Unterschied zwischen einem lebendigen und einem toten Märtyrer. Der lebende Märtyrer ist stets vom Tod bedroht, der tote Märtyrer lebt fort in der Gemeinde.

9 In einer Relektüre des Textes könnten wir durchaus berechtigt annehmen, die beiden Zeugen-Propheten seien Mann und Frau.

als Zeugen (martyrian) erfüllt haben (ihn bis zum Ende geführt haben: *telesosin*). Erst dann *wird sie das Tier, das aus dem Abgrund heraufsteigt, bekämpfen, besiegen und töten.* Zum erstenmal in der Apokalypse tritt das Tier auf. Was dann in Kap. 13 breit beschrieben wird, ist hier schon vorweg angedeutet. Die Leichen der Propheten-Märtyrer bleiben auf den Straßen der *großen Stadt* liegen. In der ganzen Johannesapokalypse steht die «große Stadt» für Rom, das auch Babylon heißen kann. Hier wird sie ferner symbolisch («geistlich»: *pneumatikos*) mit Sodom verglichen, der Stadt der Götzendiener, sowie mit Ägypten (als Typus des unterdrückerischen Landes verstanden) und mit Jerusalem (das nur indirekt erwähnt wird als Stadt vom Typ Prophetenmörder: in ihr wurde der Herr gekreuzigt). Der Passus bietet eine Konzentration der Symbolik des Bösen: Rom = Babylon = Ägypten = Jerusalem. Der Tod der Propheten-Märtyrer ist eine internationale Nachricht wert und entfesselt ein internationales Freudenfest unter den ruchlosen Götzendienern des Imperiums (V. 10). Diese Ruchlosen sind *die Bewohner der Erde (hoi katoikountes epi tes ges).*[10] Das internationale Freudenfest aus Anlaß des Prophetenmordes dauert nicht lange (dreieinhalb Tage), dann *kam von Gott her wieder Lebensgeist in sie, und sie standen auf* (die Belebung der vertrockneten Gebeine aus Ez 37 wiederholt sich). Alsbald steigen sie in der Wolke zum Himmel hinauf (Inklusion mit 10,1: der Engel kommt, von einer Wolke umhüllt, vom Himmel herab). Wir haben es hier mit einem Raptus, einem Erregungszustand zu tun, der symbolisch die Erhöhung oder Verherrlichung der Märtyrer ausdrückt, nachdem sie ihr prophetisches Zeugnis abgelegt und aufgrund dieses Zeugnisses das Martyrium erlitten haben. Der Raptus ist keine eskapistische oder entfremdende Vision (wie er sich in den Äußerungen vieler fundamentalistischer Sekten darstellt), mittels deren das Martyrium umgangen werden soll, sondern gerade die Bestätigung dieses Martyriums.

Alle haben die Leichen der Märtyrer gesehen, alle sehen ihre Auferweckung und ihre Himmelfahrt. Es geht also um ein geschichtliches, sichtbares, öffentliches Geschehen. Die Apokalypse stellt dieses Geschehen symbolisch dar, und dennoch hat sie damit Ge-

10 In der ganzen Johannesapokalypse ist «Bewohner der Erde» (*hoi katoikountes epi tes ges*) ein Terminus technicus zur Bezeichnung derer, die dem Tier anhangen, der Götzendiener, der Mörder und Feinde (3,10; 6,10; 8,13; 11,10; 13,8.12.14; 17,2.8: insgesamt 11mal). Wenn von den Erdenbewohnern ohne jede Wertung die Rede ist, findet ein anderes Wort Verwendung: *skenoo (12,12)* bzw. *kathemai* (14,6).

schichtliches im Sinn: Das glorreiche Ostern der um ihres prophetischen Zeugnisses willen ermordeten Märtyrer ist eine (an)erkannte, öffentliche Tatsache. Das Ostern der Märtyrer ruft *ein gewaltiges Erdbeben* (hervor). *Ein Zehntel der Stadt stürzte ein, und siebentausend Menschen kamen durch das Erdbeben um* (V. 13).

Wie in der gesamten apokalyptischen Literatur hat das Erdbeben auch hier mythisch-symbolischen Charakter. Es stellt die Erschütterung und den geschichtlichen Um-Sturz dar, den das Zeugnis der Märtyrer und Propheten initiiert hat – ein echtes *pachakuti,* eine Weltumwälzung, wie sie die Geschichtskonzeption der Aymará-Indianer kennt. Die Märtyrer rufen wahre soziale, politische, spirituelle und ekklesiologische Erdbeben in den Imperien hervor. Ein Zehntel von Rom stürzt ein, und siebentausend Menschen begräbt die Erde unter sich. Doch das Zeugnis der Märtyrer und Propheten ruft auch eine breite Bewegung der Umkehr hervor: *Die Überlebenden wurden vom Entsetzen gepackt und gaben dem Gott des Himmels die Ehre* (V. 13). Dies ist die einzige Stelle in der ganzen Apokalypse, an der Johannes Optimismus hinsichtlich der möglichen Bekehrung der Götzendiener zeigt, einen Optimismus, der sich auf die prophetische Kraft der Märtyrer stützt.

Am Ende dieser Gesamtinterpretation der prophetischen Bewegung (10,1–11,13), die in der Gegenwartszeit zwischen der sechsten und der siebten Posaune spielt, verstehen wir, daß es dabei nicht um ein bloßes Zwischenstück geht, sondern um eine fundamentale Erzählung, die perfekt in das Gefüge des Abschnitts von den sieben Posaunen (8,2–11,19) integriert ist. Aber genauer noch: die so beschriebene prophetische Bewegung ist Teil des in 8,13 angekündigten dreifachen «Wehe». Die fünfte Posaune stellt das erste Wehe dar (9,12), die sechste Posaune das zweite, welches die Gegenwartszeit zwischen der sechsten und der siebten Posaune einschließt, in der sich die prophetische Bewegung abspielt. In 11,10 heißt es, *die beiden Propheten hatten die Bewohner der Erde gequält*; dieser Satz nimmt ausdrücklich das in 8,13 Gesagte auf: *Wehe! Wehe! Wehe den Bewohnern der Erde!* Die Propheten sind mit Sicherheit ein Wehe oder eine Qual für die Ruchlosen. Und es paßt nahtlos zu der ganzen Darstellung, wenn 11,14 am Ende der prophetischen Bewegung und vor dem Erschallen der siebten Trompete sagt: *Das zweite Wehe ist vorüber, das dritte Wehe kommt bald.* Dieses dritte Wehe tritt ein mit dem Ertönen der siebten Posaune. Das werden wir gleich sehen, doch zuvor wollen wir noch einen Blick auf die antiprophetische Bewegung (16,13–16) werfen, denn sie stellt den Parallelabschnitt zur schon behandelten prophetischen Bewegung dar.

c) Antiprophetische Bewegung (16,13–16)

In der Gegenwartszeit vor der siebten Posaune und der siebten Schale haben wir nicht nur die Tätigkeit des Johannes und der prophetischen Gemeinde, sondern ebenso auch das Wirken dämonischer Geister, die *aus dem Maul des Drachen und aus dem Maul des Tieres und aus dem Maul des falschen Propheten* kommen. Diese drei Tiere werden in Kap. 12 und 13 beschrieben (die wir noch betrachten werden). Neu ist hier, daß das Tier, das aus der Erde heraufsteigt (13,11–18), falscher Prophet genannt wird (so auch in 19,20). Die Macht der drei Tiere liegt in ihren Mäulern, aus denen *Dämonengeister* hervorkommen: es ist eine «spirituelle» Macht. Das läßt uns an die dämonische Macht der Ideologien des Imperiums und seines ideologischen Apparats (Schule, Kommunikationsmittel, imperiale Religion) denken und erinnert uns an den apokalyptischen Text Eph 6,12:

> Wir haben nicht gegen Menschen aus Fleisch und Blut zu kämpfen, sondern gegen die Fürsten und Gewalten, gegen die Beherrscher dieser finsteren Welt, gegen die bösen Geister des himmlischen Bereichs.

Die Dämonengeister des Imperiums tun Wunderzeichen (*semeia*) und besitzen hohe politische Überzeugungskraft gegenüber den Königen der ganzen Welt (der *oikoumene*). Sie rufen sie zusammen zum *Krieg am großen Tag Gottes, des Herrschers über die ganze Schöpfung*. Dieser Krieg findet in 19,11–21 statt; dort tritt Jesus dem Tier, dem falschen Propheten und den Königen der Erde gegenüber. Kriegsschauplatz wird ein Ort mit dem hebräischen Namen *Harmagedon* sein. Möglicherweise ist dies eine Anspielung auf den Karmel nahe Megiddo, den Berg, auf dem der Prophet Elija die Baals-Propheten vernichtet hat (1 Kön 18).[11] Diese Schlacht von Harmagedon zwischen Jesus und den Tieren geht der tausendjährigen Herrschaft voraus (wir werden das später sehen).

In diesem Klima spiritueller Auseinandersetzung zwischen den Propheten Jesu und den Dämonengeistern des römischen Imperiums wird von neuem die Stimme des auferstandenen Jesus laut:

11 Vgl. ferner 2 Kön 23,29 über das Ende König Joschijas und Sach 12,11.

Siehe, ich komme (erchomai) wie ein Dieb. Selig, wer wach bleibt und sein Gewand anbehält (V. 15). Auch in 22,7 sagt Jesus: «Siehe, ich komme bald. Selig, wer an den prophetischen Worten dieses Buches festhält.» Wir haben schon nachdrücklich darauf hingewiesen, daß der auferstandene Jesus mitten in den Gemeinden ist (1,9–3,22) und die Geschichte deutet (5–7). Die Christen ersehnen, daß Jesus sich in dieser gegenwärtigen Zeit des Widerstands und der Konfrontation selbst bekundet. Jesus wird sich denn auch tatsächlich bekunden im Widerstand der Gemeinde, in der endgültigen Bezwingung des Tieres, des falschen Propheten und der Könige der Erde (19,11–21) und danach in der tausendjährigen Herrschaft (20,4–6) vor dem Endgericht. Die Aussage von V. 15 erinnert im übrigen an Mt 24,42f.

5. Die siebte Posaune (11,15–19) und die siebte Schale (16,17–21)

Zurück zum Text und zu seiner Struktur. Wir haben schon gesehen, daß sowohl die Passage von der siebten Posaune wie die von der siebten Schale parallel gehen und dieselbe Struktur aufweisen. Ganz knapp zusammengefaßt stellt sich das so dar:

Siebte Posaune		*Siebte Schale*
11,15a	Einleitung	16,17a
11,15b–19a	Gekommen ist die Herrschaft: «Es ist geschehen»	16,17b
11,19b	Kosmische Katastrophe	16,18–21

Zu erinnern ist hier auch daran, daß mit der siebten Posaune die Zeit voll und das Geheimnis Gottes vollendet (*etelesthe*) ist (10,6f); parallel heißt es, sobald die siebte und letzte Schale ausgegossen sei, habe der Zorn Gottes sein Ende erreicht (*etelesthe:* 15,1.8). Dieses «Ende» ist, so sagten wir, nicht das Ende der Welt, sondern das Ende der gegenwärtigen Zeit, in der sich das Handeln bzw. das Gericht Gottes in der Geschichte ereignet, indem sich im römischen Imperium der Exodus von neuem abspielt. Dies ist nicht das Ende, sondern das, was in der Gegenwartszeit den Verfolgungen und Leiden ein Ende macht. Mit der siebten Posaune kommt die

Herrschaft Gottes an. Noch einmal: es ist nicht das Ende der Geschichte, sondern das *Reich Gottes in der Geschichte.*

a) Einleitung (11,15a und 16,17a)

Die siebte Posaune ertönt, die siebte Schale wird ausgegossen. Diese wird nicht mehr über Erde, Meer, Flüsse, Sonne, über den Thron des Tieres oder über den Eufrat ausgeleert, sondern *über die Luft.* Die Luft ist eine Dimension der Erde, jene unsichtbare Dimension allerdings, in der die Geister wohnen. In Eph 2,2 ist die Rede vom «Geist, der im Bereich der Lüfte regiert». Gott handelt also mit der siebten Schale an diesem unsichtbaren, geistigen, übernatürlichen (ideologischen) Bereich des römischen Imperiums. Als die siebte Posaune ertönte, *ertönten laute Stimmen im Himmel* (11,16). Mit der siebten Schale *kam eine laute Stimme aus dem Tempel* (16,17). Hier handelt es sich um die Stimme Gottes (eine Handschriftenversion hat denn auch den verstärkenden Zusatz «vom Thron her»). Es ist dieselbe Stimme wie in 16,1. Sie macht deutlich, daß wir es nun weniger mit Plagen und Strafen zu tun haben als vielmehr mit einer feierlichen Ankündigung im Himmel. Zentral ist die Stimme, das Wort, die Kommunikation.

b) Die Ankündigung (11,15b–19a und 16,17b): Gekommen ist die Herrschaft – «es ist geschehen»

Die Ankündigung im Himmel ist im Abschnitt von der siebten Posaune recht ausführlich dargestellt und besitzt außerordentliches theologisches und prophetisches Gewicht. Bei der siebten Schale hingegen ist die Ankündigung auf ein einziges Wort reduziert: *Es ist geschehen* (*gegonen*). Schauen wir uns die Ankündigung 11,15b–19a im einzelnen an.

Da ertönten laute Stimmen im Himmel, die riefen:
Nun gehört die Herrschaft über die Welt
unserem Herrn und seinem Gesalbten;
und sie werden herrschen in alle Ewigkeit.
Und die vierundzwanzig Ältesten ... sprachen:
Wir danken dir, Herr, Gott und Herrscher über die ganze Schöpfung,
der du bist und der du warst;
denn du hast deine große Macht in Anspruch genommen
und die Herrschaft angetreten.

In der ganzen Johannesapokalypse erscheint das Wort «Herrschaft» (*basileia*), bezogen auf Gott, nur in 11,15 und 12,10. Das Verb «herrschen» (*basileuo*) mit Gott als Subjekt tritt nur in 11,15.17 und 19,6 auf. Beide Begriffe erscheinen in einem liturgischen Lied: hier nach der siebten Posaune (11,15b–19a), sodann nach dem Sturz des Drachen im Himmel (12,10-12) und schließlich bei der Liturgie am Ende der Gegenwartszeit (19,1–10). Es handelt sich jeweils um Paralleltexte. Am nächsten steht unserer Passage das Lied in 12,10–12:

Jetzt ist er da, der rettende Sieg,
die Macht und die Herrschaft unseres Gottes
und die Vollmacht seines Gesalbten.

Die Begriffe «rettender Sieg» (*soteria*), «Macht» (*dynamis*), «Herrschaft» (*basileia*) und «Vollmacht» (*exousia*) entstammen der politischen Sprache und sind inspiriert von Ps 2, der eine politische Dimension aufweist (und im Hintergrund dieser Paralleltexte wie auch vieler anderer Stellen in der Apokalypse steht).

Der Grundinhalt der Ankündigungen, mit denen wir uns hier beschäftigen, ist der *Anbruch der Herrschaft Gottes.* In unserem Text bricht die Herrschaft an, als die siebte Posaune ertönt; im Kap. 12 beginnt sie, wenn der Satan im Himmel besiegt und auf die Erde hinabgestürzt worden ist. Die Herrschaft kommt durch die Macht Gottes, aber auch durch das prophetische Zeugnis des Lammes und der Märtyrer (10,1–11,13; 12,11). Die Herrschaft kommt in der gegenwärtigen Geschichte über die Erde, über die Welt.

Die Ankunft des Gottesreiches auf der Erde ist eine frohe Botschaft für die Heiligen, aber eine Tragödie für die Ruchlosen. Daher wird sie in 11,14 als das dritte Wehe dargestellt, das über die Götzenverehrer und Mörder hereinbricht. Im Lied der vierundzwanzig Ältesten (11,17f) findet sich der positive Aspekt der Danksagung für den Anbruch der Herrschaft Gottes, aber ebenso auch der negative Aspekt: Das Kommen des Reiches entfesselt den Zorn der Völker und die Antwort in Form des göttlichen Gerichts:

Die Völker gerieten in Zorn.
Da kam dein Zorn und die Zeit,
die Toten zu richten:
deine Knechte zu belohnen, die Propheten und die Heiligen …,
alle zu verderben, die die Erde verderben.

Wiederum bildet den Hintergrund Ps 2. Der Anbruch der Herrschaft Gottes auf der Erde hat eine sichtbare, geschichtliche, politische Dimension; daher ruft er den *Zorn der Völker* (der Könige der Erde, der Feinde Gottes) hervor. Die Antwort läßt nicht auf sich warten: der *Zorn Gottes* entbrennt gegen sie. Er entlädt sich, dem Text zufolge, in drei göttlichen Handlungen (drei Verben im Infinitiv): *zu richten, zu belohnen, zu verderben (krithenai, dounai, diaphtheirai).* Das Verb «richten» (*krino*) bedeutet: Gerechtigkeit herstellen. In unserem Text schafft Gott den Toten Gerechtigkeit: Er gibt den Propheten und den Heiligen ihren Lohn und verdirbt diejenigen, die die Erde verdorben haben. Das Gericht Gottes und sein richtendes Handeln haben in der Bibel keinen forensisch-gesetzlichen Sinn, sie meinen vielmehr das Handeln Gottes in der Geschichte: Gott schafft den Unterdrückten Gerechtigkeit und befreit sie; Gott wirkt aber auch Gerechtigkeit an den Unterdrückern, indem er sie vernichtet. Der Exodus ist *das* große Gericht Gottes. All das stellt natürlich eine schlimme Botschaft für die Sünder dar, eine frohe Kunde aber für die Heiligen (daher ist denn auch in 14,6f die Rede vom Evangelium vom göttlichen Gericht). Dieses Gottesgericht findet nicht erst im Endgericht, dem Jüngsten Gericht, statt; im Gegenteil: Gottes Gericht, sein befreiendes Handeln in der Geschichte, geschieht jetzt, in der gegenwärtigen Zeit. In unserem Text vollzieht sich das Gericht mit dem Anbruch der Gottesherrschaft.

Der Anbruch dieser Herrschaft, der Zorn der Völker und das Gericht Gottes sind Vorgänge auf der Erde, während die Ankündigung und die Danksagung im Himmel geschehen. In 11,19a haben wir die Vision von der Öffnung des *Tempels Gottes im Himmel* und die Erscheinung der *Lade seines Bundes* in diesem Tempel. Den historischen Tempel von Jerusalem haben die Römer im Jahre 70 n. Chr. zerstört. Im zukünftigen Jerusalem wird es keinen Tempel mehr geben (21,22). Hier hingegen steht der Tempel im Himmel als Symbol für die christliche Gemeinde (wie in 11,1). Die historische Bundeslade wurde im Allerheiligsten des Jerusalemer Tempels aufbewahrt. Bei dessen Zerstörung im Jahre 586 v. Chr. ging die Lade verloren oder wurde zerstört. Sie war das Symbol für den Bund und stiftete die eigentliche, innerste Identität der Tradition des Volkes Gottes, des Exodus und der Wüstenerfahrung Israels. Jetzt erscheint dieses heißgeliebte Symbol in der christlichen Gemeinde. Mit dem

Kommen der Gottesherrschaft und mit dem Gericht Gottes in der Geschichte gewinnt die Gemeinde ihre Identität (wieder).

Dieser so sinntiefe und bezeichnende Text 11,15b–19a hat seine Parallele nach der siebten Schale (16,17b) in einem einzigen Wort: *Es ist geschehen (gegonen).* Das sagt in 21,6 auch der, der auf dem Thron sitzt. Da nun einmal die enge Parallelität zwischen den sieben Posaunen und den sieben Schalen gegeben ist, dürfen wir annehmen, daß dieses geheimnisvolle «Es ist geschehen» das in 11,15b–19a Gesagte aufnimmt und zusammenfaßt.

c) Die kosmisch-historische Katastrophe (11,19b und 16,18–21)

In 11,19b erscheint diese Katastrophe zusammengefaßt in der uns schon bekannten Wendung: *Da begann es zu blitzen, zu dröhnen und zu donnern, es gab ein Beben und schweren Hagel.* Der gleiche Satz (ohne den Hagel) erscheint in 8,5; damit haben wir also wieder eine Inklusion vor uns. Im Paralleltext nach der siebten Schale (16,18–21) wird die Wendung aufgegriffen und weiterentwickelt. V. 18 spricht von Blitzen, Stimmen, Donner und gewaltigem Erdbeben; der Hagel (*chaliza*) folgt in V. 21. Zwischen V. 18 und V. 21 wird das Thema *Erdbeben* entfaltet. Es ist ein Desaster: Die große Stadt, das große Babylon (Rom) bricht in drei Teile auseinander. Die Städte der Völker stürzen ein, die Inseln lösen sich auf, und die Berge verschwinden. In der prophetischen und apokalyptischen Literatur haben diese Katastrophen kosmisch-mythischen Charakter: Sie sagen symbolisch eine geschichtliche Katastrophe aus. Hier bezieht sich der Verfasser nicht auf ein konkretes Erdbeben; es gab natürlich solche Geschehnisse, und vielleicht hat sich der Verfasser ganz allgemein auf sie bezogen, doch was hier gemeint ist, ist ein weltgeschichtlicher Unglücksfall: der Sturz des römischen Imperiums und seiner Alliierten. Dieser Sturz geschieht mit dem Anbruch des Reiches Gottes und mit dem Gericht Gottes über die Erde. Die Gottesherrschaft und das römische Imperium sind antagonistische, gegensätzliche Größen. Der Anbruch des einen bedeutet den Untergang des anderen. Das Ende Roms und des römischen Imperiums wird im folgenden Abschnitt 17,1–19,10 zur Sprache kommen.

KAPITEL VI: DAS ZENTRUM DER APOKALYPSE – DAS ZENTRUM DER GESCHICHTE: DIE CHRISTLICHE GEMEINDE UND DIE APOKALYPTISCHEN TIERE

Einleitung

Wir stehen im Zentrum der Johannesoffenbarung. Alles Vorausgegangene konvergiert in diesem Zentrum, alles Folgende erhält von hier aus seine Bedeutung. Nicht nur das literarische Zentrum des Buches liegt in 12,1–15,4, sondern auch das Zentrum der gegenwärtigen Zeit. Es ist das Jetzt Gottes und der Gemeinde, es ist die Zeit des Umkehrens und des Handelns. Wir stehen zwischen der sechsten und der siebten Posaune, zwischen der sechsten und der siebten Schale. Und wir stehen im Herzen der Gemeinde (14,1–5), auf ihrem höchsten Bewußtseinsniveau und vor ihrer endgültigen Entscheidung zwischen den «Tieren» (12,1–13,18) und dem Gericht Gottes (14,6–15,4).

I. Einführung in die Lektüre und Struktur von Offb 12,1–15,4

1. Grobstruktur des Textes

A) Vom Himmel zur Erde: 12,1–18

a) Konfrontation im *Himmel:* eine Frau – ein roter Drache: VV. 1–6.

b) Kampf im Himmel: der Satan wird vom Himmel auf die Erde gestürzt: VV. 7–9.

Zentrum: Siegeslied: Jetzt ist er da, der rettende Sieg: VV. 10–11.

b) Folgen des Krieges: Freude im Himmel – Schrecken auf der Erde: V. 12.

a) Verfolgung auf der *Erde:* Der Drache verfolgt die Frau: VV. 13–18.

B) Auf der Erde: die zwei Tiere: 13,1–18

a) Das Tier aus dem Meer: VV. 1–10.

b) Das Tier aus der Erde: VV. 11–18.

Zentrum: die Gemeinde, die dem Lamm folgt: 14,1–5 (sie ist auf der Erde – hört ein Lied aus dem Himmel).

B') Auf der Erde: das Gericht Gottes: 14,6–20

a) Drei Engel *kündigen* das Gericht auf der Erde an: VV. 6–13.

Zentrum: der Menschensohn: V. 14.

b) Drei Engel *vollziehen* das Gericht auf der Erde: VV. 15–20.

A') Von der Erde zum Himmel: 15,1–4

a) Ein anderes Zeichen am Himmel: sieben Engel mit den sieben Schalen (die über die *Erde* ausgegossen werden: Ankündigung des folgenden Abschnitts): V. 1.

b) Die Sieger über das Tier, sein Bild und die Zahl seines Namens singen im Himmel das Lied des Mose zu Ehren des Lammes: VV. 2–4.

Die Struktur des Abschnitts ist konzentrisch. Die Handlung beginnt im Himmel, setzt sich dann auf der Erde fort und endet wieder im Himmel. Am Anfang steht an zentraler Stelle das Siegeslied der Märtyrer im Himmel (12,10f), derer, die den Dämon besiegt haben (*enikesan*) dank dem Blut des Lammes und durch das Wort ihres eigenen Zeugnisses. Am Ende steht, wiederum im Himmel, das Lied derer, die das Tier, sein Bild und die Zahl seines Namens besiegt haben (*nikontas*); sie singen das Lied zu Ehren des Lammes (15,2–4). Und auch im Zentrum (14,3) hört die Gemeinde, die dem Lamm folgt, ein Lied im Himmel, das nur sie allein zu hören vermag. Diese drei Lieder verleihen dem ganzen Gefüge einen sieghaft-liturgischen Charakter: Sie drücken das Bewußtsein der christlichen Gemeinde aus, daß der Kampf auf der Erde dem Dämon und den Tieren gilt. Bemerkenswert ist ferner im ganzen Abschnitt die Präsenz des Lammes. Es wird allein siebenmal erwähnt: je einmal im Lied am Anfang (12,11) und am Ende (15,3), dreimal im Zentrum (14,1.4.4), je einmal in 13,8 (das Lebensbuch des Lammes, das geschlachtet wurde) und in 14,10 (die Pein der Anhänger des Tieres im Angesicht des Lammes). Die Tiere ihrerseits versuchen das Lamm zu imitieren: Einer der Köpfe des Tieres (ein Kaiser) weist eine gewisse Ähnlichkeit mit dem Lamm auf (13,3.12.14 – darüber später mehr), und der falsche Prophet hat zwei Hörner wie ein Lamm (13,11).

Der ganze Abschnitt hat die gleiche Struktur wie Dan 7. Dort besteht die zentrale Konfrontation zwischen den *vier Tieren* und dem *Menschensohn*. Auch in der Apokalypse haben wir die Opposition zwischen den – zwei – Tieren (Kap. 13) und dem Menschensohn (14,6–20). In beiden Fällen handelt es sich um mythische Darstellungen, die Konfrontation zwischen dem Imperium (dem babylonischen, medischen, persischen und hellenistischen bei Daniel; dem römischen in der Johannesapokalypse) und dem Volk Gottes. Es ist die Auseinandersetzung zwischen dem «Tierischen» und dem Humanen in der Geschichte. In beiden Büchern ist ferner von einem Gericht die Rede: Bei Daniel sehen wir die Vernichtung der Tiere, in der Apokalypse das Gericht über die Anhänger des Tieres (die Vernichtung der Tiere geschieht später, in 19,11–21). Bei Daniel empfängt das Volk der Heiligen die Herrschaft vom Höchsten (Dan 7,27). In der Johannesapokalypse kommt sie durch das Blut des Lammes und das Zeugnis der Märtyrer (12,10f); der auferstandene Jesus wird mit der Gestalt des Menschensohns identifiziert (das gilt übrigens nicht nur für die Apokalypse, sondern auch für die gesamte synoptische Tradition). Doch die Menschengestalt (*wie ein Menschensohn*) ist auch Symbol für das Volk Gottes, das dem Tier, dem Symbol für die Imperien, gegenübersteht. Bei Daniel wird das Gericht durch Gott selbst vollstreckt (der Hochbetagte: Dan 7,9), in der Johannesapokalypse hingegen durch Jesus, der damit einem Befehl Gottes nachkommt (14,15). Sowohl in Dan 7 wie in Offb 12,1–15,4 treffen wir auf eine Theologie der Geschichte und auf eine machtvolle Botschaft der Hoffnung für das Volk Gottes.[1] Den Zusammenhang mit Dan 10–12 werden wir gleich noch sehen.

Der Abschnitt 12,1–15,4 steht in Verbindung mit dem vorausgegangenen und dem folgenden Abschnitt. Das Tier aus dem Meer (13,1–10) erscheint schon in 11,7. Ebenso die 42 Monate, die in 11,2 symbolisch die Zeit der Heiden und in 13,5 die Zeit des Tieres bezeichnen, und in ähnlicher Form die 1260 Tage, die in 11,3 die Zeit der beiden Zeugen-Propheten und in 12,6 die Zeit der Frau in der Wüste symbolisieren. Das Verb «wurde sichtbar/erschien» (*ophte*) aus 11,19 wird in 12,1.3 wiederaufgenommen. Die Verbindung zum darauffolgenden Abschnitt wird ausdrücklich in 15,1 und 16,13f hergestellt. Deshalb sind wir der Meinung, daß der Text 12,1–15,4, ein

1 P. Richard (1991).

in sich geschlossener und unabhängiger Abschnitt, eng zusammenhängt mit dem ihm vorausgehenden Abschnitt von den sieben Posaunen und mit dem ihm folgenden Abschnitt von den sieben Schalen. Wie wir schon sagten, stellt diese Plazierung von 12,1–15,4 im Zentrum der gesamten Apokalypse, zwischen dem Abschnitt von den Posaunen und dem von den Schalen, den Abschnitt in die Theologie des Exodus hinein. Und sie stellt uns selbst in die Geschichtszeit, die der Verfasser der Apokalypse zeichnet: in den gegenwärtigen Augenblick zwischen der sechsten und der siebten Posaune (die Zeit, in der die prophetische Bewegung spielt) bzw. zwischen der sechsten und der siebten Schale (die Zeit der antiprophetischen Bewegung). All dies haben wir im vorangegangenen Kapitel schon dargelegt.

II. Schlüssel zur Interpretation der Texte

1. Offb 12,1–18

a) Eine Frau – ein roter Drache (12,1–6)

Das Kap. 12 der Johannesapokalypse ist stark mythischen Charakters, was nicht bedeutet, daß es geschichtslos wäre. Der Mythos ist schlicht und einfach eine andere Weise des Denkens und Wissens über geschichtliche Prozesse. Er ist zudem nicht eine schiere Reproduktion der Realität, sondern eine Form der Organisation und Gestaltung von Realität im Bewußtsein. Der Mythos organisiert das kollektive Bewußtsein des Volkes. Folglich drückt er eine gesellschaftliche Praxis, eine Hoffnung, eine Utopie aus. Die Mythen und die Visionen, die in den Mythen auftreten, sind nicht nur etwas zum Schauen, sondern vor allem etwas, was nach tätiger Umsetzung verlangt.[2] Der Mythos drückt eine Grundüberzeugung aus und vermittelt eine besondere geistige Kraft fürs Handeln, für die verändernde Gestaltung der Geschichte. Ein Mythos kann Ankündigung sein, Protest oder Entwurf; es gibt Mythen, die die Hoffnung eines Volkes neu zu beleben oder auch seinen Gegnern die Legitimität streitig zu machen und sie zu erledigen trachten. Im

2 X. Pikaza (1992).

Kap. 12 der Johannesapokalypse finden wir im Zentrum (VV. 10f) ein liturgisches Lied, das nicht mythisch gestaltet ist und das uns den Schlüssel zur Interpretation der Mythen an die Hand gibt, die vor und nach diesem nichtmythischen Kernstück auftreten.

In diesem Kapitel haben wir zwei fundamentale und antagonistische Mythen vor uns: *eine Frau und einen Drachen*. Beide erscheinen als Zeichen am Himmel. Die Zeichen vermitteln eine Botschaft und können unserem Handeln die Richtung weisen. Das erste Zeichen am Himmel ist eine eindrucksvolle Frau. Sie ist bekleidet mit der Sonne, der Mond liegt zu ihren Füßen, und zwölf Sterne bekränzen ihr Haupt. Das andere Zeichen ist ein schreckenerregendes Ungeheuer: groß, feuerrot, mit sieben Köpfen und zehn Hörnern. Die Frau erscheint als Zeichen des *Lebens:* Sie ist hochschwanger und wird bald einem Sohn das Leben schenken. Das Ungeheuer ist Zeichen des *Todes:* Es will den Sohn der Frau töten, und mit seinem Schwanz fegt es ein Drittel aller Sterne vom Himmel. Der Sinn beider Mythen zeigt sich somit deutlich: Sie stellen die *Konfrontation von Leben und Tod dar.* Das Leben erscheint als wunderschön, aber zart und zerbrechlich; der Tod wirkt zum Erschrecken stark und mächtig. Doch in beider Auseinandersetzung *triumphiert das Leben*. Folglich ist die Grundbotschaft dieser mythischen Darstellung eine Botschaft der *Hoffnung*.

Dieser Mythos von der kosmischen Konfrontation im Himmel zwischen einer Frau und einem Ungeheuer war in der Antike wohlbekannt. In Ägypten ist da die Göttin Isis oder Hathor, die Gemahlin des Osiris und Mutter des Horus. Ein roter Drache namens Set oder Typhon sucht Horus zu töten, doch am Ende vernichtet dieser das Ungeheuer. In Griechenland ist es die Göttin Leto, die Gattin des Zeus und Mutter des Apollon. Der Drache Python will Apollon töten, doch Leto flieht nach Delos und rettet Apollon vor der Nachstellung des Drachen. Später tötet Apollon den Python. Auch in dem babylonisch-assyrischen Mythos *Enuma elisch* gibt es ein Monstrum, die siebenköpfige Tiamat, welche die Götter des Himmels angreift. Der junge Gott Marduk tötet Tiamat, die ein Drittel der Sterne herabfegt. In all diesen Mythen, der verbreiteten Sprache der Epoche, geht es darum, den Kampf Gottes mit dem Bösen, des Himmels mit dem Chaos, des Lebens mit dem Tode darzustellen. Im römischen Imperium wurden Caesar, Augustus, Nero und andere häufig als Apollon abgebildet. Die Dea Roma war die Mutter der Götter. All das zeigen die Münzen der Antike, seinerzeit das beste Mittel politischer Propaganda.[3]

Möglicherweise kannte der Verfasser der Johannesapokalypse diese Mythen und verwendete sie mit neuer Sinngebung. Im konkreten Zusammenhang des römischen Imperiums kehrt er den herrschenden Mythos gleichsam um: Das Imperium ist nicht göttlich, sondern satanisch; die Kaiser sind nicht die Inkarnation Apollons, sondern Häupter eines und desselben satanischen Monstrums. Rom ist keine Göttin, sondern eine Hure; es ist das neue Babylon, die Mutter aller Huren der Erde (Kap. 17). Und die Frau ist nicht Isis, Leto oder Roma, sondern das Volk Gottes, aus dem der Messias Jesus stammt. Das römische Imperium tötet Jesus, sein Blut aber und das Zeugnis der Märtyrer vernichten schließlich den Satan, jene Kraft, die dem Imperium seine Macht verleiht. Dieses Imperium wird in Kap. 13 als ein Tier mit denselben Kennzeichen wie das satanische Ungeheuer dargestellt. Diese Umkehrung, diese Subversion der Mythen durch die Apokalypse wirkt auf das Bewußtsein der Christen ein, sie schafft ein neues Bewußtsein, eine neue geschichtliche Praxis. Der Mythos ist Macht.

Der Verfasser der Johannesapokalypse entwirft das Kap. 12 vom Alten Testament her. Immer wieder zeichnet er das Volk Gottes als Frau: eine Frau, die einem neuen Volk das Leben schenkt (Jes 66,5–9: «Doch Zion, kaum in den Wehen, hat schon ihre Kinder geboren»). Die Auferstehung eines Volkes gleicht einer Geburt (Jes 26,17–19). Auch das Alte Testament kannte mythische Ungeheuer: Leviatan (Jes 27,1), Behemot (Ijob 40,15), Rahab (Ps 89,11), die Seeschlange (Am 9,3). Und der Mythos spricht politisch: Antiochus IV. Epiphanes wird als Raubtier bezeichnet (Ps 74,19), der Pharao von Ägypten ist Rahab, der Drache (Jes 51,9f), der König von Babylon ebenfalls ein Drache (Jer 51,34). Gen 3,15 redet von der Feindschaft zwischen der Schlange und der Frau und davon, daß der Nachwuchs der Frau die Schlange am Kopf treffen wird. All dies sieht die Apokalypse erfüllt mit der Geburt des Messias aus der Frau und der Bezwingung des Satans durch den Messias.

In 12,5 heißt es: *Und sie gebar ein Kind, einen Sohn.* Manche Ausleger meinen, es handle sich dabei um die Geburt des Messias in Betlehem. Die Schwierigkeit dieser Interpretation besteht freilich darin, daß das Neugeborene zu Gott entrückt wird. Damit wäre das

3 G. B. Caird (1966).

Leben Jesu anhand seiner Geburt in Betlehem und seiner Himmelfahrt, der beiden äußersten Punkte seines Daseins, gezeichnet, und weder Kreuz noch Auferstehung würden erwähnt (ähnliches treffen wir in 1 Tim 3,16 an). Besser denkt man hier also nicht an Betlehem, sondern an Golgota: an die Geburtswehen und -leiden des Messias am Kreuz, die Geburt des neuen Menschen am Kreuz. Der johanneische Jesus selbst vergleicht ja sein Kreuz und seine Auferstehung mit einer Frau, die in Geburtswehen liegt, sich dann aber über die Geburt eines Kindes freut (Joh 16,20–22). Jesus ist laut Röm 1,4 «eingesetzt ... als Sohn Gottes in Macht seit der Auferstehung von den Toten». Hier wird Ps 2,7 herangezogen, in dem die Einsetzung des Messias (des Königs) wie eine Geburt gesehen wird: «Mein Sohn bist du. Heute habe ich dich gezeugt.» Derselbe Text wird auch in Apg 13,33 auf Jesus angewendet. Offb 12,5 zitiert den V. 9 von Ps 2: «der über alle Völker mit eisernem Zepter herrschen wird». Ps 2 ist ein politischer Psalm, den die Christen benutzten, um die Macht des Messias über die Völker zu verkünden. Der hebräische Text von Ps 2,9 sagt: «Du wirst sie *zerschlagen* mit eisernem Zepter», die Septuaginta übersetzt milder mit «herrschen über». Auch der siegreiche Christ empfängt, gleich dem Messias, die Macht, über die Völker zu herrschen (Offb 2,26f). Die Leiden Jesu am Kreuz wie die Leiden der Christen sind nicht Todesleiden, sondern Geburtswehen: Etwas Neues entsteht. Genauso sind die Leiden der Geschichte (Erdbeben, Hunger usw.) nicht die Leiden des Weltendes, sondern die Schmerzen bei der Geburt einer neuen Welt (Mk 13,8). Die Herrschaft Gottes ist es, die sich über die Mächte der Welt legen wird. Viermal wird in 12,1–6 das Verb «gebären» (*tekein*) gebraucht, um deutlich zu machen, wie neu das Projekt des Messias in der Geschichte ist. Dieses Projekt entsteht aus dem Volk Gottes (der mit der Sonne bekleideten Frau) gegen die satanische Kraft der Imperien (der Ungeheuer).

b) Der Kampf im Himmel (12,7–9.12)

Der Satan wird vom Himmel auf die Erde gestürzt: 12,7–9.
Die Folgen des Kampfes: Jubel im Himmel – Schrecken auf der Erde: 12,12.

In 12,7-9 und der Fortsetzung 12,12 findet ein weiterer Mythos Verwendung: der Kampf *zwischen Michael und seinen Engeln* und dem

Drachen und seinen Engeln. Die Gestalt des Michael ist Dan 10,13.21 und insbesondere 12,1 entnommen: «... in jener Zeit tritt Michael auf, der große Engelfürst, der für die Söhne deines Volkes eintritt.» Michael sichert, daß in der Zeit der Bedrängnis «dein Volk gerettet wird». Sein Name bedeutet etymologisch: «Wer ist wie Gott?» (*mi cha el*). Michael mit seinen Engeln ist eine mythische Figur, welche die transzendente, geistige Kraft des Gottesvolkes repräsentiert (vgl. Ex 23,20–21), das sich jetzt gegen die ebenfalls geistig-transzendente Kraft des durch den Drachen und seine Engel vertretenen Imperiums wendet. Es ist ein Kampf im Himmel. 11,7; 12,17; 13,4.7 reden vom *realen Kampf* auf der Erde zwischen dem Tier und der christlichen Gemeinde. 16,14; 17,14; 19,11 sprechen vom (eschatologischen) *Endkampf* Jesu gegen die Tiere und gegen die Könige der Erde; 20,8 handelt vom *Endkampf* des Dämons und seiner Bundesgenossen Gog und Magog gegen die Heiligen. Hier, in 12,7–9, heißt es wörtlich: *Da entbrannte im Himmel ein Kampf (egeneto polemos en to ourano*). In der Regel treffen wir im Himmel auf eine Liturgie (Kap. 4 und 5; 7,10–12; 11,15–18 u. ö.) und nicht auf einen Kampf. Wir haben schon gesagt, daß der Himmel jene transzendente, verborgene, die Erde dagegen die sichtbar-empirische Dimension der Geschichte darstellt. Der Kampf auf der Erde zwischen Imperium und christlicher Gemeinde ist nur der sichtbare Teil der Geschichte; diesem sichtbaren Kampf entspricht ein anderer, transzendent-geistiger Kampf (im Himmel) zwischen der transzendent-geistigen Kraft des Gottesvolkes (Michael) und der gleichen «geistigen» Kraft des Imperiums (Drache). Es ist ein transzendenter, geistiger Kampf, der sich in der Tiefe der Geschichte abspielt und entscheidet. Es ist das geistige Ringen, das auch in Eph 6,10–20 so eindrucksvoll beschrieben wird. Besonders schön der V. 12:

> Denn wir haben nicht gegen Menschen aus Fleisch und Blut zu kämpfen, sondern gegen die Fürsten und Gewalten, gegen die Beherrscher dieser finsteren Welt, gegen die bösen Geister des himmlischen Bereichs.

Die Apokalypse sagt uns, daß Michael und seine Engel in diesem Kampf siegreich waren und daß der Drache und seine Engel nicht standhalten konnten und ihren Platz im Himmel verloren. Hier haben wir die transzendente Niederlage (im Himmel) der übernatürlichen Kräfte des Bösen vor uns, personifiziert in der Gestalt der alten Schlange, des Teufels oder Satans. Der Dämon ist gestürzt, hinabgeworfen auf die Erde (*eblethe;* fünfmal vorkommend, und zwar in den VV. 9.10.13); dort bekämpft er die Gemeinde, auch wenn er ein geistig schon besiegter Dämon ist, der über keine transzendente Macht mehr verfügt. Jetzt ist der Himmel gereinigt von den finsteren Mächten, den übernatürlichen Kräften des Bösen. Dies ist ein Motiv ungeheurer Hoffnung für die Christen. Das Tier (das römische Imperium) hat Macht, es wird die Christen bekriegen und besiegen, aber es ist doch schon selbst im Himmel – und das heißt: geistig – besiegt. Die besten Parallelen zu unserer Passage finden wir in Joh 12,31: «Jetzt wird Gericht gehalten über diese Welt, jetzt wird der Herrscher dieser Welt hinausgeworfen werden»; und in Lk 10,18: «Ich sah den Satan wie einen Blitz vom Himmel fallen.»

Wer ist dieser *Teufel* oder *Satan*? Mit Sicherheit eine *mythische Personifizierung des Bösen, der Bosheit, der Anomie, der Sünde.* Die Septuaginta hat den hebräischen Begriff *satan* mit dem griechischen *diabolos* wiedergegeben. Der *diabolos,* der Teufel, ist der Gegner, der Ankläger, der Ränkeschmied. Er ist kein ewiges, absolutes Subjekt, das gleichberechtigt mit Gott von jeher existiert (wie die orientalischen manichäischen Mythen es sehen). Gott hat alles geschaffen, und alles von Gott Geschaffene war gut. Den Teufel als absolutes Subjekt gibt es nicht; er ist ein Mythos, der das Böse als Person faßt. Das Böse dagegen existiert durchaus, aber es ist eine menschliche Schöpfung, ein gesellschaftliches Produkt, es ist personale oder soziale Sünde; es kommt nicht von Gott und ist nicht von ihm geschaffen. Der Teufel als Personifizierung des Bösen ist ein Mythos, was aber nicht bedeutet, daß er ein Schwindel oder eine Lüge wäre. Er ist eine geschichtliche Realität und drückt die übernatürlichen Kräfte des Bösen aus (vgl. Eph 6,12). Was es nicht gibt, ist der Teufel als Person, als absolutes Subjekt; wohl aber gibt es die übernatürlichen Kräfte des Bösen. Der Mythos «Teufel» dient lediglich dazu, diese finsteren Mächte als Person darzustellen und ihnen so mehr Realismus und Dramatik zu verleihen. Woher kommen nun diese «übernatürlichen Kräfte des Bösen»? Sie stammen aus der geschichtlichen Akkumulation der personalen wie sozialen Sünde. Aber vor allem stammen sie aus der Fähigkeit des Menschen, sich Idole, Götzen zu schaffen. Die Idolatrie ist die perverse geistige Welt, die der Mensch selbst geschaffen hat. Der Mensch ist fähig, durch die Verabsolutierung irdischer Größen das Bild Gottes zu pervertieren und Gott durch falsche Götter zu ersetzen. Diese Idolatrie (durch

Pervertierung oder Ersetzung) ist das Geheimnis der Bosheit, das *mysterium iniquitatis*, oder die – vom Menschen selbst geschaffene – übernatürliche Kraft des Bösen, sie ist die Wurzel der sozialen Sünde, die ihr Kraft und Wirkung verleiht.[4] Diese Kraft wird in der mythischen Gestalt des Teufels oder Satans personifiziert.

In 12,9 werden die bekannten mythischen Personifizierungen des Bösen aufgeführt. Das tut der Verfasser, um die Aufmerksamkeit seiner Hörer zu fesseln und keinen der seinerzeitigen Mythen außer acht zu lassen. Um dem Mythos mehr Durchschlagskraft zu verleihen, muß er ihn gleichsam bündeln (so auch in 20,2). Der Drache wird mit dem Teufel und dem Satan, aber auch mit der «alten Schlange» identifiziert. Hier haben wir einen klaren Bezug auf Gen 3. Im älteren Bericht der Genesis (in der jahwistischen Tradition) ist die Schlange das Symbol des Stadtstaates, der die ländlichen Stämme hinters Licht führt, damit sie an ihrem historischen Gedächtnis und ihrem Glauben an Jahwe irre werden und Verrat an beidem begehen. Die Schlange stellt symbolisch den ägyptischen Pharao dar, aber auch all jene Könige von Israel und Juda, die das Volk im Namen Baals (des Gottes des Stadtstaates) unterdrücken. Mithin ist sie Symbol der geistigen (Verführungs-)Macht der Unterdrückung, die die Stadt mittels der auf Tributpflicht beruhenden Produktionsweise über das Land ausübt. Die Beschreibung des Teufels als jenes Wesens, das die ganze Welt verführt (*planon ten oikoumenen holen*), entspricht exakt der idolatrischen Natur der übernatürlichen Kräfte des im Teufel personifizierten Bösen.

c) Die Verfolgung auf der Erde: der Drache verfolgt die Frau (12,13–18)

12,13–17 bieten eine weitere mythische Erzählung von einem Geschehen, das sich nun auf der Erde abspielt. Es entspricht der in 12,1–6 beschriebenen Konfrontation im Himmel. Der Drache, der ja schon aus dem Himmel auf die Erde hinabgestürzt worden ist, also seiner übernatürlichen geistigen Kraft entkleidet ist, verfolgt die Frau auf der Erde. Wie in 12,6 rettet sich die Frau auch in 12,14 in die Wüste. Die Wüste steht hier für den Exodus, sie ist der Ort, an dem das Volk Gottes seine Befreiung gewinnt und seine Identität rettet. Auch die beiden Flügel des Adlers, mit deren Hilfe die Frau gerettet wird, sind ein Symbol für den Exodus (Ex 19,4; vgl.

4 P. Richard (1990).

Dtn 32,11; Ez 17,7). Sie stellen die Kraft Gottes dar, der der Gemeinde zu Hilfe kommt. Dies ist freilich keine Hilfe «von außen». Die Gemeinde selbst fliegt mit der Hilfe Gottes in die Wüste. Gott ermächtigt die Gemeinde zu ihrer Befreiung. Auch die Erde kommt der Gemeinde zu Hilfe. Sie erscheint hier personifiziert, als eine dem Drachen, der alten Schlange entgegengesetzte Realität. Vielleicht dient sie dazu, das Projekt der Stämme, des Volkes vom Lande (*am ha arez*) zu bezeichnen, das noch immer in der Erde und auf der Erde seine Befreiung gefunden hat.

d) Das Zentrum: das Siegeslied (12,10f)

Zum Schluß kommen wir zu 12,10f; diese beiden Verse stellen das *Zentrum des Kapitels* dar. Sie bilden den einzigen nichtmythischen Teil, eben den, der uns den Schlüssel dazu liefert, das gesamte Kapitel 12 aus einer historisch-theologischen Perspektive zu interpretieren. 12,10f ist ein liturgischer Hymnus, der uns ins Herz der christlichen Gemeinde führt und uns deren Bewußtsein vor Augen bringt.[5] Der Text sagt wörtlich:

Jetzt ist er da (arti egeneto),
der rettende Sieg, die Macht und die Herrschaft unseres Gottes
und die Vollmacht seines Gesalbten;
denn gestürzt wurde der Ankläger unserer Brüder (V. 10).

Einen Paralleltext haben wir in 11,15 (beim Ertönen der siebten Posaune):

Nun gehört (*egeneto*)
die Herrschaft über die Welt unserem Herrn
und seinem Gesalbten (vgl. den gesamten Text 11,15–18)

Zentral in beiden Texten ist die Feststellung, daß *die Macht und die Herrschaft unseres Gottes jetzt da ist.* Die Begriffe «rettender Sieg» (*soteria*), «Macht» (*dynamis*), «Herrschaft» (*basileia*), und «Vollmacht» (*exousia*) sind ausgesprochen politische Begriffe. Der An-

5 Stets erfüllen die Hymnen in der Apokalypse diese Deutungsfunktion in bezug auf die Erzählung oder den fortlaufenden Text. Die liturgischen Hymnen führen uns mitten in die Gemeinde, dorthin, wo das historische Bewußtsein der Gemeinde der Epoche zutage liegt. Daher sind die Hymnen alles andere als bloße Dekoration; sie weisen vielmehr die höchste hermeneutische und theologische Intensität in der ganzen Apokalypse auf.

bruch der Gottesherrschaft, des Gottesreiches ist eine gesellschaftliche, öffentliche, sichtbare Tatsache in der Geschichte hier auf Erden. Die Ursache für das Kommen der Herrschaft Gottes ist die Niederwerfung des Satans im Himmel; er ist vom Himmel auf die Erde gestürzt worden. Satan ist geistig besiegt. Er hat, wie wir schon sagten, seine Macht im transzendenten, geistigen Bereich verloren. Verursacht haben den Sturz des Satans die Märtyrer:

Sie (autoi) haben ihn (den Satan) besiegt
durch das Blut des Lammes und
durch ihr Wort und Zeugnis;
sie hielten ihr Leben nicht fest, bis hinein in den Tod.

Wieso kann diese Niederlage des Satans das Kommen der Herrschaft Gottes ermöglichen? Wie konnten die Märtyrer den Satan besiegen? Die Herrschaft Gottes kommt gewiß durch die Kraft und die Gnade Gottes, doch hier auf der Erde sichtbar und öffentlich wird sie, wenn die übernatürlichen Kräfte des Bösen, die religiöse Perversion der Idolatrie, das Mysterium der Bosheit verschwinden.

Darin besteht die geistige Niederlage des Satans; sie macht es möglich, daß man im Licht des Glaubens das Reich Gottes und seines Gesalbten, des Messias, als ein geschichtliches, befreiendes, machtvolles und bevollmächtigtes Projekt entdeckt. Diese Niederlage des Satans, welche die Manifestation der Gottesherrschaft ermöglicht, bewirken die Märtyrer. Die Apokalypse stellt diese geistige Macht der Märtyrer ganz klar heraus. Sie vermögen den Dämon aus dem Himmel zu verjagen, ihm all seine geistige, transzendente Macht zu nehmen; sie vermögen die übernatürlichen Kräfte des Bösen zu überwinden, die ganze Idolatrie und religiöse Lüge zunichte zu machen. Doch die Märtyrer haben diese ihre Macht *durch das Blut des Lammes*. Dieses ist kein Opferblut, sondern das Blut des treuen Zeugen (1,5), der Zeugnis gibt von der Herrschaft Gottes bis ans Kreuz (man lese dazu den großartigen Text Hebr 12,1–4, der eine ganze Theologie des Blutes des Messias Jesus entwickelt). Tod und Auferstehung Jesu machen es den Märtyrern möglich, den Satan zu besiegen und die Herrschaft Gottes manifest werden zu lassen. Es heißt im weiteren aber auch, die Märtyrer besiegten den Satan *durch ihr Wort und Zeugnis (dia ton logon tes martyrias)*. Das Zeugnis ist nicht ein beliebiges Wort, sondern nur das öffentliche Wort, das vor den Mächtigen in die Pflicht nimmt und von dem man sich nicht mehr distanzieren kann.[6] Das Zeugnis der Märtyrer hat antiidolatrische Kraft, es entkleidet den Satan all seiner geistigen, transzendenten Macht. In 15,2 treten die Zeugen im Himmel als Rächer auf; dort ist allerdings noch ein weiteres Stadium zu verzeichnen: Sie haben nicht nur den Satan im Himmel besiegt, sondern auch das Tier auf der Erde, sein Bild und die Zahl seines Namens.

In 12,13–18 tritt die christliche Gemeinde auf den Plan, repräsentiert durch die Frau, auf Erden verfolgt vom Satan; gleichzeitig singen die Märtyrer im Himmel ihr Siegeslied (12,10f). Dasselbe Bild haben wir in 14,1–5: Dort tritt die christliche Gemeinde auf der Erde in Erscheinung; sie folgt dem Lamm, wohin es geht, aber sie hört zugleich das neue Lied, das vom Himmel her erklingt, und in 15,3 singen die Sieger aus dieser Gemeinde das Lied des Mose zu Ehren des Lammes. Auch in Kap. 7 fanden wir diese doppelte Realität: In 7,1–8 ist die Kirche auf der Erde, und in 7,9–17 singen die Märtyrer im Himmel. Die Gemeinde sieht sich auf der Erde mit den apokalyptischen Tieren konfrontiert, sie wird von ihnen verfolgt und manchmal auch besiegt (Offb 13), und dennoch bewahrt sie ihren lebendigen Glauben an die Wirkmacht des Blutes Jesu und der Märtyrer, die den Satan niederringt. Dies macht die Manifestation der Gottesherrschaft möglich (12,10f), die zu guter Letzt den Drachen, sein Bild und die Zahl seines Namens besiegt (15,2–4).

2. Offb 13,1–18

Kap. 12 ist mit Blickrichtung vom Himmel aus geschrieben. Es beginnt mit zwei entgegengesetzten Zeichen: Ein Kampf entbrennt im Himmel, Satan wird auf die Erde hinabgestürzt, die Märtyrer jubeln im Himmel über den Sieg, und der Satan verfolgt die christliche Gemeinde auf der Erde. In Kap. 12 ist das zentrale Thema die Niederlage des Satans: Er vermag den Messias nicht zu töten, wird aus dem Himmel gejagt, die Märtyrer triumphieren, der Satan kann der Gemeinde auf der Erde nichts anhaben. In Kap. 13 dagegen spielt sich alles auf der Erde ab, jetzt sind es die Tiere, die trium-

6 Das Zeugnis (*martyria*) ist ein in einem Prozeß gesprochenens Wort, das für oder gegen den Angeklagten verwendet werden kann. Es ist ein öffentliches Wort, das wir nicht mehr zurücknehmen können. Heute gebrauchen wir das Wort «Zeugnis» in einem doch wohl allzu alltäglichen und trivialen Sinn. Vgl. J. Comblin (1969).

phieren, und die Christen unterliegen. Kap 12 drückt den Glauben und die theologische Sicht der Gemeinde aus; Kap. 13 beschreibt die geschichtliche Realität, wie sie nun einmal ist. Die beiden Tiere aus Kap. 13 sind auf der Erde tätig: Wir stehen mitten in der realen, sichtbaren, empirischen Geschichte. Es ist ein realistisches, ja tragisches Kapitel; doch es will im Licht von Kap. 12 gelesen werden, denn auch in Kap. 13 ist ja der Sieg der Märtyrer schon impliziert. Umgekehrt könnte uns eine Lektüre von Kap. 12 ohne das Kap. 13 zu einer illusionären und letztlich frustrierenden Sicht der Realität verleiten.

Kap. 13 zerfällt ganz deutlich in zwei Teile: *13,1–10:* das Tier aus dem Meer, und *13,11–18:* das Tier aus der Erde (nur hier heißt es «Tier», ansonsten wird es immer als «falscher Prophet» bezeichnet: 16,13; 19,20; 20,10). Das Tier (aus dem Meer) ist die beherrschende Gestalt im gesamten Kap. 13. Es wird 15mal erwähnt (VV. 1.2.3.4.12.14.15.17.18). Genauso zentral steht es in Kap. 17, wo es neunmal vorkommt (in der gesamten Apokalypse wird es 36mal erwähnt). Kap. 13 bietet uns eine eindrucksvolle Analyse der Machtstruktur des römischen Imperiums. Wir wollen zunächst einige Schlüsselelemente erläutern, um den Text lesen und verstehen zu können, und danach eine Gesamtinterpretation des Kapitels geben.

a) Das Tier aus dem Meer (13,1–10)

Das Tier steigt aus dem *Meer*, welches Symbol für das Chaos ist, aus dem das Böse kommt; zudem aber ist es für die Kirchen Kleinasiens geographisch das Meer im Westen, von wo die Römer kommen. Das Tier hat *zehn Hörner und sieben Köpfe*, es sieht also genau so aus wie der Satan (Kap. 12). Neue Elemente sind die zehn Diademe auf seinen Hörnern und die *gotteslästerlichen Namen* auf seinen sieben Köpfen. Hörner, Köpfe, Diademe und Namen stehen symbolisch für den komplexen Herrschaftsapparat des römischen Imperiums (ökonomische, politische, ideologische, religiöse Macht). In 17,9 wird erklärt, die sieben Köpfe seien sieben Hügel und sieben Kaiser, und in 17,12 heißt es, die zehn Hörner seien zehn Könige.

Das Tier trägt Kennzeichen *eines Panthers, eines Bären und eines Löwen*. Das sind die Tiere aus Dan 7,3–7, die ebenfalls aus dem Meer kommen und die Imperien darstellen, die das Volk Gottes «tierisch» unterdrücken. Das römische Imperium trüge demnach die Charakteristika aller früheren «Tiere». Dieser Bezug auf Dan 7 liefert uns einen Interpretationsschlüssel für Offb 13: In beiden Texten finden wir dasselbe Geschichtsschema, dieselbe Theologie und dieselbe Hoffnung.

Der Drache (der Satan oder Teufel aus Kap. 12) hat dem Tier *seine Gewalt (dynamin), seinen Thron (thronon) und seine große Macht (exousian megalen)* übergeben. Dies ist eine politisch-theologische Aussage von größter Bedeutsamkeit: Das römische Imperium hat keine eigene Gewalt und Vollmacht, sondern Gewalt und Vollmacht vom Satan. Hinter dem Imperium steht der Satan. Diese Überzeugung ist in der apokalyptischen Literatur weit verbreitet (vgl 1 Thess 2,18; Eph 6,12; 2 Thess 2,9). Der gleiche Gedanke wird dann in V. 4 wiederholt. In den VV. 5 und 7 wird außerdem die Ermächtigung des Tieres erwähnt, doch diesmal mit einem Verb im Passiv: «Es wurde ihm erlaubt» (*edothe*). Dieses Verb erscheint in den VV. 5–7 viermal; sein implizites Subjekt ist Gott. Das bedeutet, daß alles Handeln des Tieres letztlich unter der Kontrolle Gottes geschieht. Die Macht des Tieres ist also nicht absolut, auch wenn sie vom Satan kommt. Und außerdem ist Satan ja schon im Himmel besiegt (Kap. 12).

In *V. 3* heißt es, einer der Köpfe des Tieres *sah aus wie tödlich verwundet (hos esphagmenen)*, aber die tödliche Wunde wurde geheilt. Das gleiche wird auch von Christus gesagt: ein Lamm wie geschlachtet (5,6). Die Geschlachteten in der Apokalypse sind Christus (5,6.9.12; 13,8), die Märtyrer (6,9; 18,24) und der Kopf des Tieres (hier in 12,3). In V. 12 wird das Tier als jenes identifiziert, dessen tödliche Wunde geheilt war, und in V. 14 mit jenem, das mit dem Schwert erschlagen worden war und doch wieder zum Leben kam. Jede dieser drei Nennungen mag unterschiedliche Bedeutung haben; doch keine von ihnen schließt die anderen aus: Der Ausdruck «wie tödlich verwundet» bezeichnet möglicherweise eine Parodie oder einen Spott auf Christus: Ein Kopf des Tieres (ein Kaiser) imitiert das gestorbene (geschlachtete) und auferstandene Lamm. Vielleicht ist er aber auch eine Form von Personenidentifikation, die sich auf den Mythos vom auferstandenen Nero (*Nero redivivus*) bezieht. Danach ist Nero im Jahre 68 wunderbarerweise dem Tod entronnen und nach seiner Entrückung auf die Erde zurückgekehrt, um sich an seinen Feinden zu rächen. Nero erscheint als der Prototyp des die Christen verfolgenden Kaisers; gern wird er mit dem

«Antichrist» identifiziert, der in jedem kaiserlichen Christenverfolger von neuem ersteht. Allerdings liegt der Nachdruck in den drei besagten Versen auf der *tödlichen Wunde* des Tieres; das kann durchaus auf seine fundamentale, transzendente «Verwundung» verweisen: Das Imperium ist tödlich verwundet, denn Satan, sein Vater, ist im Himmel schon besiegt (12,7–11).

V. 4 spricht von der Anbetung des Satans (des Drachen), der dem Tier seine Vollmacht (*exousia*) gegeben hat, sowie des Tieres selbst. Die Anbetung des Tieres wird in VV. 8 und 12 erneut geschildert unter Hinzufügung der «Bewohner der Erde», was ja in der Apokalypse ein Terminus technicus zur Bezeichnung der ruchlosen Götzenverehrer ist. In V. 15 ist dann sogar von der Anbetung des Bildes des Tieres die Rede. Viermal erscheint das Wort «anbeten» (*proskyneo*). Die Anbetung, die das Tier erfährt, äußert sich in zwei rhetorischen Fragen seiner Verehrer: *Wer ist dem Tier gleich, und wer kann den Kampf mit ihm aufnehmen?* Die Antwort steckt schon in der Frage: niemand. Es gibt kein anderes Subjekt. Die logische Folge daraus ist: Alles wird ihm unterworfen. Widerstand und Kampf gegen das Tier sind ausgeschlossen. Historisch gewendet hieße das: Wer ist dem römischen Imperium gleich, und wer kann den Kampf mit ihm aufnehmen? Niemand. Die Anbetung des Imperiums besteht somit in seiner totalen Verabsolutierung, die zu totaler Unterwerfung führt. Die Bibel spricht in ähnlichen Begriffen von der Anerkennung Jahwes als des einzigen Gottes:

> Wer ist wie du unter den Göttern, o Herr (Ex 15,11, vgl. Dtn 3,24).

> So spricht der Herr ...: Ich bin der Erste, ich bin der Letzte, außer mir gibt es keinen Gott. Wer ist mir gleich? Er soll sich melden (Jes 44,6f; vgl. 40,12–32).

In all diesen Texten geht es um eine antiidolatrische Kritik, die die Christen üben, um sich der Vergötzung des römischen Imperiums zu widersetzen.

Es gibt aber auch noch eine andere, komplementäre biblische Tradition, in der die Antwort auf die Frage «Wer ist wie Gott?» so lautet: alle. Der johanneische Jesus verteidigt unter Rückgriff auf diese Tradition seine Behauptung, er sei der Sohn Gottes (Joh 10,34–38). Allen, die das Wort aufnahmen, «gab er Macht, Kinder Gottes zu werden» (Joh 1,12). Und in der Bergpredigt sagt Jesus: «Ihr sollt also vollkommen sein, wie euer himmlischer Vater vollkommen ist»

(Mt 5,48). In der Apokalypse handelt Jesus in Übereinstimmung mit dieser Tradition und gegen das Tier: Dem Sieger verheißt er die gleiche Macht, die er selbst vom Vater empfangen hat (Offb 2,26–28). Der Vater übergibt Jesus die Macht, und dieser übergibt sie dem treuen Glaubenden. Das Tier dagegen erhält seine Macht vom Satan und herrscht mit absoluter Gewalt, indem es seinen Anbetern jede Macht und Identität nimmt.[7]

In den *VV. 5–8* wird viermal die passive Verbform *edothe* gebraucht: «es wurde ermächtigt, es wurde ihm Macht gegeben, es wurde ihm erlaubt». Dies dient zur Beschreibung der Macht des Tieres. Das implizite Subjekt dieses Passivs ist Gott. Dahinter steht der Gedanke, daß auch die Macht des Tieres noch unter der Kontrolle Gottes steht. Die Macht des Tieres ist nicht absolut. Eine weitere im Gebrauch der Passivform implizierte Idee ist, daß alle Macht von Gott kommt und daher an sich gut ist. Diese Macht, die von Gott kommt, ist auch dem römischen Imperium gegeben. In dem Augenblick aber, da das Imperium infolge seines idolatrischen und verbrecherischen Charakters zum apokalyptischen Tier wird, verformt es die von Gott kommende Macht in perverse Macht. Die Apokalypse trifft eine Unterscheidung zwischen der Macht, die von Gott kommt, und der Macht, die in den Händen des Imperiums schließlich verbrecherisch und gotteslästerlich wird. Es gibt also keinen Widerspruch zwischen Röm 13 und Offb 13. Röm 13 behauptet, alle Macht komme von Gott, und daher sagt die Apokalypse, dem Tier sei die Macht gegeben worden, zu handeln (13,5). Außerdem zeigt sie uns, wie das Tier diese von Gott empfangene Macht in verbrecherische Macht pervertiert.

Der Text sagt uns zunächst, daß das Tier ermächtigt wurde, *mit seinem Maul anmaßende Worte und Lästerungen auszusprechen* (vgl. Dan 7,8.20.25). Anmaßende Worte zu sprechen heißt, arrogant und

7 In Offb 2,28 verheißt Jesus dem Sieger auch den Morgenstern. In 22,16 stellt er sich selbst als den strahlenden Morgenstern dar. In 1 Petr 1,19 heißt es, in den Herzen der Gläubigen gehe der Morgenstern auf. Doch als der König von Babylon in seinem Hochmut sich selbst vergötzt, sagt ihm der Prophet: «Ach, du bist vom Himmel gefallen, du strahlender Sohn der Morgenröte. Zu Boden bist du geschmettert, du Bezwinger der Völker» (Jes 14,12). Eine Sache ist die Verklärung des Glaubenden, der anerkennt, daß Gott der einzige und alleinige, wahre Gott ist, eine andere ist die Vergötzung des Tyrannen, der wie Gott sein will und sich gegen ihn ausspricht. In der außerbiblischen Tradition streitet der Erzengel Michael mit den Dämonen, Tyrannen und Mächten, die wie Gott sein wollen (der Name *Michael* bedeutet ja eben «Wer ist wie Gott?»). Diese Tradition ist der antiidolatrischen Tendenz der Bibel verwandt. Vgl. F. Hinkelammert (1991).

überheblich zu reden, und das führt letztlich immer zu einem blasphemisch-idolatrischen Diskurs. «Blasphemie» kommt aus dem Griechischen und bedeutet Lästerung, Verfluchung, Zerstörung eines anderen durch Sprache. Es ist eine Eigenheit der Unterdrücker und Tyrannen, einen anmaßend-hochmütigen und schließlich blasphemischen Diskurs zu führen. In V. 6 wird diese Rede des Tieres spezifiziert:

> *Das Tier öffnete sein Maul, um Gott und seinen Namen zu lästern, seine Wohnung und alle, die im Himmel wohnen.*

Drei Größen sind es, die das Tier mit seinem idolatrisch-blasphemischen Diskurs entstellt: der Name Gottes, das heißt sein Wesen, das, was Gott ist; die Wohnung Gottes, das heißt seine Gegenwart in der Geschichte und in der Gemeinde (es ist also nicht der Tempel gemeint, sondern Gottes Präsenz in der Geschichte, die in 21,3 dann zu ihrer Fülle gelangt); und schließlich die im Himmel wohnen, das heißt die Glaubenden und die Heiligen. So sehen wir, daß der «theologische» Diskurs des Tieres höchst gefährlich und zerstörerisch für die geistige Verfassung des Gottesvolkes ist. Zweitens wurde dem Tier erlaubt, *mit den Heiligen zu kämpfen und sie zu besiegen.* Dieser Satz drückt kurz und bündig aus, was man für historische Realität halten mußte: daß nämlich die Christen vom römischen Imperium besiegt worden waren. Wie wir schon sagten, ist die Perspektive in Kap. 12 eine andere, nämlich die, daß die Märtyrer den Satan besiegt haben. Wir werden später noch sehen, daß die Niederlage des Satans im Himmel auch die Niederlage des Tieres auf der Erde möglich macht (Kap. 14ff). Doch hier sind die Besiegten und Unterlegenen eben die Heiligen.

Und schließlich wurde dem Tier *Macht (exousia) gegeben über alle Stämme (phylen), Völker (laon), Sprachen (glossan) und Nationen (ethnos).* In 5,9 erwirbt das Lamm mit seinem Blut Menschen aus allen Stammen und Sprachen, aus allen Nationen und Völkern. Die Macht Jesu ist universal; Jesus erlangt sie am Kreuz, und sie hat befreienden Sinn. Die universale Macht des Tieres empfängt dieses vom Satan, und sie bedeutet Unterdrückung. Die vier verwendeten Begriffe drücken nicht nur den universalen, sondern ebenso den totalen Charakter der Macht des Tieres aus: Sie ist politische, aber auch patriarchale, ethnozentrische und kulturelle Macht. Sie wird dem Tier gegeben zusammen mit der Erlaubnis, *dies zweiundvierzig*

Monate lang zu tun. Das ist die von Gott festgesetzte Zeit des Tieres: Es darf nicht absolut und unbegrenzt über die Zeit verfügen. Laut 11,2 sind die 42 Monate just die Zeit, welche die Heiden haben, um den äußeren Vorhof des Tempels (bzw. einen Teil der Gemeinde) zu zertreten. 42 Monate (dreieinhalb Jahre) sind die Hälfte von sieben Jahren (84 Monaten). Das heißt, daß wir in der Mitte der gegenwärtigen Zeit stehen, die als Jahrwoche, und zwar als letzte Woche vor dem Ende, beschrieben wird (vgl. Dan 9).

Die *VV. 9-10* mahnen zum Widerstand und zum Glauben, damit Verfolgung und Martyrium realistisch gesehen werden können. Der Text ist inspiriert von Jer 15,2 und 43,11. Seine Absicht ist nicht, die Christen durch die Schilderung schrecklicher Heimsuchung zu entmutigen, sondern vorbeugend auf die Risiken des Widerstands und des Zeugnisses gegen das Tier aufmerksam zu machen: Einige werden ins Gefängnis gehen, andere werden mit dem Schwert umgebracht werden. Eine Handschriftenvariante wandelt den Text in eine Drohung gegen die Verfolger um: «Wer mit dem Schwert tötet, wird durch das Schwert getötet werden.» Diese Version fügt sich aber nicht in den Kontext ein; er beinhaltet nämlich die ganz klare Ermutigung zum Widerstand und zum Martyrium. Das Wort «Widerstand» (*hypomone*) wird sehr oft fälschlich mit «Geduld» oder «Ausharren» übersetzt. Tatsächlich aber ist der Widerstand auf der Basis des Glaubens der Schlüssel zur ganzen Apokalypse: vgl. 1,9; 2,2.3.19; 3,10 und den Paralleltext 14,12 (siehe auch die großartige Passage über den christlichen Widerstand in Hebr 12,1–4). Vier Parallelsätze in der Johannesapokalypse beginnen mit dem Wort «hier» (*hode*) und weisen dieselbe Struktur und Funktion der Mahnung und Ermunterung auf: 13,10 (ruft zu Widerstand und Glauben), 13,18 (verlangt Kenntnis), 14,12 (ermuntert zum Widerstand) und 17,9 (empfiehlt Verstand und Kenntnis). In diesen Sätzen zeigt sich eine aktive Ethik des Widerstands, die Glauben, Kenntnis und Verstand braucht; heute würden wir von einer Praxis der Befreiung sprechen. Es ist falsch, zu sagen, in der Apokalypse herrsche Passivität und fehle die Praxis (wir werden darauf später zurückkommen).

b) Der falsche Prophet (13,11–18)

In den *VV. 11 und 12* werden uns Wesen und Auftrag des falschen Propheten beschrieben. Nur hier heißt er Tier, in 16,13; 19,20; 20,10 dagegen wird er «falscher Prophet» genannt. Sein Aussehen gleicht dem eines Lammes, aber er redet wie ein Drache. Wenn der Satan Macht und Autorität des Tieres garantiert, so ist es auch der Satan, der nun durch den falschen Propheten spricht. Dieser übt die ganze Macht des Tieres in dessen Dienst aus. Sein Auftrag lautet, dafür zu sorgen, daß alle Bewohner der Erde (die Ruchlosen) das Tier anbeten. Dieses wird neuerlich identifiziert als jenes, das eine tödliche, aber dann geheilte Wunde trägt. Der Drache, das Tier und der falsche Prophet bilden eine perverse Trinität. Die Relationen zwischen den dreien gleichen denen zwischen Vater, Sohn und Heiligem Geist. Der Satan ist der Anti-Vater, das Tier der Anti-Sohn und der falsche Prophet der Anti-Geist. Im Zentrum dieser perversen Trinität steht das Tier, die *bestia*. So wie die Apokalypse christozentrisch ist, sind die unterdrückerischen Strukturen bestiozentrisch. Die perverse Dreieinigkeit erscheint geeint und strukturiert in 16,13f:

> Dann sah ich aus dem Maul des Drachen und aus dem Maul des Tieres und aus dem Maul des falschen Propheten drei unreine Geister hervorkommen ... Es sind Dämonengeister, die Wunderzeichen tun; sie schwärmten aus zu den Königen der ganzen Erde, um sie zusammenzuholen für den Krieg am großen Tag Gottes, des Herrschers über die ganze Schöpfung.

In den *VV. 13–17* finden wir eine Beschreibung des «ideologischen Herrschaftsapparats» des falschen Propheten. *Erstens:* Er tut *große Wunderzeichen (semeia megala)*. Er vollbringt das Prophetenwunder schlechthin, das einst Elija getan hat (1 Kön 18,38f): vor allem Volk Feuer vom Himmel fallen zu lassen. *Zweitens:* Durch die Wunderzeichen, die er tut, verführt er die Menschen (ausgedrückt durch das Verbum *planao* wie beim Satan in 12,9) dazu, *ein Bild zu machen zu Ehren des Tieres*. Auch hier wird, zum drittenmal, das Tier als jenes identifiziert, das, tödlich mit dem Schwert verwundet, wieder zum Leben kam. V. 14 spricht von einem Bild *zu Ehren* des Tiere, doch in V. 15 wird gleich zweimal gesagt, es sei ein Bild *des* Tieres. Wenn man das griechische *eikon* allgemeiner mit «Bild» übersetzt (was wir im folgenden bevorzugen), dann handelt es sich möglicherweise um das Bild auf den Münzen, die im römischen Imperium in Umlauf waren; auf ihnen waren die Kaiser mit göttlichen Zügen dargestellt. Bei engerer Übersetzung wären die Statuen der Kaiser gemeint, die auf den Märkten, in den Tempeln und den Kollegien (den Berufsverbänden) standen. *Drittens:* Dem falschen Propheten wird Macht gegeben, *dem Bild des Tieres Lebensgeist (pneuma) zu verleihen.* Es ist also ein Bild mit Geist, mit Leben. *Viertens:* Das hat zur Folge, *daß es auch sprechen konnte und bewirkte, daß alle getötet wurden, die das Bild des Tieres nicht anbeteten.* Das Leben des Bildes manifestiert sich in seinem Vermögen, zu sprechen und zu töten. Was Bild war, ist real und historisch zu einem lebenden Subjekt geworden, das sprechen und töten kann. Die Wunderzeichen, die der falsche Prophet tut, das Leben, welches das Bild hat, das sich in seiner Fähigkeit zum Sprechen und Töten ausdrückt, sind kein Trug, kein Trick, keine Zauberei. Sie sind reale, historische Tatsachen. In unserer Gesamtinterpretation von Kap. 13 werden wir noch darlegen, was das im einzelnen alles bedeutet. *Fünftens:* Der falsche Prophet kann alle zwingen, *auf ihrer rechten Hand oder ihrer Stirn ein Kennzeichen (charagma) anzubringen.* Der Text gibt noch genauer an, wer «alle» sind: die *Kleinen und die Großen, die Reichen und die Armen, die Freien und die Sklaven.* Das Kennzeichen ist für alle da, ohne Unterschied sozialer Gruppe oder Klasse. *Sechstens: Kaufen oder verkaufen konnte nur, wer das Kennzeichen trug: den Namen des Tieres oder die Zahl seines Namens.* Nur die Gekennzeichneten können am Marktgeschehen (Kauf und Verkauf) teilnehmen. Die Nichtgekennzeichneten bleiben ausgeschlossen. Möglicherweise handelt es sich nicht um eine physische Markierung auf der Hand oder der Stirn, mit der man Tiere oder Sklaven zeichnete, sondern eher um ein symbolisches Kennzeichen, das aber doch irgendwie sichtbar und erkennbar, sozial und öffentlich sein mußte und anhand dessen man historisch-real alle jene *identifizieren* konnte, die Teilnehmer am Markt sein sollten.

In *V. 18* spricht der Verfasser der Apokalypse direkt seine Zuhörer an und ermahnt sie, *Verstand* zu haben, um den Zahlenwert des Tieres berechnen zu können. *Denn es ist die Zahl eines Menschennamens; seine Zahl ist sechshundertsechsundsechzig.* Sowohl im Hebräischen wie im Griechischen werden die Zahlen durch Buchstaben dargestellt. Daher lassen sich umgekehrt Personennamen auch als Zahlen schreiben. Der Verfasser ruft hier nicht dazu auf, die Zahl zu dechiffrieren, um den darin verborgenen Namen zu erfahren, denn der Names des Tieres ist ja den Hörern der Apokalypse schon bekannt. Außerdem heißt es in V. 17, daß das Kennzeichen des Tieres sowohl in seinem Namen wie in der Zahl seines Namens bestand. Beide sind also bekannt. Der Verfasser will nicht, daß man die Zahl, er will, daß man den *Sinn* der Zahl enträtselt. Das dazu verwendete Wort ist *psephizo*, «berechnen» (wörtlich: anhand von Steinchen, *psephis*, zählen). Was der Verfasser will, ist, daß seine Hörer den Verstand (*nous*) haben, den Sinn des Ganzen zu erfassen, nämlich die Bedeutung der Namenszahl des Tieres, das alle kennen. Es geht darum, den Sinn der Zahl zu deuten, nicht den Namen zu erraten, der sich in dieser Zahl verbirgt. Der Sinn der Zahl sechs ist Unvollständigkeit, Unvollkommenheit. Sechs wird dreimal genannt, weil sie eine asymptotische, stets unvollkommene Zahl ist – bis ins Unendliche (Periode 6).[8] Wenn man «sieben» sagt, sagt man nur einmal «sieben», denn die Sieben ist eine vollkommene Zahl. Der Name des Tieres, den alle kennen, ist, in Zahlen ausgedrückt, totale Unvollkommenheit und Mangel. In 13,10 hat der Verfasser der Apokalypse seine Hörer ermahnt, Widerstandskraft und Glauben zu haben. Jetzt, in 13,18, ermahnt er sie, Verstand zu haben, damit sie verstehen können, daß der Name des Tieres totale Unvollkommenheit und Mangel ausdrückt. Das ganze Herrschaftssystem des Tieres ist unvollkommen, es ist nicht so perfekt und mächtig, wie es den Anschein hat. Wie wir heute sagen würden: Das Tier ist ein Papiertiger. Was der Verfasser hier mit der Zahl sechshundertsechsundsechzig sagt, sagt er 17,8–11 mit anderen Bildern: Das Tier war einmal und ist jetzt nicht, es steigt aus dem Abgrund herauf und geht ins Verderben. Es hat sieben Köpfe, das sind sieben Könige, also die Fülle der Macht, aber diese Siebenzahl ist illusorisch: Fünf sind bereits gefallen, der sechste ist jetzt da, der siebte wird nur kurze Zeit bleiben. Das Tier stellt einen achten König dar und ist doch einer von den sieben, und somit macht es die Vollkommenheit zunichte, und alles geht ins Verderben.

c) Gesamtinterpretation von Offb 13

Das ganze Kapitel ist eine kritische Analyse der Unterdrückungsstruktur des römischen Imperiums. Der Verfasser unterzieht das Imperium einer theologischen Kritik. Es muß auffallen, wie tiefgehend und komplex die Analyse ist. Offb 13 vermittelt uns ein Bild vom Leben, Fühlen und Denken der unterdrückten christlichen Gemeinde. Die Christen lebten im Imperium, aber sie waren von seinem Leben ausgeschlossen (sie konnten nicht kaufen und nicht

8 «Asymptotisch» kommt von «Asymptote», abgeleitet aus *sympiptein* (zusammenfallen, übereinkommen) plus *Alpha privativum*. Eine Asymptote ist eine Gerade, die sich beliebig einer Kurve nähert, ohne sie jedoch im Endlichen zu erreichen.

verkaufen); sie lebten unter dem Todesurteil, weil sie das vergötzte Imperium nicht anbeten wollten. Die christliche Gemeinde repräsentiert den Widerstand gegen das Imperium; sie war eine Gemeinschaft des Glaubens, welche die Präsenz des Satans im Imperium entdeckte; und sie hatte genug Intelligenz, um die Zerbrechlichkeit dieses Imperiums zu spüren (zu «berechnen»). Aus dieser Situation des Ausschlusses, des Widerstands und des Glaubens heraus unternimmt der Verfasser seine theologische Kritik am römischen Imperium. Er schreibt für die Gemeinden in Kleinasien gegen Ende des 1. Jahrhunderts. In diesem historischen Kontext muß man die Johannesapokalypse interpretieren. Auch für uns wird diese Sicht zum Paradigma und Kriterium der Interpretation.

Das Tier ist die Zentralfigur in Kap. 13; allerdings erscheint es exponiert auch in Kap. 17 (weitere Nennungen in 11,7; 14,9.11; 15,2; 16,2.10.13; 19,19.20; 20,4.10). 36mal insgesamt wird es in der Apokalypse erwähnt. Unzweifelhaft ist das Tier ein mythisches Symbol, mittels dessen das römische Imperium identifiziert, gedanklich erfaßt und kritisiert wird. Wenn Johannes oder die Gemeinde das Imperium mit dem Namen des Tieres belegt, dann spricht sich darin eine Weise aus, das Imperium zu erleben und zu denken, aber auch eine bestimmte Praxis inmitten des Imperiums. Johannes bezeichnet dieses als Tier, und damit folgt er der apokalyptischen Tradition im allgemeinen und dem Danielbuch im besonderen. Dan 7 stellt vier ganz bestimmte Imperien durch vier verschiedene Tiere dar. Das Tier ist das Symbol, mittels dessen das Imperium im Bewußtsein repräsentiert wird; genauso repräsentiert die Menschengestalt («wie ein Menschensohn») im Bewußtsein das Volk der Heiligen des Höchsten. Das Imperium ist das «Tierische» in der Geschichte, das Volk Gottes ist das Humane. In Kap. 17 identifiziert die Johannesapokalypse das Tier mit dem römischen Imperium und die Hure, die auf dem Tier reitet, als Rom, das sogenannte große Babylon. Das Tier meint nicht diesen oder jenen römischen Kaiser, sondern die Gesamtheit aller Kaiser (sieben Köpfe – sieben Könige); und es stellt die imperiale Struktur insgesamt dar. Das Tier ist ein ganzes, universales und totales System, es hat Macht über alle Stämme, Völker, Sprachen und Nationen. Das Tier ist das totale Imperium mit seiner ökonomischen, politischen, sozialen, vor allem aber religiösen, theologischen und spirituellen Dimension. Man muß das in seiner Komplexität und Tiefe, in seinem eigentlichen historischen Kontext verstehen, um nicht allzu rasch und oberflächlich Zug für Zug Entsprechungen herzustellen.

Kap. 13 betont, daß das Tier seine Gewalt, seinen Thron und seine Macht vom Satan erhält. Man muß unterscheiden zwischen der Institution und dem Geist der Institution. Satan ist der Geist, der dem Imperium als Institution und System Leben und Macht verleiht. Innerhalb des Imperiums wirken die übernatürlichen Kräfte des Bösen. In Kap. 12 hat uns Johannes mythisch die Niederlage Satans vorgeführt: Die Märtyrer haben durch das Blut des Lammes und durch ihr Wort und Zeugnis den Satan auf die Erde hinabgestürzt. Satan hat daher keine absolute Macht mehr, sondern nur mehr auf der Erde Macht mittels des Tieres. Dieses hat folglich eine tödliche Wunde, von der es sich allerdings erholt. Diese Wunde ist hervorgerufen durch Tod und Auferstehung Christi. Johannes analysiert das römische Imperium aus der Perspektive des auferstandenen Christus.

Ein zentrales Element in Kap. 13 ist die Anbetung des Tieres. Das römische Imperium ist vergötzt, ein Idol, ein Götzenbild nach der Art des kanaanäischen Baal oder des ammonitischen Moloch. Es ist ein idolatrisches System. Johannes analysiert die Verabsolutierung oder Vergötzung des Imperiums sehr treffend in V. 4 (den wir schon ausgelegt haben). Das Imperium als geschichtliche Struktur hat sich in ein absolutes *Subjekt* verwandelt («Wer ist dem Tier gleich?»), und die Anbeter des Tieres sind zu Objekten geworden («Wer kann den Kampf mit ihm aufnehmen?»). Genau darin besteht die Fetischisierung oder Vergötzung: Die Strukturen werden zum Subjekt, und die menschlichen Subjekte werden zu Dingen. Die das Tier anbeten (mit dem Terminus technicus «die Bewohner der Erde» genannt), liefern ihr Subjektsein und ihr Leben dem Tier aus, machen sich selbst zu Objekten und vollziehen die Unterwerfung unter das Tier. Und dieses kann ihnen sein Kennzeichen aufzwingen. Nicht nur die einzelnen Menschen liefern ihr Subjektsein und ihr Leben an das Tier aus, sondern auch die Könige der Erde, die es anbeten. Das findet in 17,13 treffenden Ausdruck: «Sie sind eines Sinnes und übertragen ihre Macht und Gewalt dem Tier.»

Die Apokalypse hebt ungewöhnlich scharf hervor, daß das Tier die geistige Realität zu zerstören vermag. Johannes drückt diesen Zusammenhang mit dem Begriff der Lästerung aus. Das Tier hat ein Maul, das anmaßende Worte und Lästerungen ausstößt. Aus ihnen spricht der geistige Hochmut des Tieres. Mit seinem arrogant-blasphemischen Diskurs beschädigt es den Namen Gottes (sein Wesen), die Wohnung Gottes (seine Gegenwart in der Geschichte) und die Heiligen. Dies ist die größte Gefahr der Idolatrie: daß sie das Geistige zu beschädigen vermag. Das Tier hat Macht, die Heiligen physisch zu besiegen und zu töten, doch die Besorgnis des Johannes wird vor allem erregt durch die Fähigkeit des Tieres, der Realität des Gottes des Lebens und der Realität der Heiligen, die an den Gott des Lebens glauben und deshalb dem Tier, dem Baal, dem Moloch Widerstand leisten, geistig schweren Schaden zuzufügen.

Die Anbetung des Tieres gehorcht raffinierten und komplexen Mechanismen und Strukturen. Sie werden analysiert in dem Abschnitt, der dem falschen Propheten gewidmet ist (VV. 11-18). Dieser falsche Prophet hat Ähnlichkeit mit einem Lamm; vielleicht imitiert er damit Jesus, doch seine Rede ist satanisch. Er hat keine eigene Macht, seine Gewalt hat er vielmehr von dem Tier erhalten, in dessen Dienst er auch steht. Sein Auftrag lautet, im Imperium die Anbetung des Tieres zu organisieren. Der falsche Prophet symbolisiert in der Apokalypse die ideologische Struktur des Imperiums in ihrer Gesamtheit: seine Priester, Philosophen, Lehrer und Beamten, seinen Kult, seine Massenveranstaltungen, den Zirkus, seine kulturellen Aktivitäten im Theater, im Odeon und im Hippodrom, seine Gymnasien und Ephebien, den Sport und die Olympiaden, das römische Recht und die griechisch-römische Philosophie, die Feldzeichen des Heeres, die kaiserlichen Porträts auf den Münzen, die Organisation des Marktes und des Handels, die internationalen Beziehungen. Die Idolatrie durchdringt alles, und alles steht im Dienst an der Idolatrie des Imperiums. Es geht nicht nur um den Kaiserkult. Er ist nur eine Dimension der imperialen Idolatrie, die total, universal, systematisch, institutionell ist.

Johannes beschreibt uns einige der ideologischen Mechanismen des idolatrischen Systems (VV. 13–17). In erster Linie sind dies die prophetischen Wunderzeichen. Die Apokalypse stellt den falschen Propheten als eine Art Elija dar, der außergewöhnliche Wunder zu vollbringen imstande ist. Ich denke, daß diese Wunder oder Zeichentaten Tatsachen sind. In der gesamten apokalyptischen Literatur sind solche Wunderzeichen bekannt:

> Es wird mancher falsche Messias und mancher falsche Prophet auftreten, und sie werden große Zeichen und Wunder tun, um, wenn möglich, auch die Auserwählten irrezuführen (Mt 24,24 par Mk 13,22).

> Der Gesetzwidrige aber wird, wenn er kommt, die Kraft des Satans haben. Er wird mit großer Macht auftreten und trügerische Zeichen und Wunder tun. Er wird alle, die verlorengehen, betrügen und zur Ungerechtigkeit verführen; sie gehen verloren, weil sie sich der Liebe zur Wahrheit verschlossen haben (2 Thess 2,9f).

Eine mögliche Interpretation wäre: Diese «Zeichen» sind die Werke oder Leistungen des Imperiums, die vergötzend als Wunder hingestellt werden. Das römische Imperium hat wahre Wunderwerke vollbracht: in Technik und Kommunikationswesen, im Bauwesen und in der Kunst, im Recht und in der Philosophie. Diese Errungenschaften wurden als das Werk von Göttern dargestellt, als außerordentliche, wahre Wundertaten des Imperiums (auch heute sprechen wir von den Wundern der Technik, vom Wirtschaftswunder, von medizinischen Wundern usw.).

Noch tiefer durchdringt Johannes den Mechanismus des *tierischen Bildes.* Wir haben schon erläutert, daß dieses Bild Lebensgeist (*pneuma*) besitzt, der sich in seiner Fähigkeit zum Sprechen und zum Töten äußert. Möglicherweise, so sagten wir, meinte Johannes das Bild der römischen Kaiser auf den Münzen, die sie in der Regel mit göttlichen Zügen ausgestattet zeigten. Johannes nimmt diese Darstellung als typisches Phänomen einer komplexeren und umfassenderen ideologischen Struktur. Wie läßt sich erklären, daß das Bild des Tieres Lebensgeist hat, daß es sprechen und töten kann? Wir haben schon gesagt, daß wir zwischen den Institutionen und dem ihnen innewohnenden Geist unterscheiden müssen. Johannes trifft diese Unterscheidung, wenn er von dem Tier und von Satan als der Macht des Tieres spricht. Das Bild des Tieres ist nichts anderes als die sichtbare Repräsentation des unsichtbaren Geistes des Imperiums. Das Bild ist der Körper des Fetischs, des Idols, des Götzen. Und das Bild des Tieres ist ein totes Objekt, dennoch hat es Lebenskraft, sobald es zur symbolisch-sichtbaren Repräsentation des Geistes oder der übernatürlichen Kraft des römischen Imperiums wird. Wenn nun das Bild des Tieres tatsächlich in dem kaiserlichen Bildnis auf den Münzen zu sehen ist, dann ist das römische Geld die sichtbare Repräsentation des Geistes des Imperiums. Das Geld ist Fetisch, es wird zum Subjekt: Es hat Lebensgeist, spricht und tötet. Es rückt auf zum Bild des angebeteten Tieres, des angebeteten Idols, der angebeteten Gottheit. Das Geld wird, mit Jesus gesprochen, Mammon, der Gott dieser Welt, der Herr der Welt. Das Geld ist ein lebloses Ding, aber der falsche Prophet macht es zu einem lebendigen Subjekt. Wer spricht und tötet, ist nicht das Geld als Ding an sich, sondern der Geist des Imperiums; doch das Geld wird jetzt subjektiviert und erscheint als der sichtbare Leib des Geistes des Imperiums, und insofern ist es lebendig, spricht und tötet. In der Johannesapokalypse ist es Satan, der dem römischen Imperium Leben und Macht verleiht, und damit wird das Geld zum sichtbaren Leib Satans.

Wenn das Geld zum Subjekt wird, werden die Anbeter des Tieres zum Objekt. Der Fetischismus verwandelt, wie wir sagten, die Dinge in Personen und diese in Dinge. Vorhin haben wir von dem Tier als Subjekt gesprochen, jetzt organisiert der falsche Prophet die Anbetung des Tieres, indem er das Bild das Kaisers auf den Münzen einsetzt und das Geld zum Subjekt macht. Der falsche Prophet organisiert die Anbetung des Tieres in universalem und totalem Maßstab, indem er die Münze zum Fetisch Geld macht, zum angebeteten Geld, zur sichtbaren Manifestation der Gottheit, zum lebendigen Subjekt, das sprechen und töten kann. Diese Verwandlung des Geldes in ein Subjekt verwandelt die Anbeter des Tieres in Objekte, und als solche können sie denn auch gekennzeichnet werden. Einmal mehr übergeben die Subjekte ihre Subjektivität dem Bild des Tieres, dem Götzen Geld, und werden zu Objekten. Dies ist der Sinn des tierischen Kennzeichens. Es markiert die Anbeter des Tieres: Sie tragen den Namen des Tieres auf ihrer Stirn, das heißt in ihrem Bewußtsein, und auf ihrer rechten Hand, das heißt in ihrer Arbeit. Das Kennzeichen drückt die Logik, die Rationalität des Imperiums aus. Wer das Imperium anbetet, der teilt diese Logik, und daher kann er mit Erfolg und Genuß am Leben des Imperiums teilnehmen. Als Bild für diese Integration ins Leben des Imperiums wählt Johannes die ökonomische Wendung «kaufen und verkaufen».

Diese ökonomische Integration in den Markt aber ist ihrerseits Symbol für die Integration in sämtliche Strukturen des Imperiums. Da die Christen den Götzendienst des Tieres und des Geldes ablehnen, tragen sie das Kennzeichen des Tieres nicht, lassen sie sich nicht als Teil des Imperiums identifizieren, sondern werden ausgeschlossen und schließlich umgebracht. Das gegen sie verhängte ökonomische Todesurteil heißt: Ausschluß vom Markt; ihr politisches, kulturelles und geistiges Todesurteil heißt: das Tier nicht als Gott anzuerkennen. Die Christen weigern sich, sich zu Objekten des Baal (des vergotteten Imperiums) und zu Objekten des Mammon (des vergotteten Geldes) machen zu lassen. Die Macht des Tieres und des tierischen Bildes ist Satan selbst, die übernatürliche Kraft des Bösen, die Christus und die Märtyrer besiegt haben, weshalb denn auch die Christen zu der Erkenntnis gelangen, daß das römische Imperium kein absolutes Subjekt ist, dem keiner widerstehen kann. Das Imperium ist eben nicht die Sieben, sondern die Sechshundertsechsundsechzig, es ist ein geistig schon besiegtes Imperium; darum ist Widerstand sinnvoll, selbst wenn das Imperium noch immer so viel Macht hat, daß es lästern, triumphieren und töten kann. Die Gemeinde der Christen widersteht der Idolatrie des Tieres und seines Bildes und lehnt sein Kennzeichen ab. Mit ihr werden wir uns nun im Zusammenhang von Offb 14,1–5 befassen.[9]

3. Offb 14,1–5

Diese Passage ist das Zentrum des größeren Abschnitts 12,1–15,4, der seinerseits das Zentrum der ganzen Apokalypse bildet. Wir stehen folglich *im Zentrum des Zentrums* der Johannesoffenbarung. Es ist nicht nur literarische Mitte (also die Mitte der Struktur des Buches), sondern auch das Zentrum in der Heilsgeschichte: *das Präsens* zwischen der Vergangenheit und der Zukunft, der *kairos*, in dem das Schicksal der Menschheit auf dem Spiel steht und der das Zentrum der Aufmerksamkeit in der Apokalypse bildet. In diesem Zentrum des Zentrums tritt das Volk Gottes auf Erden auf, gemeinsam mit dem Lamm; es ist das Volk, das dem römischen Imperium die Anbetung verweigert und Jesus folgt, wohin er auch geht. Obwohl es sich nur um eine recht kurze Passage handelt, ist sie doch *der* Brennpunkt der Apokalypse. Johannes führt uns (in 14, 1–5) das auf dem Berg Zion mit dem Lamm vereinte Volk Gottes vor, nachdem er uns in Kap. 12 und 13 die perverse Trinität von Satan, Tier und falschem Propheten gezeigt hat und bevor er (in 14,6–20) das Gericht über die Anbeter des Tieres schildert. Es ist ein beeindruckendes, bedeutungsschweres Gemälde, das uns da entworfen wird, wie die Gemeinde dem Lamm folgt, wohin es auch geht,

9 H. Assmann, F. Hinkelammert (1992); E. Dussel (1988).

mitten unter schrecklichen apokalyptischen Tieren, und wie ein ebenso dramatisches Gericht sich abspielt.

Wie wir schon gesagt haben, hat diese Vision der Gemeinde auf der Erde, an der Seite des Lammes, ihre Parallele in der Gemeinde der Sieger über Satan (am Beginn des ganzen Abschnitts in 12,10f) im Himmel und in der Gemeinde der Sieger über das Tier, wiederum im Himmel (am Ende des Abschnitts in 15,2–4). Die Gemeinde, die auf der Erde Widerstand leistet, wird identifiziert mit der Gemeinde, die im Himmel ihr Siegeslied singt.

Der Text hat zwei Teile: eine Vision (VV. 1–3) und deren Erklärung (VV. 4–5). In V. 1 haben wir die Vision im eigentlichen Sinn und in VV. 2 und 3 eine Audition: ein neues Lied. Was Johannes in V. 1 sieht und dann in VV. 4f erklärt, geschieht auf der Erde. Das Lied, das er hört, kommt dagegen vom Himmel (*ek tou ouranou*). Somit gibt es hier zwei Ebenen: eine Gemeinde auf der Erde und ein Lied im Himmel, das auf der Erde zu hören ist, das aber nur die Mitglieder der Gemeinde auf der Erde erlernen können. Wir wollen nun die Schlüsselelemente dieser Vision interpretieren.

Als erstes sieht Johannes: *Das Lamm stand auf dem Berg Zion.* Mit dem Zion ist hier in 14,1 nicht das historische, auf dem Zionsberg erbaute Jerusalem gemeint, auch nicht das himmlische Jerusalem (Kap. 21–22). Zion ist an dieser Stelle vielmehr ein Symbol für die Vereinigung des neuen Gottesvolkes, das beim auferstandenen Jesus versammelt ist. Dieses Symbol ruft gewiß in der Vorstellung das Bild des alten Jerusalem wach und nimmt irgendwie die Vision des neuen Jerusalem vorweg, doch sind die hundertvierundvierzigtausend nicht physisch in Jerusalem anwesend, das ja zu der Zeit schon von den Römern zerstört worden war, und auch nicht im himmlischen Jerusalem, das noch nicht gekommen (besser: noch nicht herabgekommen) ist. Schon im Alten Testament hatte der Zion diesen symbolischen Charakter: als eschatologischer Ort der Vereinigung des Messias mit seinem Volk. In Ps 2 in seiner messianischen Interpretation, die in der gesamten christlichen Tradition und besonders in der Apokalypse so geläufig ist, wird der Messias auf dem Zionsberg eingesetzt, von wo aus er (der Septuaginta zufolge) die Völker regiert. Andere lesenswerte Texte sind Joel 3,1–5; Weish 3,11–13. Die schönste Parallele innerhalb der Johannesapokalypse ist 11,1f, wo ebenfalls vom Tempel in der heiligen Stadt als Symbol für die Gemeinde die Rede ist (vgl. den Kommentar zur Stelle).

Das Volk Gottes bei dem *Lamm* wird dargestellt als ein Volk von *hundertvierundvierzigtausend; auf ihrer Stirn trugen sie seinen Namen und den Namen seines Vaters*. Hundertvierundvierzigtausend ist sicherlich eine symbolische Zahl zur Bezeichnung des Gottesvolkes, die in Anlehnung an die zwölf Stämme gebildet ist. Die Zahl Sieben besagt Totalität ganz allgemein, die Zahl Zwölf dagegen eine soziale Totalität (eines Volkes). Hier handelt es sich um ein vollkommenes Volk: zwölf Stämme von je zwölftausend Personen ergeben hundertvierundvierzigtausend (zwölf mal zwölf mal tausend). Hier versammelt sich das vollkommene Volk Gottes in seiner Gesamtheit beim auferstandenen Christus. Außer Ganzheit und Vollkommenheit drückt die Zahl hundertvierundvierzigtausend auch Organisation aus. Das Volk, das dem Tier widersteht, ist gut organisiert. Volk Gottes meint hier eine Realität, die weit umfassender ist als die Kirche. Wenn Johannes sich auf die Kirche bezieht, spricht er eher von *den Kirchen*, etwa von den sieben Kirchen oder Gemeinden in Kap. 1–3. Das Bild ist aber auch ein Vorverweis auf das himmlische Jerusalem (Kap. 21–22), von dem eigens gesagt wird, es gebe in ihm keinen Tempel, weil das Lamm sein Tempel sei (21,22). Die hundertvierundvierzigtausend erscheinen zweimal: in 14,1–5 und im Paralleltext dazu, 7,1–8. Es ist beide Male dasselbe Volk, und in beiden Fällen ist es auf der Erde. In Kap. 7 sind die hundertvierundvierzigtausend auf der Stirn mit dem Siegel des lebendigen Gottes bezeichnet; in Kap. 14 tragen sie den Namen des Lammes und den seines Vaters auf der Stirn geschrieben. In Kap. 7 handelt es sich um ein Schutzsiegel, um sie vor den vier Würgengeln zu bewahren. In derselben Bedeutung erscheint das Siegel in 9,4, wo die Heuschrekken nur den Menschen schaden, die das Siegel Gottes nicht auf der Stirn tragen. In Kap. 14 dagegen besagt der Name auf der Stirn Zugehörigkeit zu Gott und zu dem Lamm; seine Kontraposition zu dem Kennzeichen des Tieres, das in dessen Namen oder in der Zahl seines Namens auf der rechten Hand und auf der Stirn seiner Anbeter besteht, ist offensichtlich. Das Volk des Tieres und das Volk des Lammes sind deutlich voneinander unterschieden. Auch im neuen Jerusalem werden die Heiligen das Angesicht Gottes sehen und seinen Namen auf ihrer Stirn tragen (22,4). Daher haben jene, die den Namen des Lammes und nicht das Kennzeichen des Tieres auf der Stirn tragen, schon jetzt die Identität der Heiligen, die im neuen Jerusalem wohnen werden.

Sowohl in Kap. 7 wie auch im Abschnitt 12,1–15,4 tritt das Volk Gottes auf zwei Ebenen auf: Erde und Himmel. In 7,1–8 sind die mit dem Siegel Gottes Gekennzeichneten (und Gezählten) auf der Erde. Anschließend erscheint im Himmel eine große Schar aus allen Nationen und Stämmen, Völkern und Sprachen; niemand konnte sie zählen, sie standen vor dem Thron und vor dem Lamm usw. In 14, 1–5 ist das Volk Gottes ebenfalls auf der Erde, aber es hört und lernt das neue Lied derer, die im Himmel singen. Mit dieser Gemeinde auf der Erde (14,1–5) korrespondiert in der Struktur, wie wir schon gesehen haben, auch das Siegeslied im Himmel (12,10f und 15,2–4). Wie in der Einleitung schon betont, sind Himmel und Erde nicht einfach zwei kosmische Dimensionen, sondern theologische Symbole für die Dimensionen der Geschichte: die empirisch-sichtbare, in der sich die Konfrontation zwischen dem Volk Gottes und dem Imperium abspielt, und der unsichtbar-transzendenten, in der der Sieg des Gottesvolkes schon gesichert ist. Es gibt nicht zwei Geschichten, sondern nur zwei Dimensionen ein und derselben Geschichte.

In den VV. 2–3 wird die die Vision aus V. 1 begleitende Audition geschildert. Die Wörter «Lied» (*ode*), «singen» (*ado*) und «Harfe» (*kithara*) kommen in der Johannesapokalypse nur hier in 14,2f, in 15,2–4 und in 5,8–12 vor. Trotz ihrer Unterschiede sind dies drei Paralleltexte, die sich gegenseitig erläutern. Die drei Lieder werden im Himmel gesungen und liefern uns die Sinndeutung für das, was auf der Erde geschieht. Nur in Kap. 5 und 15 wird auch der Inhalt des Liedes mitgeteilt, nicht dagegen hier in 14,2f; dennoch können wir uns recht gut vorstellen, daß das neue Lied aus 14,3 von dem handeln wird, was auch die Lieder von Kap. 5 und 15 besingen. Die Singenden sind jeweils verschieden: In Kap. 5 sind es die vier Lebewesen und vierundzwanzig Ältesten, in Kap. 15 die Sieger über das Tier, sein Bild und die Zahl seines Namens, und in 14,2f wird uns nicht mitgeteilt, wer singt, wiewohl man annehmen darf, daß es die siegreichen Märtyrer im Himmel sind (die auch in 12,10f und 15, 2–4 singen).

14,3 enthält einen bedeutsamen Schlüsselsatz: *Aber niemand konnte das Lied singen lernen außer den hundertvierundvierzigtausend, die von der Erde freigekauft sind.* Dieses Lied, das die Gemeinde auf der Erde vom Himmel erlernt, stellt das Bewußtsein, die Identität und die Spiritualität dieses organisierten Volkes dar, das auf der Erde dem

Tier Widerstand leistet. Um widerstehen zu können, muß man dieses Lied singen lernen, und nur die Mitglieder des Gottesvolkes können das. Es ist wie ein Geheimnis, das sie im Himmel entdecken, in jener verborgenen Dimension der Geschichte, die sich allein im Glauben auftut. Die dem Tier auf Erden Widerstand leisten, dürfen und müssen das Lied der Märtyrer im Himmel singen. Zwischen den Anbetern des Tieres, die diesem ihr Subjektsein ausgeliefert haben und zu gebrandmarkten Objekten geworden sind, und den hundertvierundvierzigtausend, die das vom Himmel gehörte neue Lied lernen und singen, besteht ein tiefgreifender Unterschied. Die letzteren können singen, weil sie Subjekte sind, weil sie eine Subjektivität, ein Bewußtsein, eine Identität, eine Spiritualität besitzen. Jene dagegen können kaufen und verkaufen, singen können sie nicht.

In VV. 4–5 wird uns in vier Sätzen dargelegt, wer diese hundertvierundvierzigtausend sind, die Johannes in seiner Vision sieht.

Erstens: *Sie sind es, die sich nicht mit Weibern befleckt haben; denn sie sind jungfräulich.* Dieser Satz klingt schrecklich in unseren Ohren, und wie man ihn auch dreht und wendet – er klingt weiterhin schrecklich. Daher sollte man ihn in den neueren Übersetzungen durch einen anderslautenden Text ersetzen, der den ursprünglichen Sinn getreu wiedergibt. Das Verb «beflecken» (*molyno*) kommt nur hier, in 14,4, und in 3,4 mit derselben Bedeutung vor. In 3,4 sagt Jesus:

> Du hast aber einige Leute in Sardes, die ihre Kleider nicht befleckt haben; sie werden mit mir in weißen Gewändern gehen, denn sie sind es wert.

Es liegt auf der Hand, daß beide Texte symbolische Bedeutung haben. Das Kleid steht für unsere Lebensweise, unsere Praxis. Was befleckt oder beschmutzt, das ist, einer langen und breiten alt- und neutestamentlichen Tradition zufolge, die Idolatrie. Unzucht und Prostitution sind konstante und unmißverständliche Symbole für die Idolatrie. Jungfräulichkeit und Reinheit dagegen bedeutet gänzliches Fehlen von Idolatrie. Wenn Jesus sagt: «Selig, die ein reines Herz haben; denn sie werden Gott schauen» (Mt 5,8), dann meint er das gleiche. Was uns daran hindert, Gott zu schauen, ist die Idolatrie. So werden denn auch die Heiligen im himmlischen Jerusalem Gott schauen, weil dort Götzendiener und Mörder nicht zu finden sind (21,8). Eine weniger anstößige Alternative zu diesem ersten Satz 14,4a könnte lauten: Sie sind es, die sich nicht mit Götzendienst befleckt haben; denn sie haben ein reines Herz.

Zweitens: *Sie folgen dem Lamm, wohin es geht.* Das hier gebrauchte Verb ist «folgen» (*akoloutheo*); in der Tradition der vier Evangelien ist es Terminus technicus zur Bezeichnung der Jünger in der Nachfolge Jesu. Hier schafft es eine harte Opposition zwischen der Anbetung des Tieres («Und die ganze Erde sah dem Tier staunend nach»: 13,3) und der Jüngernachfolge des Lammes. Die Anbeter des Tieres übergeben ihm, wie wir sahen, ihr Subjektsein und werden zu Objekten. Das Lamm ist hier das dem Tier antagonistisch gegenüberstehende Symbol. Die Gemeinde der hundertvierundvierzigtausend, die Alternative zur Gemeinde des Tieres (des römischen Imperiums), lebt auf Erden als Jüngerschaft Jesu. Die Christen widerstehen dem Tier, das meint eben das Wort «Widerstand» (*hypomone*) in der Apokalypse (1,9; 2,2.3.19; 3,10; 13,10; 14,12). Es ist ein Widerstand bis zum Tod (vgl. 12,10f). Frei nach Hebr 12,4 können wir sagen: Die Jünger Jesu haben im Kampf gegen das Tier bis aufs Blut Widerstand geleistet. Nun leisten aber die Christen diesen Widerstand durch ihr Jünger-Jesu-Sein. Nirgends wird gesagt, sie hätten mit der Waffe in der Hand gegen das Tier gekämpft. Sie haben in der Gegenwartszeit durch ihr Jünger-Jesu-Sein gekämpft, indem sie dem Lamm folgten, wohin es ging, indem sie den neuen Gesang sangen, den sie von den Märtyrern lernten, den Siegern, die im Himmel leben; aber sie haben auch Widerstand geleistet kraft der Hoffnung, daß Jesus sich bald bekunden werde, um Gericht zu halten über die Anbeter des Tieres (14,6–20) und ihm und dem falschen Propheten ein Ende zu machen (19,11–21), in der Erwartung der Königsherrschaft des Messias (20,4–6) und des neuen Himmels und der neuen Erde (21–22).

Drittens: *Sie allein unter allen Menschen sind freigekauft als Erstlingsgabe für Gott und das Lamm.* Das Verb «freikaufen, erwerben» (*agorazo*) in dem übertragenen Sinn von «loskaufen, befreien» erscheint in der Johannesapokalypse 5,9 und 14,3.4. In 5,9f heißt es, das Lamm habe mit seinem Blut Menschen für Gott erworben aus allen Stämmen und Sprachen, aus allen Nationen und Völkern und habe sie zu einem Königtum gemacht, und sie herrschten auf der Erde. In 14,4 sind die Freigekauften die Erstlingsgabe (*aparche*) für Gott und das Lamm. Der Ausdruck «Erstlingsgabe» kommt in der ganzen Apokalypse nur an dieser Stelle vor. In 1 Kor 15,20 spricht

Paulus vom auferstandenen Christus als dem Erstling (*aparche*) der Entschlafenen, das heißt: Er ist der erste von allen anderen, die nach ihm auferweckt werden. Auch in 2 Thess 2,13 heißt es, Gott habe die Gemeinde als Erstlingsgabe erwählt, das heißt: als die ersten einer späteren, größeren Gruppierung. 1 Kor 16,15 nennt das Haus des Stephanas die «erste Frucht Achajas», die ersten Bekehrten also von weiteren, die später kommen. Hier in Offb 14,4 sind die hundertvierundvierzigtausend die Erstlingsgabe für Gott. Das organisierte Volk Gottes widersteht dem Tier, aber es ist nur der Anfang, der Erstling einer ganzen Menge, die seinem Beispiel folgen wird. Im Himmel ist die große Schar schon nicht mehr zu zählen (7,9). Sie alle sind freigekauft, befreit durch das Blut des Lammes. Die das Tier und der falsche Prophet vom Markt ausgeschlossen haben, sie sind jetzt die durch Jesu Tod und Auferstehung Freigekauften und Befreiten.

Viertens: *In ihrem Mund fand sich keinerlei Lüge. Sie sind ohne Makel.* Dieser Satz hat die gleiche Bedeutung wie der erste und stellt mit diesem zusammen eine Inklusion dar: Die das Tier nicht angebetet haben, die keine Götzendiener sind, haben ein reines Herz. Der Mund der Christen ist der Gegensatz zum Maul des Tieres, aus dem anmaßende Worte und Lästerungen fließen. Ein zur Johannesapokalypse in etwa zeitgleicher und paralleler Text mag als Zusammenfassung unserer Beobachtungen dienen:

> Der Gesetzwidrige aber wird, wenn er kommt, die Kraft des Satans haben. Er wird mit großer Macht auftreten und trügerische Zeichen und Wunder tun. Er wird alle, die verlorengehen, betrügen und zur Ungerechtigkeit verführen; sie gehen verloren, weil sie sich der Liebe zur Wahrheit verschlossen haben, durch die sie gerettet werden sollten. Darum läßt Gott sie der Macht des Irrtums verfallen, so daß sie der Lüge glauben; denn alle müssen gerichtet werden, die nicht der Wahrheit geglaubt, sondern die Ungerechtigkeit geliebt haben (2 Thess 2,9–12).

4. Offb 14,6–20

Die Struktur dieses Abschnitts ist einfach:

Drei Engel verkünden das Evangelium Jesu Christi: VV. 6–13.
    Vision des *Menschensohns* auf einer weißen Wolke: V. 14.
Drei Engel vollziehen das Gericht der Ernte und Weinlese: VV. 15–20.

Wenn wir den ganzen zweiten Teil – 14,1-15,4 – des größeren Abschnitts 12,1–15,4 nehmen, finden wir folgende Struktur:

Das *Lamm* steht auf dem Zionsberg, bei ihm die hundertvierundvierzigtausend: 14,1–5.
Drei Engel verkünden das Evangelium vom Gericht Gottes: 14,6–13.
Der *Menschensohn* sitzend auf einer weißen Wolke: 14,14.
Drei Engel vollziehen das Gericht der Ernte und Weinlese: 14,15–20.
Die *Sieger* singen das Siegeslied des *Lammes*: 15,2–4.

Vergessen wir nicht, was wir zu Beginn des Kapitels sagten: daß wir in der Struktur dieses Abschnitts 12,1–15,4, der das Zentrum der gesamten Johannesapokalypse darstellt, eine Spiegelung der Struktur von Dan 7 finden mit ihrem fundamentalen Gegensatz Tier – Menschensohn (den beiden Mythen oder Symbolen, die im Bewußtsein die Imperien bzw. das Volk der Heiligen des Höchsten repräsentieren). In dem Abschnitt, der uns in diesem Kapitel beschäftigt, stoßen wir auf dieselbe grundlegende Opposition:

Tier und falscher Prophet: 13,1–18.
Menschensohn und sechs Prophetenengel: 14,6–20.

Im Danielbuch ist es Gott, der das Gericht vollzieht. In der Johannesoffenbarung und in der synoptischen Tradition ist es der Menschensohn, das Symbol, mit dem Jesus identifiziert wird.

Im folgenden wollen wir die Schlüsselelemente für eine Interpretation von 14,6–20 betrachten.

a) Offb 14,6–13

Dieser Abschnitt wird zunächst durch die Rufe der drei Engel unterteilt: ein erster Engel (VV. 6f), ein zweiter Engel (V. 8); ein dritter Engel (VV. 9–11). Den Schluß bildet eine Ermahnung: VV. 12f. Die Rufe ertönen im Himmel oder vom Himmel aus, auch wenn die Handlung sich auf der Erde abspielt.

Der erste Engel (VV. 6–7)

Auffälligerweise wird er als *ein anderer Engel* bezeichnet. Den Engel oder die Engel, von denen also vorher die Rede sein muß, finden wir in Kap. 12, in dem Michael und seine Engel auftraten. Die sechs Engel in 14,6–20 werden jeweils «ein anderer Engel» genannt. Der erste von ihnen weist eine gewisse Ähnlichkeit mit dem gewaltigen Engel aus 10,1–7 auf. Beide Passagen beginnen mit derselben Formulierung: «Und ich sah: ein anderer Engel ...» (*kai eidon allon angelon*). Der Engel aus Kap. 10 hält ein kleines, aufgeschlagenes Buch in der Hand, der Engel in Kap. 14 hat ein Evangelium (*euangelion*). Dieses Wort kommt in der ganzen Johannesapokalypse nur an dieser Stelle vor. Das Verb «verkünden» (*euangelizo*) seinerseits findet sich zweimal: 10,7 und 14,6. Das *ewige Evangelium*, das der Engel zu verkünden hat, gilt *den Bewohnern der Erde* universal: *allen Nationen, Stämmen, Sprachen und Völkern.* Wir haben schon mehrfach gesagt, daß der Ausdruck «Bewohner der Erde» in der Johannesapokalypse ausnahmslos ein Terminus technicus ist, der zur Bezeichnung der ruchlosen Anbeter des Tieres dient. Stets wird aber dabei die Verbform *katoikountes* verwendet; hier in 14,6 dagegen kommt das Partizip eines anderen Verbs zum Einsatz: *kathemenos*. Folglich ist der Sinn der Wendung in 14,6 nicht negativ, sondern neutral: Gemeint sind hier alle Menschen auf der Erde, ohne Unterscheidung, ob sie gerecht oder ruchlos sind.

Außergewöhnlich ist, daß der Inhalt dieses weltweit verkündeten Evangeliums (wörtlich: gute Botschaft) lautet: *Die Stunde des Gerichts ist gekommen (elthen he hora tes kriseos).* Das Wort «Gericht» (*krisis*) wird in der Apokalypse noch weitere drei Male gebraucht: 16,7 und 19,2 in der Fügung «wahre und gerechte Gerichtsurteile» und 18,10. Wir denken immer, das Gericht sei etwas Furcht- und Schreckenerregendes. Das trifft zu – aber nur für die Kräfte des Bösen. In 16,7 wird das Gericht in einer Liturgie gefeiert, denn Gott hat denen, die Blut vergossen, Blut zu trinken gegeben. In 19,2 ist es ähnlich, denn die große Hure (Rom) ist gerichtet, und Rache genommen ward an ihr für das Blut von Gottes Knechten. Für die Unterdrückten bedeutet das Gericht eine gute Botschaft, nämlich Befreiung und Herstellung von Gerechtigkeit. Das Gericht Gottes ergeht, wenn er dem Unterdrückten Gerechtigkeit verschafft. Es ist das befreiende Eingreifen Gottes in die Geschichte. Drei Imperative (V. 7) kennzeichnen jene Haltung, in der das Nahen des Gottesgerichts zu erwarten ist: *Fürchtet Gott ... erweist ihm die Ehre ... Betet ihn an (proskynesate), der den Himmel und die Erde ... gemacht hat.* Diese Anbetung Gottes des Schöpfers steht in scharfem Gegensatz zur Anbetung des Satans, des Tieres und seines Bildes (13,4.8.12.15 mit demselben Verb *proskynein*).

Der zweite Engel (V. 8)

Ein zweiter Engel ruft: *Gefallen, gefallen ist Babylon, die Große* (genauso 18,2). Der Verfasser verwendet hier die Verbform des proleptischen oder dramatischen Aorists (*epesen*), das heißt, er kündigt etwas Zukünftiges als schon geschehen an. Das kaiserliche Rom, eben «Babylon, die Große», ist zwar noch nicht gefallen, doch im Bewußtsein der Christen ist es bereits eine verlorene und verwüstete Stadt. Rom wird bezeichnet als die Stadt, *die alle Völker betrunken gemacht hat mit dem Zornwein ihrer Hurerei* (vgl. die Parallelen 17,2; 18,3). Das Wort «Hurerei» (*porneia*) ist in der gesamten biblischen Tradition ein Symbol für die Idolatrie. Rom ist in aggressiver und «zorniger» Weise götzendienerisch und reißt alle Völker in den Rausch seiner Idolatrie hinein. Kap. 18 wird breiter entfalten, was sich hier nur andeutet.

Der dritte Engel (VV. 9–11)

Die Wendung *das Tier und sein Bild anbeten und das Kennzeichen annehmen* (in V. 9 und V. 11, die also eine Inklusion bilden) wird dann in 16,2 und 19,20 wiederholt; auch in 15,2 und 20,4 haben wir diese Formel, nun aber von denen ausgesagt, die *nicht* angebetet haben. Die Wendung, die eine Zusammenfassung von 13,11–18 ist, muß in den christlichen Gemeinden bekannt gewesen sein. Im Zentrum, den VV. 9–11, ist die Rede von der Strafe, die den treffen wird, der das Tier und sein Bild anbetet und sein Kennzeichen annimmt. Diese Strafe wird in drei schrecklichen, bedeutungsschweren Sätzen beschrieben:

– Er muß den Wein des Zornes Gottes trinken, der unverdünnt im Becher seines Zorns gemischt ist.

– Er wird mit Feuer und Schwefel gequält vor den Augen der heiligen Engel und des Lammes in alle Ewigkeit.

– Tag und Nacht wird er keine Ruhe haben.

Nicht die Höllenqualen werden hier geschildert (das geschieht übrigens nirgendwo in der ganzen Johannesapokalypse), sondern die Schrecken, die jetzt, in diesem Leben, der erleiden muß, der das Tier und sein Bild anbetet und das Kennzeichen seines Namens annimmt. Wenn das Tier zum Götzen wird, zum Moloch, zu einem absoluten, transzendenten Subjekt, dann werden die Anbeter des Tieres zu gekennzeichneten Dingen; wenn das Bild des Tieres angebetet wird, das die materielle Repräsentation der übernatürlichen Kräfte des Imperiums ist, dann verlieren die Anbeter des Tieres ihr Subjektsein, ihre Identität, ihre Spiritualität. Ihre Identität, ihr «Kennzeichen», ist die Identität des Tieres. Worin bestehen nun aber die Schrecken, die sie heimsuchen?

Vom Zornwein der römischen Idolatrie war schon die Rede (14,8; 17,2; 18,3). 12,12 spricht von der Wut des Teufels. Jetzt dagegen redet Johannes vom Zorn Gottes. Und er tut das in einer geradezu überladenen Wendung, in der es nicht mehr nur um den Zorn, sondern um den Wein des Zornes geht, einen Wein, der unverdünnt im Becher des göttlichen Zornes angerichtet ist. Danach wird die Peinigung mit Feuer und Schwefel genannt, der der Anbeter des Tieres verfällt, und zwar im Angesicht der Engel und des Lammes. Es ist ein inneres Leiden in Anwesenheit Gottes. Und zum Schluß heißt es, der Betroffene finde niemals Ruhe.

Was hat diese haßerfüllte Sprache zu bedeuten? Johannes nimmt hier Gelegenheit, das Leiden der Anbeter des Tieres zu schildern, derer, die zu gekennzeichneten Dingen geworden sind, weil sie ein Imperium anbeten, das seinerseits zu einem absoluten Subjekt geworden ist. Damit will er seine Hörer warnen: Sie sollen dieser götzendienerischen Integration ins römische Imperium widerstehen. Außerdem hat er jetzt die Möglichkeit, den geballten Haß der Heiligen zu spiegeln, derer, die das Imperium ausgeschlossen hat, die nicht kaufen und verkaufen können, die verfolgt und ermordet werden. Warum aber spiegelt er diesen Haß? Eine mögliche Antwort hieße: Katharsis. Die Johannesoffenbarung wäre dann wie die griechischen Tragödien ein Exerzitium der Katharsis, das heißt, ihre Lektüre würde der Gemeinde als Prozeß innerer Läuterung dienen, damit ihre Mitglieder sich durch das Hören vom Haß befreien (ähnlich der Sublimierung der Leidenschaften in der griechischen Tragödie).[10] Johannes spiegelt diesen Haß, weil er seinen Hörern helfen will, ihren Haß in Bewußtsein zu verwandeln. In allen Liturgien und Liedern tritt dieses Bewußtsein in Erscheinung. Ich glaube im übrigen, daß es hier nicht nur um Haß geht; Johannes spiegelt auch die Hoffnungslosigkeit der Ausgeschlossenen, die Ungeheuerlichkeit des Leidens der Armen. Ähnliches geschieht in den Psalmen (vgl. nur etwa Ps 22; 35; 55; 59; 70; 109).

10 A. Yarbro Collins (1984).

Die Ermahnung (VV. 12–13)

In den VV. 12f haben wir eine Ermahnung vor uns. Wie in 13,10 ruft der Verfasser zum *Widerstand* auf (noch einmal: *hypomone* ist nicht mit «Ausdauer» oder «Standhaftigkeit» zu übersetzen, sondern mit «Widerstand»). V. 13 enthält eine Seligpreisung, die bei den Hörern die Angst vor dem Tod überwinden soll (es gibt in der Johannesapokalypse insgesamt sieben Seligpreisungen: 1,3; 14,13; 16,15; 19,20; 20,6; 22,7.14). *Ja, spricht der Geist:* Der Heilige Geist interveniert wie bei den sieben Sendschreiben und in 22,17. Sein Eingreifen ist notwendig für den Widerstand gegen den falschen Propheten, der als Anti-Geist wirkt.

b) Offb 14,14–20

Hier stoßen wir auf drei Symbole: den (aus Dan 7 übernommenen) Menschensohn, die Ernte und die Weinlese (aus Joel 4,13f im Kontext von 4,1–17 herkommend). Die Mythen und Symbole sind immer polysemantisch; stets sind sie offen für neue Sinngebungen, wenn nur der Originaltext respektiert und der Gesamtsinn des Buches und des entsprechenden Abschnitts gewahrt wird. Die drei Symbole in unserem Text sind recht abstrakt: Sie sind nicht theologisch oder historisch genauer gefaßt.

Die Gestalt des Menschensohns weist keinerlei christologischen Bezug auf, insbesondere dann nicht, wenn wir sie mit der Vision von Christus als dem Menschensohn in 1,10–20 vergleichen oder den Bezug in 1,5–7 heranziehen. Die Christusvisionen in Kap. 5 und in 19,11-21 sind voll von Symbolen und Reflexionen von starker und deutlicher christologischer Sinndichte. In 14,14 dagegen fehlt nicht nur die christologische Bezugnahme, es erscheinen darin auch Elemente, die im Danielbuch nicht vorkommen, wie die weiße Farbe der Wolke, das Sitzen, der goldene Kranz und die Sichel. Jesus tritt in der Apokalypse nie mit einem goldenen Kranz auf, und noch weniger mit einer scharfen Sichel. Wohl führt er das scharfe, zweischneidige Schwert, das aus seinem Mund kommt und das immer sein Wort bedeutet (1,16; 2,12; 19,15). Auffällig ist auch, daß der Menschensohn von einem Engel einen Befehl empfängt. Zwar retten die Kommentatoren die Situation dadurch, daß sie erklären, der Engel komme aus dem Tempel, und das heiße, daß er einen Befehl Gottes übermittle, doch sie stützen sich damit auf einen nur impliziten und uneindeutigen Befund. Es bleibt auffällig, daß ein Engel dem Menschensohn einen Befehl erteilt. Und ferner, daß es in 14,20 allem Anschein nach der Engel ist, der die Kelter des göttlichen Zornes tritt, während laut 19,15 ganz ausdrücklich Jesus dies tut (in Jes 63,1–5 tut es Gott selbst).

Die Symbole der Ernte und der Weinlese entwickeln den Text von Joel weiter, in großer Treue zu dessen Wortlaut und ohne historische oder theologische Konkretisierungen. Der Verweis auf den Ort «draußen vor der Stadt», wo die Kelter getreten wird, könnte auf den Joeltext Bezug nehmen, wonach das Gericht Jahwes im Tal Joschafat, außerhalb von Jerusalem, aber nicht weit davon entfernt, stattfindet. Die überzogene Formulierung von V. 20, in dem es heißt, das Blut sei angestiegen bis an die Zügel der Pferde und habe eine Fläche von 300 Quadratkilometern bedeckt, weist ebenfalls keinerlei konkreten theologischen oder historischen Anhalt auf.

Der abstrakte, weder historische noch christologische Charakter von 14,14–20 ist beabsichtigt. Johannes legt den Nachdruck auf die Symbolik als solche, die es dem Leser und Hörer der Apokalypse überläßt, die möglichen Bedeutungen harauszufinden. Das Fehlen der christologischen Dimension in der Vision vom Menschensohn will die Aufmerksamkeit auf die Symbolik dieses Bildes bei Daniel lenken. In Dan 7 steht die menschliche Gestalt (der Menschensohn) der tierischen Gestalt antagonistisch gegenüber. Die Menschengestalt ist ganz eindeutig das Symbol für das Volk aus den Heiligen des Höchsten (Dan 7,18.22.27), das nach dem Gericht das Königtum und die Herrschaft erhält; die Tiere hingegen sind die Symbole für die vier Imperien (das babylonische, medische, persische und hellenistische: Dan 7,17 im Licht der Kap. Dan 2; 8; 10–12). Bei Daniel schafft Gott Gerechtigkeit, indem er die Imperien vernichtet und das Reich Gottes dem Volk der Heiligen übergibt. In Offb 14,14 nimmt Johannes das christologische Profil des Menschensohnsymbols zurück, um ihm seinen ursprünglichen Sinn geben zu können: *Der Menschensohn, thronend auf der weißen Wolke, ist die transzendente Repräsentation (im Bewußtsein, im Himmel) des Volkes Gottes, das dem Tier Widerstand leistet und sich seinem Bild und Namenskennzeichen widersetzt.* Dieses Volk erhält im Text den goldenen Kranz und die scharfe Sichel, um das in den Symbolen von Ernte und Weinlese dargestellte Gericht Gottes zu vollstrecken. Unsere Interpretation schließt nicht aus, daß der Menschensohn

Christus ist. Zufolge der Struktur, die wir skizziert haben, hält Johannes an der Relation Lamm – Menschensohn und an der Opposition Imperium – Christus fest, symbolisiert durch die Opposition Tier – Menschensohn. Doch der Verfasser der Apokalypse verbirgt diese christologische Dimension, um die ursprüngliche Bedeutung des Symbols hervortreten zu lassen, nämlich die Versinnbildung des Volkes der Heiligen. Und selbst in der synoptischen Tradition, in der der Titel «Menschensohn» eindeutig Jesus zugelegt wird, geht sein originärer Bezug auf das Volk Gottes nicht verloren. Menschensohn ist eine messianische Gestalt, die das Volk Gottes repräsentiert.

5. Offb 15,1–4

Diese Passage umfaßt zwei Visionen: die Vision eines großen und wunderbaren Zeichens am Himmel (V. 1) und die Vision der Sieger, die im Himmel das Lied des Mose und zu Ehren des Lammes singen (VV. 2–4). Das Zeichen (*semeion*) aus V. 1 bildet mit den beiden Zeichen im Himmel in 12,1 und 12,3 eine Inklusion. So beginnt und endet der Abschnitt 12,1–15,4, das Zentrum der gesamten Johannesapokalypse. Das Zeichen am Himmel sind sieben Engel mit sieben Plagen, den letzten, mit denen der Zorn Gottes ein Ende erreicht. Der Vers bildet nicht nur eine Inklusion mit 12,1.3, sondern kündigt auch den folgenden Abschnitt von den sieben Schalen an (den wir schon im vorausgegangenen Kapitel erläutert haben). Einer von diesen sieben Engeln zeigt Johannes das Gericht über Babylon (17,1) sowie das himmlische Jerusalem (21,9).

Nach V. 1, dessen Funktion Inklusionsbildung und Ankündigung ist, kommt die Vision von den Siegern. In jedem der sieben Sendschreiben an die sieben Gemeinden ist eine Verheißung an den Sieger enthalten, die in der Regel auf die Schlußkapitel 20–22 hinweist. In 21,7 heißt es ganz konkret: «Wer siegt, wird dies als Anteil erhalten ...». An diesen Stellen sehen wir die (eschatologische) Endrealität derer vor uns, die gesiegt haben. Die weiteren Vorkommen des Verbs «siegen» (*nikao*), dessen Subjekt die Gläubigen sind: 12,11 und 15,2. Die enge Parallele zwischen 12,10f und 15,2–4 haben wir schon erwähnt; beide Stellen bilden aber auch eine Inklusion, die den Abschnitt 12,1–15,4 abschließt. In 12,11 wird der Sieg der Märtyrer über Satan proklamiert. Sie haben ihn vom Himmel auf die Erde gestürzt, dank dem Blut des Lammes und dem Zeugnis, das sie selbst gaben. Jetzt, in 15,2 haben wir den Sieg der Märtyrer über das Tier, sein Bild und die Zahl seines Namens. Zu Beginn ist es die Niederlage Satans, nun die Niederlage des Tieres, seines Bildes und seiner Namenszahl. Mit dieser Inklusion bekommt der ganze Abschnitt einen sieghaften Klang. Der Sieg der Märtyrer über Satan und das Tier steht im Zentrum der Apokalypse. Die Stimmung des Schlußliedes (15,2–4) ist tiefer Glaube und Optimismus.

Das Lied der Märtyrer hat sein «Vorbild» im Siegeslied im Exodusbuch. Die Vision zeigt im Himmel das Symbol des Roten Meeres, und ausdrücklich heißt es, die Märtyrer sängen das Lied des Mose (Ex 15,1–5). Diese Bezugnahme auf den Exodus bereitet den Abschnitt von den sieben Plagen vor, dessen theologischer Gehalt und historischer Sinn der des Exodus ist. Es ist das Lied des Mose, aber auch das Lied zu Ehren des Lammes, das im Zentrum des Zentrums der Apokalypse erscheint, auf dem Berg Zion stehend mit den hundertvierundvierzigtausend, die ihm folgen, wohin es geht (14,1–5). Damit greift dieses Lied 15,1–4 den Sieg der Märtyrer aus 12,10f auf, dem Anfang des Abschnitts, erfaßt die Gemeinde auf der Erde bei dem Lamm, die in 14,1–5, dem Zentrum des Abschnitts, das Lied aus dem Himmel lernt, und schafft so den Kulminationspunkt von 12,1–15,4.

KAPITEL VII: DIE PROPHETISCHE VISION DER GESCHICHTE

Einleitung

Das vorausgegangene Kapitel war dem Zentrum der Apokalypse (12,1–14,20) gewidmet. Und noch vorher haben wir uns mit dem Abschnitt von den Posaunen (8,2–11,19) und den Schalen (15,5–16,21) befaßt, die diesem Zentrum der Johannesoffenbarung vorangehen bzw. folgen. Jetzt wenden wir uns dem auf die sieben Schalen folgenden Abschnitt 17,1–19,10 zu. Wir haben ihn unter die Überschrift gestellt «Die prophetische Vision der Geschichte». Im Gesamtschema der Johannesapokalypse korrespondiert dieser Abschnitt dem Passus 4,1–8,1, dem wir denselben Titel gegeben haben. Dort begann der Abschnitt mit einer Liturgie (Kap. 4 und 5), und dann kam die prophetische Vision der Geschichte in der Form der sieben Siegel. Jetzt ist das Schema genau umgekehrt: Zuerst kommt die prophetische Vision der Geschichte, und den Abschluß bildet eine Liturgie (19,1–10).

Im Abschnitt von den sieben Schalen (15,5–16,21) wurde uns gesagt, diese seien die letzten, weil mit ihnen der Zorn Gottes sein Ende erreicht habe (15,1). Faktisch erzählt uns die Darstellung der siebten Schale vom Ende der großen Stadt: Gott hat sich an Babylon, die Große, erinnert und reichte ihr den Becher mit dem Wein seines rächenden Zornes (16,19). Was nun in 17,1–19,10 kommt, ereignet sich nicht *nach* der siebten Schale, sondern zeigt, *wie* sie Realität wird. In der Tat geht es ja bei der siebten Schale und im vorliegenden Abschnitt (17,1–19,10) um das gleiche: das Gericht über Rom, das große Babylon genannt, und seine Vernichtung.

I. Einführung in die Lektüre und Struktur von Offb 17,1–19,10

Grobstruktur des Textes:

Einführung in das Gesamtgefüge: 17,1–2: Komm, ich zeige dir das Strafgericht über die große Hure.

A) Das Tier und die Hure: 17,3–18
a) Vision des Tieres und der Hure: VV. 3–7.
b) Erklärung der Vision: VV. 8–18.

B) Das Gericht über Babylon, die Große (die Hure): 18,1–24
a) Vision des gewaltigen Engels: «Gefallen, gefallen ist Babylon, die Große».
Grund ihres Sturzes: VV. 1–3.
b) Eine Stimme: «Verlaß die Stadt, mein Volk ... gebt ihr doppelt zurück, was sie getan hat.»
«Stark ist der Herr, der Gott, der sie gerichtet hat»: VV. 4–8.

Zentrum: Klagen über den Untergang Babylons: VV. 9–19
– Klage der Könige der Erde: VV. 9–10
– Klage der Kaufleute der Erde: VV. 11–17a
– Klage der Handelsschiffahrt: VV. 17b-19

b') Die Stimme: «Freut euch, Himmel, Heilige, Apostel und Propheten!
Denn Gott hat euch an ihr gerächt»: V. 20.
a') Handeln des gewaltigen Engels: mit einem Schlag wird Babylon hinabgeworfen.
Grund ihres Sturzes und ihrer Verurteilung: VV. 21–24.

C) Liturgie des Endsiegs: 19,1–8
a) Liturgie im Himmel: VV. 1–5.
Gott hat die große Hure gerichtet.
Gott hat das Blut seiner Knechte an ihr gerächt.
b) Liturgie auf der Erde: VV. 6–8.
Gott hat seine Herrschaft aufgerichtet.
Gekommen ist die Hochzeit des Lammes.

Schlußsatz: 19,9–10: Dies sind zuverlässige Worte Gottes.

Die Einleitung 17,1f eröffnet nicht nur das Kapitel 17, sondern den ganzen Abschnitt 17,1–19,10. Tatsächlich ergeht ja das Gericht über die Hure, das hier angekündigt wird, im wesentlichen in Kap. 18.

Nach der Einleitung folgt ein Triptychon aus Vision, Gerichtsurteil und Liturgie; ein Schlußsatz rundet alles ab. Das Ganze ist ein einziger, ununterbrochener, eng zusammenhängender Text.

II. Schlüssel zur Interpretation der Texte

1. Allgemeine Einleitung (Offb 17,1–2)

Der Engel, der Johannes anspricht, ist einer der sieben Engel, welche die sieben Schalen trugen. Das verweist uns auf 15,1, wo sieben Engel ein großes und wunderbares Zeichen am Himmel bilden, in Parallele zu den großen Zeichen am Himmel aus 12,1–3 (die Frau, mit der Sonne bekleidet, und der Drache). Diese Engel lenken die Aufmerksamkeit auf wichtige Ereignisse, die sich auf der Erde abspielen werden. 17,1 bildet aber auch eine strenge Parallele zu 21,9. Beide Stellen haben denselben Wortlaut:

> *Dann kam einer der sieben Engel, welche die sieben Schalen trugen, und sagte zu mir: Komm, ich zeige dir ...*

In 17,1 zeigt der Engel dem Johannes das Gericht über die große Hure Rom; in 21,9 wird ihm die Braut, die Frau des Lammes, das neue Jerusalem, gezeigt. Danach (17,3 bzw. 21,10) heißt es, der Engel habe Johannes im Geist entrückt (*apenken me en pneumati*). Im ersten Text führt er ihn in die Wüste, um die Frau auf dem Tier zu sehen. Im zweiten nimmt er ihn mit auf einen hohen Berg und zeigt ihm die heilige Stadt Jerusalem, die vom Himmel herabkam. Dieser literarische Parallelismus macht die Opposition zwischen der Stadt *Rom* und dem vom Himmel gekommenen *neuen Jerusalem* deutlich.

In der Einleitung (17,1f) konzentrieren sich drei Wörter: *Hure (porne), Unzucht treiben (porneuo)* und *Hurerei (porneia)*. Die universale Dimension der Hurerei wird kräftig betont: Die Hure sitzt an den vielen Gewässern (eine Bezeichnung für den geopolitischen Raum des Imperiums), mit ihr treiben die Könige der Erde Unzucht, an ihrer Hurerei berauschen sich die Bewohner der Erde. Die Prostitution ist hier Symbol für die Idolatrie. Im Griechischen kommt das Wort für «Prostituierte», *porne*, von *pernemi*, «verkaufen». Die Prostituierte verkauft sich für Geld; sie wird zu einem Objekt in den Händen eines Subjekts, das die Macht hat, sie zu kaufen. In unserem Text ist die Hurerei weiblich und männlich. Einerseits ist Rom eine Prostituierte; andererseits sind auch die Könige der Erde Prostituierte und prostituieren sich mit Rom. Die Könige verkaufen sich als Objekte an die Stadt Rom, die dank ihrem Geld und ihrer Macht zur Roma Dea geworden ist: zum göttlichen, absoluten Subjekt. Bevor er das Gericht über Rom beschreibt (Kap. 18), analysiert der Verfassser das römische Imperium und Rom selbst (17,3–18), um zu beweisen, daß es götzendienerisch ist, auf welche Weise es das ist und was das bedeutet.

2. Das erste Bild des Triptychons (Offb 17,3–18)

a) Vision des Tieres und der Hure (VV. 3–7)

Johannes sieht die Hure Rom in der *Wüste*. Diese steht hier nicht für den Exodus, wie noch in 12,6.14, wo die Frau von Gott in der Wüste beschützt und ernährt wird, sondern für die Ödnis, jenen Ort, an dem die Dämonen und die wilden Tiere hausen. Die Frau sitzt auf *dem Tier,* demselben, von dem Kap. 13 sprach: dem Tier mit den sieben Köpfen und zehn Hörnern. Die gotteslästerlichen Namen stehen jetzt nicht mehr auf seinen Köpfen (den Kaisern), sondern auf seinem ganzen Körper: Gerade der Körper des Tieres ist blasphemisch und idolatrisch.[1] Die Farbe des Tieres ist Scharlachrot (*kokkinos*), die Frau ist in dasselbe Scharlachrot und in Purpur gekleidet. Das Gold wird betont: Dreimal erscheint ein Wort mit dem Stamm *chrys,* «Gold»: Die Frau ist mit Gold (*chrysio*) geschmückt (*kechrysomene*) und hält einen goldenen Becher (*chrysoun*) in der Hand. In V. 4b heißt es, dieser Becher sei *mit dem abscheulichen Schmutz ihrer Hurerei gefüllt*; und in V. 6a sieht Johannes, daß *die Frau betrunken war* vom Blut der Heiligen und vom Blut der Zeugen Jesu. Der Ausdruck «Schmutz» (*bdelygma*) ist in der apokalyptischen Tradition wohlbekannt. Bei Daniel (9,27; 11,31; 12,11) ist die Rede vom unheilvollen Greuel; damit ist Baal oder Zeus gemeint, deren Bild Antiochus IV. Epiphanes im Tempel zu Jerusa-

1 Das Tier ist ein Neutrum, doch die beiden ihm zugeordneten Partizipien *gemonta,* «voll seiend», und *echonta,* «habend», sind männlich konstruiert. Der Verfasser denkt also wohl an das Tier als einen Mann.

lem aufstellen ließ. In der synoptischen Tradition (Mt 24,15; Mk 13,14) erscheint derselbe Ausdruck, auch wenn er sich dort eher auf die idolatrische und verbrecherische Präsenz des römischen Heeres, jenes verabscheuungswürdigen Verwüsters von Jerusalem, bezieht. Hier, in der Johannesoffenbarung, bilden den Zusammenhang das Gold, die Idolatrie und das Blut der Heiligen und Märtyrer. Die Frau trägt auf ihrer Stirn ein Namenszeichen, die geheimnisvolle Inschrift: *Babylon, die Große, die Mutter der Huren und aller Abscheulichkeiten der Erde.* Rom ist nicht nur Prostituierte, sondern sogar die Mutter aller Prostituierten. Es erscheint somit als Quelle und Prototyp aller Idolatrie, die das Imperium beherrscht. Die Abscheulichkeiten der großen Hure sind die Bilder des Tieres (vor allem auf den Münzen und auf den Feldzeichen der römischen Armee).

Wir haben den Text aufmerksam gelesen; betrachten wir nun einige wichtige Interpretationsschlüssel etwas näher. Da ist zunächst die Personifizierung von Rom als Frau, konkreter noch: als Prostituierte. Rom wird zumeist Frau genannt (sechsmal: VV. 3.4.6.7.9.18), dreimal als Prostituierte bezeichnet (VV. 1.15.16) und einmal Mutter der Huren geheißen (V. 5). Außerdem wird ihr der Name Babylon zugelegt (V.5; so auch schon 14,8 und 16,9). Diese Thematik ist im Alten Testament geläufig. Bei Jesaja heißt es von der Stadt Tyrus, sie werde mit allen Königreichen der Welt Unzucht treiben (Jes 23,17). In diesem Fall steht die Prostitution in Zusammenhang mit Gewinn und Handel. Tyrus war internationaler Markt, eine hochfahrende Weltstadt, ihre Kaufleute waren Fürsten und ihre Händler Adlige (Jes 23,3.7.8.18). Beim Propheten Nahum (Nah 3,1–4) wird Ninive als blutrünstige, verhurte Stadt dargestellt, die mit ihrer Buhlerei sich an Völker verkaufte (es geht dabei eindeutig um Götzendienst). Und Ezechiel spricht von Jerusalem als unzüchtiger Frau (Ez 23, bes. V. 35). In der Johannesoffenbarung ist die Beziehung zwischen Rom und den Königen und den Bewohnern der Erde eine unzüchtige, das heißt idolatrische. Der Sinn von alldem ist, daß Rom zum Subjekt wird, sich zu einem absoluten, göttlichen Subjekt aufwirft und daß alle Könige und Vasallen Roms zu käuflichen und verkäuflichen Objekten werden. Es geschieht eine Fetischisierung des imperialen Rom, was sich in der Verehrung Roms als Göttin ausdrückt. Diese Fetischisierung macht das ganze Imperium zu einer großen *porneia*, einer großen Hurerei, zu einer Orgie der Idolatrie.

Die Ursache für die Fetischisierung Roms als Göttin ist seine ökonomische und politische Macht. Rom ist die Frau, die *auf dem Tier sitzt.* Das Kleid der Frau ist von derselben Farbe wie das Tier: Sie haben beide dieselbe geistige Wellenlänge. Zum Fetisch macht die Frau aber vor allem eines: das Gold. Sie ist mit Gold geschmückt (wörtlich: mit Gold vergoldet) und trinkt aus einem goldenen Becher. Und Leben erhält sie durch das Blut der Heiligen und Märtyrer Jesu. Roms ökonomische und politische Macht nährt sich von Blut. Der Fetisch Rom lebt vom Blut seiner Opfer, vom Blut derer, die dem Tier Widerstand leisten, die sein Bild nicht anbeten und das Zeichen seines Namens nicht tragen, mit anderen Worten: die nicht vom System gekennzeichnete Objekte sind. Rom ist letztlich wie Babylon, Tyrus, Jerusalem, Ägypten: eine idolatrische, verbrecherische Stadt. Ein solches Gemeinwesen kann sich nur in der Wüste entwickeln: an einem Ort, wo bloß Dämonen und wilde Tiere hausen.

b) Erklärung der Vision (VV. 8–18)

Dem Text und seiner Struktur nach hätten wir es bei diesen Versen mit der Erklärung der vorangegangenen Vision (VV. 3–7) zu tun: «Ich will dir das Geheimnis der Frau enthüllen und das Geheimnis des Tieres» (V. 7). Erst 17,18 entspricht allerdings dieser Ankündigung. Der Rest ist eher eine vertiefte Analyse der ökonomischen, politischen und ideologischen Realität des römischen Imperiums. Es ist mehr von dem Tier als von der Frau die Rede.

In *VV. 8–11* analysiert der Verfasser die Macht des Tieres. Er bedient sich dabei einer symbolischen, für Rätsel typischen Sprache. Deshalb verlangt er von seinen Hörern Verstand und Kenntnis. Das gleiche hat er am Ende von Kap. 13 gefordert, das ein echtes Parallelkapitel zu dem jetzt zu behandelnden ist. In V. 8 heißt es: Das Tier *war einmal und ist jetzt nicht; es wird aber aus dem Abgrund heraufsteigen und dann ins Verderben gehen.* Drei aufeinanderfolgende Momente sind hier zu unterscheiden: 1) «War und ist jetzt nicht» heißt es dreimal (8a.8b.11) – in so wenigen Versen ein auffällig häufiges Vorkommen. 2) «Wird aus dem Abgrund heraufsteigen» kehrt am Ende von V. 8 wieder: «wird aber wieder da sein» (*parestai*). Dieses zweite Moment ist die «Parusie» des Tieres («Parusie» hat dieselbe Wurzel wie *parestai*). 3) «Wird ins Verderben gehen» wird in V. 11 wiederholt.

Dieselben drei Momente treten auch in VV. 9–11 auf, jetzt allerdings in Verbindung mit der Zahlensymbolik:

1) Erstes Moment («war und ist jetzt nicht»): *Die sieben Köpfe bedeuten sieben Könige. Fünf sind bereits gefallen. Einer ist jetzt da, einer ist noch nicht gekommen; wenn er dann kommt, darf er nur kurze Zeit bleiben.* Hier handelt es sich nicht um sieben konkrete Kaiser (etwa Caligula, Claudius, Nero, Vespasian, Titus, Domitian und Nerva, wie viele Exegeten annehmen), sondern um die Zahl Sieben als Symbol der Fülle. Der Verfasser der Johannesapokalypse lebt unter einem mächtigen Kaiser, der in unserem Text als der sechste figuriert: Er ist der Kaiser, der jetzt da ist, zwischen den fünfen, die bereits gefallen sind, und dem siebten, der erst noch kommen wird. Hier wird also die Zahl Sechs hervorgehoben, so wie in 13,18 die Sechshundertsechsundsechzig. Jener Kaiser, der die Sieben vollmachen könnte und damit für die Vollkommenheit stünde, wird nur kurze Zeit an der Herrschaft bleiben. Vollkommenheit wird also nicht erreicht.

2) Zweites Moment («wird aus dem Abgrund heraufsteigen ... wird wieder da sein»): *Das Tier bedeutet einen achten König.* Nach dem Scheitern des siebten Imperators schwingt sich das Tier selbst zum achten auf; es versucht die Zahl Sechs zu überbieten, schafft dies aber nicht, denn es ist ja *einer von den sieben.* Somit kommt es unausweichlich zum nächsten Moment.

3) Drittes Moment: *Geht ins Verderben.* Mit anderen Worten: Das römische Imperium will Sieben sein, erreicht dies aber niemals. Immer wird es Sechs sein, ja Sechshundertsechsundsechzig. Kommt ein siebter, dann nur für kurze Zeit; das Tier selbst, das ganze, konzentrierte Imperium, will einen achten installieren, um über jenen siebten, Kurzlebigen hinauszugelangen, doch es wird dies nicht schaffen, denn es ist eben auch nur einer von den sieben. Alles, was über die Sechs hinausgeht, überdauert entweder nur kurz oder ist doch nur eines wie die anderen. Daher wird das römische Imperium nie etwas anderes sein als Sechshundertsechsundsechzig. Das Tier ist eine Sechs zwischen fünffachem Scheitern in der Vergangenheit und einem Scheitern in der Zukunft. Ein achtes wird immer eines von derselben Art sein.

Mit alldem ist folgendes gemeint: Das Tier ist, ausdrücklich in V. 8 und chiffriert in V. 10, die Antithese zu dem, was über Gott gesagt wird: «der ist und der war und der kommt, der Herrscher über die ganze Schöpfung» (1,8). Gott ist die Fülle der Geschichte, das Tier ist immerwährende Leere, immerwährendes Scheitern.

Nachdem er in VV. 8–11 die Macht des Tieres analysiert hat, unternimmt der Verfasser eine weitere historische Analyse in drei Schritten: 1) Allianz der Könige mit dem Tier (Konstituierung des unterdrückerischen imperialen Subjekts): VV. 12f. 2) Krieg gegen das Lamm. Das Tier und die Könige werden von dem Lamm und den Heiligen besiegt: V. 14. 3) Interner Krieg gegen Rom (Krise des imperialen Systems): VV. 15–17. Der dritte Schritt nimmt Elemente des ersten auf; dennoch handelt es sich um drei aufeinanderfolgende Etappen, die uns die Logik der Geschichte vor Augen führen. Werfen wir einen Blick auf jede einzelne von ihnen.

Erster Schritt (VV. 12–13)

Die zehn Hörner des Tieres sind zehn Könige. Die Zahl drückt Totalität aus. Möglicherweise sind damit alle Könige jener Provinzen gemeint, die Rom unterworfen und damit eben Teil des Tieres waren. Vielleicht ist aber auch an die kaiserlichen Statthalter in den Provinzen gedacht. Und es könnten alle Könige des gesamten Erdkreises eingeschlossen sein, die von den aus dem Maul des Drachen, des Tieres und des falschen Propheten hervorkommenden Dämonen zusammengeholt (bzw. verführt) wurden (16,14). All diese Könige, die einen Teil des Tieres bilden, sind zwar noch nicht zur Herrschaft gekommen, aber das Tier gibt ihnen königliche Vollmacht (*exousia*). Sie sind Könige ohne Königreich, in Teilen des römischen Imperiums haben sie jedoch Macht. Sie alle haben nur eines im Sinn: ihre Macht und Autorität dem Tier zu übertragen. Deshalb heißt es, sie hätten königliche Macht für eine einzige Stunde erhalten – nicht weil sie alsbald vernichtet würden, sondern eben weil sie ihre Macht dem Tier übertragen. So kommt das gleiche wie in 13,17 zum Ausdruck: Nur wer das Zeichen mit dem Namen des Tieres trägt, kann kaufen und verkaufen. In beiden Fällen (17,13 und 13,17) ist die Rede von der Subjektivierung des Tieres und der Objektivierung derer, die sich ihm übergeben. Das Tier wird zum Subjekt, die ihm Unterworfenen werden zu Objekten, die mit dem Namen des Tieres gebrandmarkt sind und weder Macht noch Autorität mehr besitzen.

Wir sehen hier exakt den Fetischismus der Macht. Die Macht, ein Objekt oder Werkzeug in den Händen verantwortlicher menschlicher Subjekte, wird zum Subjekt; und die menschlichen Subjekte werden zu namenlosen Objekten ohne Macht und Autorität. Die Fetischisierung der Macht ist zugleich ihre Verabsolutierung und Vergötzung, die sie am Ende zu einer unterdrückerischen und verbrecherischen Macht werden läßt: Sie wird Tier, Moloch, Baal. Einzig die zu gekennzeichneten Objekten gewordenen Subjekte können kaufen und verkaufen, das heißt, sich in den Markt, das ökonomische und politische System des Imperiums, integrieren. Die dem Tier Widerstand leisten und nach wie vor Subjekte bleiben, die ihre Macht als verantwortliche Subjekte ausüben, sind vom Markt ausgeschlossen und zum Tod verurteilt.

Zweiter Schritt (V. 14)

Das römische Imperium, als Tier vergötzt, und die Könige der Erde, die sich dem Tier als Verbündete angeschlossen haben, *werden mit dem Lamm Krieg führen.* Hiermit wird die Opposition zwischen dem Tier aus Kap. 13 und dem Lamm aus Kap. 14,1–5 aufgegriffen. Jetzt kündigt sich an, daß das Tier und die Könige von dem Lamm, dem Herrn der Herren und dem König der Könige, und von den Berufenen, Auserwählten und Treuen an seiner Seite besiegt werden. Damit ist ganz unmißverständlich der Endkampf aus 19,11–21, die auch schon in 16,13–16 angekündigte Schlacht von Harmagedon, angesagt, in der der auferstandene Jesus als König der Könige und Herr der Herren erscheint und ihm die Heere des Himmels folgen, dieselben wie in 17,14: die Berufenen, Auserwählten und Treuen. Diese Vorwegverkündigung des Sieges steht in Parallele zu 12,10f, wo die Märtyrer den Dämon im Himmel besiegen, sowie mit 15,2–4, wo im Himmel jene ihr Lied singen, die das Tier, sein Bild und die Zahl seines Namens besiegt haben.

Dritter Schritt (VV. 15–17)

Nun kehrt der Verfasser zu der Frau aus der Vision zurück, die er in V. 1 Hure genannt hat. In V. 9 hieß es, die Frau sitze (*kathetai*) auf sieben Hügeln (den sieben Hügeln Roms); jetzt heißt es, sie sitze (*kathetai*) an den Gewässern (nämlich bei Völkern und Menschenmassen, Nationen und Sprachen). Die Roma Dea (die für Johannes eine Hure ist) hat ihren Sitz auf den sieben Hügeln Roms, doch von dort breitet sie, zumal über die Meere, ihre Weltherrschaft aus (auf die *oikoumene,* das heißt die gesamte bewohnte und vom römischen Imperium organisierte Welt). V. 16 beschreibt uns eine künftige interne Krise des Imperiums: Die zehn Hörner und das Tier werden die Hure hassen; sie werden sie von allem entblößen, ihr Fleisch fressen und sie im Feuer verbrennen (eine an Ez 16,39–41; 23,25–29 orientierte Passage). Das ganze römische Imperium mit all seinen lokalen Mächten und Provinzgewalten haßt Rom und wird es zugrunde richten. Möglicherweise bezieht sich Johannes gar nicht auf ein konkretes historisches Ereignis, sondern auf den inneren Verfallsprozeß, den ein Imperium erleidet, sobald es sich zum «Tier» gewandelt hat. V. 17b nimmt den Gedanken von V. 13 auf: Alle Könige haben nur eines im Sinn: ihre Herrschaft dem Tier zu übertragen. Wir haben schon gesehen, daß Johannes damit den Prozeß der Fetischisierung der ökonomischen und politischen Macht des römischen Imperiums meint. Die Vergötzung des Imperiums bringt nicht nur die Heiligen um, die dem Tier widerstehen, sondern zerstört auch innerlich das Tier selbst. Für Johannes ist diese interne Krise des römischen Imperiums kein Zufall, sondern gottgewollt. Er sagt uns, Gott habe seinen Plan (*gnomen*) in die Herzen der Könige gelegt, damit sie eines Sinnes (*gnomen*) seien und ihre Herrschaft dem Tier übertragen. Was Gott den Königen eingibt und was zur Fetischisierung des Tieres und zur inneren Krise des Imperiums führt, geschieht, *bis die Worte Gottes erfüllt sind.* Implizit ist damit gesagt, daß die interne Krise des Imperiums auf die Predigt derer zurückzuführen ist, die dem Tier Widerstand leisten.

3. Das zweite Bild des Triptychons (Offb 18,1–24)

Jetzt endlich ergeht das Gericht über Rom, die große Stadt, Babylon, die Große. Die Gerichtsterminologie (*krino, krisis, krima*) wird in der Johannesapokalypse insbesondere im Zusammenhang mit dem Gericht über Rom verwendet (elf von insgesamt sechzehn Malen). In dem Abschnitt, der uns jetzt beschäftigt (17,1–19,10), kommt «Gericht» (*krima*) in 17,1 und 18,20, «Gericht» (*krisis*) in 18,10 und 19,2 und «richten» (*krinein*) in 18,8.20 und 19,2 vor. Das Gericht wird angekündigt in 17,1, vollzogen in Kap. 18 und gefeiert in 19,2. Schon 14,7 hatte jedoch das Gericht angesagt. Und in 6,10 baten die

Märtyrer im Himmel Gott, Gericht zu halten (*krino*) und ihr Blut zu rächen (*ekdikeo*). 19,2 spricht dann von der Erfüllung dieser Bitte:

> Seine Urteile (*kriseis*) sind wahr und gerecht. Er hat die große Hure gerichtet ... Er hat Rache genommen (*exedikesen*) für das Blut seiner Knechte ...

Nur an diesen beiden letztgenannten Stellen erscheint in der Johannesoffenbarung das Wort «rächen, Rache nehmen». – Auf das Gericht über Rom und seine Bewohner bezieht sich auch die Liturgie von der Gerechtigkeit Gottes, die nach der dritten Schale stattfindet (16,5–7). Die anderen Texte mit dieser Gerichtsterminologie handeln vom Endgericht (11,18; 19,11; 20,4.12.13). Das Gericht über Rom geschieht jetzt, in der Gegenwartszeit, vor der Parusie Jesu, vor der tausendjährigen Herrschaft und dem Endgericht (19,11–20,15).

In Kap. 18 haben wir ein echtes Gerichtsszenario vor uns. Da ist der Richter (Gott), der Angeklagte (Rom), da sind die Ankläger (die Propheten, Heiligen und alle von Rom Ermordeten), der Klagegrund (Mord aufgrund von Idolatrie und Anhäufung von Reichtümern), der Beweis (das in der Stadt vorgefundene Blut), der Richterspruch (Verurteilung Roms), die Vollstreckung (Sturz und Verschwinden Roms auf Nimmerwiedersehen), die Auswirkungen des Gerichts über Rom (auf Könige, Händler und Kaufleute), die Freude über den Rechtsspruch auf seiten derer, denen Gerechtigkeit wurde (V. 20), und das Fest der von Rom Unterdrückten nach dem Urteil (19,1–10). Diese symbolisch-mythische Darstellung des Gerichts über Rom ist keine Katharsis, keine Reinigung des Geistes durch eine theatralische Darbietung wie in den griechischen Tragödien. Sie ist auch keine Explosion popularen Hasses. Was der Autor mit diesem Kapitel will, ist vielmehr, das Bewußtsein der christlichen Gemeinde wiederherzustellen. Das zentrale Element ist der geschichtliche Sinn der Gerechtigkeit Gottes. Das Gericht impliziert eine Unterscheidung der Realität und eine prophetische Vision der Geschichte. Wenn wir heute dieses Kapitel lesen, erfahren wir, wie das Bewußtsein, das Denken und Empfinden der Christen am Ende des 1. Jahrhunderts im Herzen des römischen Imperiums aussah. – Betrachten wir nun das Kapitel Abschnitt für Abschnitt.

a) Die Vision des mächtigen Engels (VV. 1–3)

Johannes sieht einen Engel mit großer Macht aus dem Himmel herabsteigen. Von seiner Herrlichkeit leuchtet die Erde auf. Er gleicht dem Engel aus 10,1. Engel sind Personifizierungen des göttlichen Handelns auf Erden. Daß die Erde von der Herrlichkeit des Engels, also eigentlich Gottes selbst, aufleuchtet, weist auf 21,23 voraus, wo vom neuen Jerusalem, erleuchtet von der Herrlichkeit Gottes, die Rede ist (vgl. Ez 43,1–3). Der erste Akt des Gerichtsverfahrens ist diese Erleuchtung der Erde und die Niederringung der Finsternis. Gottes Macht und Herrlichkeit offenbaren sich hier durch den Vollzug des Gerichts. Sie sind Zeichen der Hoffnung.

Alsbald wird der gewaltige Ruf des Engels laut: *Gefallen, gefallen ist Babylon, die Große!* Dieser Sturz ist bereits in 14,8 angekündigt worden (vgl. Jes 21,9: «Gefallen ist Babel, gefallen, und all seine Götterbilder hat man zu Boden geschmettert»). «Gefallen» steht in der Apokalypse in der Form des prophetischen Aorist, der als schon geschehen wiedergibt, was sich erst in der Zukunft abspielen wird. Im Bewußtsein der Gemeinde ist Rom eine bereits gefallene Stadt, *zur Wohnung von Dämonen geworden, zur Behausung aller unreinen Geister und zum Schlupfwinkel aller unreinen und abscheulichen Vögel* (vermutlich sind damit die Geier gemeint). Das war das Bild, das die Christen von Rom hatten.

V. 3 gibt uns den Grund für Roms Fall in drei parallelen Sätzen an:

– Die Völker haben vom Zornwein seiner Unzucht getrunken.
– Die Könige der Erde haben mit ihm Unzucht getrieben.
– Durch die Fülle seines Luxus sind die Kaufleute der Erde reich geworden.

Diese Sätze erscheinen nahezu gleichlautend in 17,2 und 18,9. Ihr Subjekt ist zusammenfassender Ausdruck für die Macht auf sozialer (die Völker), politischer (die Könige) und ökonomischer (die Kaufleute) Ebene. Die drei Verben «trinken, Unzucht treiben, reich werden» setzen drei Handlungen in Parallele. Besondere Erwähnung findet, daß sich die Kaufleute durch die Fülle (*dynamis*) des römischen Wohlstands bereichert haben. Trunkenheit und Unzucht sind hier wieder im übertragenen Sinn als Idolatrie zu verstehen. Der Zusammenhang zwischen Idolatrie, Reichtum und Luxus seinerseits ist offensichtlich. Wie wir schon im Kommentar zu 17,1f sagten, erscheint Rom als Hure, aber auch die Könige der Erde prostituieren sich. Prostitution hat eine weibliche und eine männliche Seite. Das muß man im Auge behalten, denn wenn wir Prostitution oder Unzucht ausschließlich mit der Frau identifizieren (wie es in den patriarchalen Systemen üblich ist), leisten wir der Gewalt gegen die Prostituierten Vorschub.

Der Grund für den Sturz Roms ist seine Idolatrie, sein Götzendienst, sein Reichtum, seine Macht und sein Luxus. Rom ist das Zentrum der Bosheit, doch ein gerüttelt Maß an Verantwortung fällt auch auf die Peripherie: die Völker, die Könige und die Kaufleute *der Erde.* Die politischen und ökonomischen Mächte in den Provinzen des Imperiums sind mitverantwortlich für den Fall Roms. Dieses ist nicht nur selbst eine korrupte Stadt, es hat vielmehr auch die Mächte des römischen Imperiums korrumpiert. Man lese dazu den Paralleltext 18,23b, wo der Grund für Roms Fall ein weiteres Mal angegeben wird.

b) Eine prophetische Stimme vom Himmel her (VV. 4–8)

Johannes hört eine Stimme vom Himmel her rufen. Es handelt sich dabei um ein prophetisches Orakel, das von Gott kommt und dessen Inhalt in fünf Befehlen besteht: verlassen, heimzahlen, doppelt zurückgeben, den Becher mischen, geben (*exelthate, apodote, diplosate, kerasate, dote*). Der erste dieser Befehle spricht direkt jemanden an: *Verlaß die Stadt, mein Volk.* Das Volk Gottes soll aus Rom weggehen, um nicht Komplize von dessen Sünden zu werden und um seinen Heimsuchungen zu entgehen; denn Roms Sünden haben sich bis zum Himmel aufgetürmt, und Gott hat seine Schandtaten (*adikemata*) nicht vergessen. Der Weggang aus Rom ist nicht physisch zu verstehen, sondern ökonomisch, sozial, politisch und geistig; er meint: Widerstand leisten, nicht mitmachen, Alternativen entwickeln (vgl. Joh 17,15: «Ich bitte nicht, daß du sie aus der Welt nimmst, sondern daß du sie vor dem Bösen bewahrst»). Der Verfasser orientiert sich am Alten Testament (vgl. Jes 48,20; Jer 50–51).

Auf die Aufforderung, Rom zu verlassen, folgen vier weitere Anweisungen. Es wird nicht ausdrücklich gesagt, wer diese Befehle ausführen soll, doch da kein neuer Ansprechpartner eingeführt wird, darf man davon ausgehen, daß auch sie an «mein Volk» (V. 4) gerichtet sind. Es ist das Volk Gottes, das ihnen nachkommen soll.

Zunächst geht es darum, Rom heimzuzahlen, so wie es selbst ausgeteilt hat, aber in doppeltem Maß; dieses «doppelt» wird dreimal betont.[2] Was Rom gemischt hat, soll ihm nun selbst doppelt zurückgereicht werden. In 17,4 hält Rom, die große Hure, einen goldenen Becher in der Hand, angefüllt mit dem Schmutz ihrer Idolatrie, und in 17,6 heißt es, sie sei betrunken vom Blut der Heiligen und Märtyrer. 16,6 lautete: «Sie haben das Blut von Heiligen und Propheten vergossen, deshalb hast du ihnen Blut zu trinken gegeben, so haben sie es verdient.» Zum Schluß ergeht die Aufforderung, im Maße von Roms Prunk und Luxus ihm Qual und Trauer zu geben.

Aber wie kann das Volk Gottes diesen Befehlen überhaupt nachkommen? Es liegt auf der Hand, daß es gegen Rom nicht dieselbe Gewalt anwenden kann, die Rom ihm gegenüber ausgeübt hat. Die erste Aufforderung hieß, Rom zu verlassen. Das impliziert, daß man es nicht auf demselben Terrain und nicht mit denselben Waffen bekämpft. Das Volk kämpft mit historischer Wirkung gegen Rom; doch seine Waffen sind von anderer, und seine Wirksamkeit ist von höherer Art (nämlich «doppelt»). Die beste Beschreibung dieses Kampfes im ganzen Neuen Testament finden wir in Eph 6,10–20. Der hiesige Text seinerseits zielt auf eine bestimmte historische Praxis des Gottesvolkes gegen Rom. Heute würden wir von einem gewaltfreien Kampf sprechen, von kulturellem, ethischem und geistigem Widerstand (der allerdings nicht weniger geschichtswirksam ist). Das Volk Gottes bekämpft Rom so, wie Jesus kämpfte: durch Tod und Auferstehung.

V. 7 beschreibt Roms Hochmut. Es spricht bei sich: Ich habe Macht, ich bin nicht arm (so der Sinn der Wendung «ich bin keine Witwe»), mit dem Tod habe ich nichts im Sinn. Die Antwort auf diese Arroganz sind Tod und Trauer, Hunger und Feuer. Der Text schließt mit einem Glaubensbekenntnis: «Stark ist der Herr, der Gott, der sie gerichtet hat» (*ischyros kyrios ho theos ho krinas auten*).

c) Klagen über den Fall Roms (VV. 9–19)

Der Text ist deutlich beeinflußt von Ez 26–28 (Drohspruch gegen Tyrus). Wir haben hier eine dreifache Klage vor uns: die der Könige

2 Besser als in der Einheitsübersetzung wird dieser Sachverhalt im Münchener Neuen Testament ersichtlich. Dort lautet V. 6 folgendermaßen: «Vergeltet ihr, wie auch sie vergolten hat, und verdoppelt das Doppelte gemäß ihren Werken! In den Becher, den sie mischte, mischt ihr doppelt!» (Anm. d. Übers.)

der Erde, also der politischen Macht (VV. 9–10), der Kaufleute der Erde, der ökonomischen Macht (VV. 11–17a), und der Handelsmarine, der kommerziellen Macht (VV. 17b–19). Der Text spricht für sich und bedarf keiner näheren Erklärung. Aufmerksamkeit erregen der dreifache Ausruf «Wehe! Wehe, du große Stadt!» und das Entsetzen, das Roms Partner bei seinem Sturz befällt.

Die zentrale Klage verlangt genaueres Hinsehen. VV. 11–17a bilden das Zentrum des Zentrums von Kap. 18; sie handeln von der Klage der Kaufleute, der ökonomisch Mächtigen im Imperium, und beschreiben im einzelnen Roms Konsumgüter:

– Metalle: Gold und Silber;
– Schmuck: Edelsteine und Perlen;
– Luxusware: Leinen und Purpur, Seide und Scharlach;
– Materialien: Duftholz, Elfenbein, Edelhölzer, Bronze, Eisen und Marmor;
– Duftstoffe: Zimt und Balsam, Myrrhe und Weihrauch;
– Nahrungsmittel: Wein, Öl, Mehl und Weizen;
– Tiere: Großvieh und Schafe, Pferde und Wagen;
– als letztes Konsumprodukt Sklaven und menschliche Ware. Diese menschliche Ware galt weniger als die Sklaven. Vermutlich sind damit Männer und Frauen gemeint, die für den Zirkus und die Bordelle bestimmt waren.

Diese Aufzählung von Konsumgütern aus dem Bereich des Ökonomischen widerspiegelt eine Werteskala auf der ethischen Ebene. Den höchsten Wert stellt das Gold dar, den geringsten die Klasse der Sklaven. Befriedigung für die Gelüste der Reichen und Luxusleben in Rom – das macht die Ethik und Werteskala der großen Stadt aus.

d) Jubel der Heiligen, Apostel und Propheten (V. 20)

Dieser Absatz b') ist die Fortsetzung des aus VV. 4–8 bestehenden Absatzes b) und bildet eine Parallele zu diesem. Daher können wir davon ausgehen, daß der, der hier spricht, derselbe ist wie in VV. 4–8. Das *Freu dich* von V. 20 schließt an die Reihe von fünf Imperativen aus VV. 4–8 an. War dort die Rede vom Verlassen der Stadt und vom Widerstand gegen sie, so geht es jetzt um die Freude der Heiligen, Apostel und Propheten. Sie steht in lebhaftem Kontrast zur Klage der Könige, der Kaufleute, der Kapitäne und Schiffsreisenden. Die

Ursache für diesen Jubel ist die Tatsache, daß Gott durch sein Gericht über Rom die Sache der Heiligen, Apostel und Propheten vertreten hat. Wörtlich heißt es: «Gott hat euer Gericht (*krima*) an ihr gerichtet (*ekrinen*).» Dieses Handeln Gottes antwortet auf den in V. 8 bezeugten Glauben: «Stark ist der Herr, der Gott, der sie gerichtet hat» (*ho krinas auten*). Wenn hier die Apostel erwähnt werden, so gilt das einem Dienst oder einer Funktion, die derzeit in der Gemeinde ausgeübt werden, etwa im Sinn von 2,2; nicht gemeint sind die historischen zwölf Apostel (anders dagegen 21,14). In der Gemeinde der Johannesapokalypse heißen alle «Heilige» (wie in Dan 7), und ihre Diener sind Propheten und Apostel (Männer und Frauen).

e) Auftritt des gewaltigen Engels (VV. 21–24)

Dieser Absatz a') setzt den einleitenden Absatz a) von VV. 1–3 fort und bildet eine Parallele zu ihm. Derselbe gewaltige Engel, von dessen Herrlichkeit die Erde aufleuchtet, wirft jetzt einen riesigen Stein ins Meer; diese Handlung symbolisiert den Fall Roms und sein Verschwinden für immer. Der Einfluß von Jer 51,63f ist offensichtlich.

In VV. 22f hören wir ein populares Lied, das bildlich-anschaulich das Ende des Lebens in Rom schildert: Musik, Kunst, Handwerk, Lampenlicht und Hochzeitsfest – das alles erlischt. Auf jede dieser Aussagen antwortet das Volk mit einem «nicht mehr in dir». In Rom ist kein Leben mehr, nur noch Blut (V. 24). V. 23b nennt uns von neuem den Grund für Roms Sturz, der schon in V. 3 (dem Parallelabsatz) zur Sprache gekommen ist. V. 24 ist der dramatischste Vers im ganzen Kap. 18. Er bringt die Beweisgrundlage für die Verurteilung Roms: *In ihr war das Blut von Propheten und Heiligen und von allen, die auf der Erde hingeschlachtet worden sind.* Der Johannesapokalypse liegt nicht nur daran, daß Gerechtigkeit geschieht für das Blut der Mitglieder der christlichen Gemeinde, sondern auch für alle Opfer des römischen Imperiums.

4. Das dritte Bild des Triptychons (Offb 19,1–8)

Der Abschnitt, der in 17,1 beginnt und den wir unter den Titel «Die prophetische Vision der Geschichte» gestellt haben, schließt mit einer Liturgie. Diese Liturgie beendet zugleich die gegenwärtige Zeit der Geschichte, die in der Darstellung der Apokalypse mit 4,1 beginnt. Zwischen der Liturgie in Kap. 4 und 5 und der Liturgie 19,1–8 besteht eine Parallele. Die Gegenwartszeit, die von 4,1 bis 19,10 reicht, beginnt und endet mit einer Liturgie. Wie schon gesagt, stellt uns die Liturgie mitten in die Gemeinde der Johannesapokalypse hinein. Sie ist ein Reflex jener Liturgien, die die christliche Gemeinde am Ausgang des 1. Jahrhunderts real erlebte. Ihre Hymnen sind von großer theologischer und hermeneutischer Dichte: Sie geben uns fundamentale Schlüssel für die Gesamtinterpretation der Johannesapokalypse an die Hand.

Die Liturgie hat zwei Momente: VV. 1–5 und VV. 6–8. V. 1 und V. 6 beginnen mit derselben Wendung: *Da hörte ich etwas wie den Ruf einer großen Schar, die rief: Halleluja!* In V. 1 wird noch genauer hinzugesetzt, daß die große Schar im Himmel ist. In V. 6 wird die Stimme beschrieben wie das Rauschen gewaltiger Wassermassen und das Rollen mächtiger Donner. Die Liturgie der VV. 1–5 findet im Himmel statt, die der VV. 6–8 möglicherweise auf der Erde, doch sagt das der Text nicht ausdrücklich. Mit der Liturgie 19,1–5 wird der Befehl aus 18,20, «Freu dich, du Himmel», exakt befolgt; mit der Liturgie 19,6–8 wird der Aufforderung aus 18,20, «Heilige, Apostel und Propheten, freut euch!», entsprochen.

Der Ruf *Halleluja!* aus VV. 1.3.4.6 erscheint im ganzen Neuen Testament nur an diesen vier Stellen. Er schafft Kontinuität zum Hallel der Psalmen 113–118, das beim Paschamahl gesungen wurde und starken inhaltlichen Bezug zu dieser Liturgie der Apokalypse aufweist.

Die Liturgie in 19,1–8 bildet, wie schon gesagt, eine Parallele zu der Liturgie in Kap. 4–5 (die Gegenwartszeit wird in der Apokalypse mit einer Liturgie eröffnet und abgeschlossen), aber sie vereint ebenso eine ganze Reihe von Liturgien, die im Laufe der gegenwärtigen Zeit gefeiert wurden und werden. Die Parallelen zu diesen sind bemerkenswert und erhellend. In *6,9–1* schreien die Märtyrer: «Wie lange zögerst du noch Herr ..., Gericht zu halten und unser Blut an den Bewohnern der Erde zu rächen?» Die beiden Wörter «Gericht halten» (*krinein*) und «rächen» (*ekdikein*) stehen im Zentrum der Liturgie 19,1–6. Aber mehr noch: «Rächen» erscheint in der Johannesapokalypse nur in 6,10 und hier in 19,2. In 6,11 wird den hingemordeten Märtyrern gesagt, sie sollten noch eine

Zeitlang warten. Jetzt ist dieses Warten zu Ende, und ihre Bitte wird erfüllt.

In *7,9–17* tritt ebenfalls eine große Schar im Himmel auf. Der Terminus «Schar» (*ochlos)* kommt in der Johannesapokalypse nur 7,9 und 19,1.6 vor (in 17,15 steht er zwar auch, aber in einer anderen Bedeutung), und stets ist er Bestandteil der Fügung «eine große Schar». Der Verfasser sieht große Menschenmengen, die im Himmel zu liturgischen Feiern versammelt sind. In 7,10 rufen sie laut: «Die Rettung (*soteria*) kommt von unserem Gott ...» Der Begriff *soteria* findet sich nur 7,10; 12,10 (einem Paralleltext, wie wir gleich sehen werden) und in 19,1. Er meint volles, überreiches Leben, und der Ruf, der diese *soteria* Gott zuschreibt, hat zugleich einen politischen Sinn: Gott und nicht der Kaiser sichert das Heil, die Rettung, das Leben (freilich wäre es Aufgabe des Imperiums gewesen, allen Untertanen ein sicheres Leben zu gewährleisten). In 7,11 schließen sich, genau wie in 19,1–6, die vierundzwanzig Ältesten und die vier Lebewesen der Liturgie an und rufen: «Amen!»

In *11,15–19* haben wir es mit einer weiteren parallelen Liturgie zu tun: Wenn die siebte Posaune schallt, ertönen im Himmel laute Stimmen: «Nun gehört die Herrschaft (*basileia*) über die Welt unserem Herrn und seinem Gesalbten, und er wird herrschen (*basileusei*) in alle Ewigkeit.» Auch hier schließen sich die vierundzwanzig Ältesten der Feier an und sagen: «Wir danken (*eucharistoumen*) dir, Herr, Gott und Herrscher über die ganze Schöpfung ...; denn du hast die Herrschaft angetreten (*ebasileusas*).»[3] In beiden Liturgien findet sich die Wendung «alle, die ihn fürchten, Kleine und Große». 11,18 heißt es: «Da kam ... die Zeit, alle zu verderben, die die Erde verderben.» In 19,2 wird die große Hure verurteilt, weil sie «die Erde verdorben hat».[4] Mit der siebten Posaune geht die Gegenwartszeit zu Ende, und es beginnt die Herrschaft Gottes. Das ist derselbe Kontext und dieselbe Theologie wie in 19,1–8: Mit dem Fall Roms beginnt das Gottesreich.

12,10–12 beinhaltet eine weitere parallele Liturgie: «Da hörte ich eine laute Stimme im Himmel rufen: Jetzt ist er da, der rettende Sieg (*soteria*), die Macht (*dynamis*) und die Herrschaft (*basileia*)

3 *Basileia,* auf Gott angewendet, kommt nur Offb 11,15 und 12,10 vor; *basileuo* im gleichen Sinne nur Offb 11,15.17 und 19,6.

4 In 11,18 wird die Verbform *diaphtheiro* verwendet (sie kommt in der Apokalypse nur 8,9 und 11,18 vor), in 19,2 dagegen *phtheiro* (diese Form wird in der Apokalypse sonst überhaupt nicht gebraucht).

unseres Gottes ...» Hier wird der Sturz Satans gefeiert; in 19,2 dagegen der Fall Roms, der großen Hure. Die Aufforderung an den Himmel, sich zu freuen, kommt nur hier in 12,12 und in 18,20 vor (das seinerseits 19,1–6 ankündigt).

Und schließlich gibt es noch die Liturgie von der Gerechtigkeit Gottes: *16,5–7*. In 19,2 heißt es: «Seine Urteile sind wahr und gerecht.» In beiden Liturgien wird die Rache für das vergossene Blut der Heiligen und Propheten (16,6) bzw. der Knechte Gottes (19,2) besungen.

Vier Verben bestimmen den Aufbau der Liturgie in 19,1–8:

> V. 2: Er hat die große Hure *gerichtet (ekrinen),* die die Erde verdorben hat.
> V. 2: Er hat *Rache genommen (exedikesen)* für das Blut seiner Knechte.
> V. 6: *König geworden (ebasileusen)* ist der Herr, unser Gott.
> V. 7: *Gekommen ist (elthen)* die Hochzeit des Lammes, und seine Frau hat sich *bereit gemacht (hetoimasen).*

In der Liturgie im Himmel (VV. 1–5) werden das Gericht über Rom und die Rache für das Blut der Märtyrer gefeiert. In der Liturgie auf der Erde (VV. 6–8) geht es um das Kommen der Herrschaft Gottes und die Hochzeit des Lammes. Sie ist auf die Zukunft ausgerichtet. Der Sturz Roms ermöglicht den Anbruch der Gottesherrschaft. Von dieser Herrschaft wird dann in 20,4–6 die Rede sein. Die Parallele zwischen der Herrschaft Gottes und dem Hochzeitsmahl ist in der Tradition geläufig. Bei Mt 22,2 lesen wir: «Mit dem Himmelreich ist es wie mit einem König, der die Hochzeit seines Sohnes vorbereitete» (vgl. Mt 22,1–14 mit Lk 14,15–24). In der Jesajaapokalypse spielt ebenfalls ein göttliches Festmahl eine wichtige Rolle; mit ihm beseitigt Gott «den Tod für immer. Gott, der Herr, wischt die Tränen ab von jedem Gesicht» (Jes 25,8). Gottes Verhältnis zu einer neuen menschlichen Gesellschaft im Bild von Bräutigam und Braut auszudrücken ist dem Alten Testament vertraut (vgl. Ez 16; Hos 2; Ps 45 u. ö.).

In 19,7–9 ist die Rede von der Frau (*he gyne*), von der Hochzeit und vom Hochzeitsmahl des Lammes. Damit wird 21,2 angekündigt: «Ich sah die heilige Stadt, das neue Jerusalem, von Gott her aus dem Himmel herabkommen, sie war bereit (*hetoimasmenen*) wie eine Braut (*nymphen*), die sich für ihren Mann (*to andri*) geschmückt hat.» Auch 21,9 klingt schon an: «Komm, ich will dir die Braut (*nymphen*) zeigen, die Frau (*gynaika*) des Lammes.» Und im Epilog heißt es dann 22,17: «Der Geist und die Braut aber sagen: Komm!» Mit dem Verhältnis Mann – Frau, Bräutigam – Braut wird also das Verhältnis zwischen Jesus als Lamm und dem neuen Jerusalem ausgedrückt. Der Kontrast ist vollkommen: Die Hure (Babylon-Rom) und das Tier stehen der Frau (dem neuen Jerusalem) und dem Lamm gegenüber. Wir werden noch sehen, daß das neue Jerusalem in der eschatologischen Vision der Johannesapokalypse nicht die Kirche im engen Sinn, sondern die von Gott gewollte neue Gesellschaft ist. In der paulinischen Tradition dagegen, die sich auf die gegenwärtige Zeit bezieht, ist die Braut Christi die Kirche (Röm 7,2–4; 2 Kor 11,2f; Eph 5,25ff). Offb 22 seinerseits hat denselben historischen Kontext wie Paulus und meint ebenfalls die Kirche.

5. Schlußsatz (VV. 9–10)

Mit diesen Versen wird nicht nur die Liturgie abgeschlossen, sondern der ganze Abschnitt, dem wir die Überschrift «Die prophetische Vision der Geschichte» gegeben haben: 17,1–19,10. 19,9f korrespondiert inklusionsbildend mit 17,1f, das seinerseits den gesamten Abschnitt einleitet. Der Sprecher in 19,9f ist derselbe Engel wie der in 17,1f, nämlich einer der sieben Engel, welche die sieben Schalen tragen. Gleiches gilt für 21,9 mit seinem Abschluß in 22,6–9.

Der erste Satz des Engels ist eine Seligpreisung: «Selig, wer zum Hochzeitsmahl des Lammes eingeladen ist.» Die Johannesapokalypse enthält, wie schon früher gesagt, sieben Seligpreisungen: 1,3; 14,13; 16,15; 19,9; 20,6; 22,7; 22,14. Die Aussage 19,9 nimmt in der Form einer Seligpreisung den Schluß der vorausgegangenen Liturgie auf. Anschließend sagt der Engel: «Das sind zuverlässige Worte, es sind Worte Gottes.» Nahezu denselben Satz finden wir in 21,5 im Mund Gottes selbst und in 22,6 im Mund Christi. Er ist eine feierliche Formel, die die Wahrheit der Offenbarung bezeugt. In 19,9 nimmt sie Bezug auf den gesamten Abschnitt 17,1–19,10.

Der Text 19,10 bildet wiederum eine genaue Parallele zu 22,8f. Johannes will den Engel anbeten, doch dieser untersagt es ihm:

> 19,10: Tu das nicht! Ich bin ein Knecht wie du und deine Brüder, die das Zeugnis Jesu festhalten. Gott bete an!
> 22,9: Tu das nicht! Ich bin nur ein Knecht wie du und deine Brüder, die Propheten, und wie alle, die sich an die Worte dieses Buches halten. Gott bete an!

Laut dieser Parallele sind die Propheten jene, die das Zeugnis Jesu bewahren. Daher wird in 19,10 die Wendung hinzugefügt: «Das Zeugnis Jesu ist der Geist prophetischer Rede.» Damit wird auch offensichtlich, daß Johannes ein Prophet ist und daß er zu einer Prophetenbruderschaft gehört. Der Engel seinerseits ordnet sich diesen Propheten zu. Die Kirche der Johannesapokalypse ist eine grundsätzlich von Propheten geleitete Kirche. Die Anweisung, nicht den Engel, sondern Gott allein anzubeten, weist uns nachdrücklich darauf hin, daß wir die Leiter der Kirche nur als «Knechte» betrachten sollen. Die Apokalypse warnt uns vor einer Verabsolutierung oder Vergottung der Kirche. So außergewöhnlich auch die Offenbarung der Propheten sein mag – Anbetung gebührt allein Gott, und nicht seinen Knechten, den Propheten.

KAPITEL VIII: DIE APOKALYPTISCHE VISION DER ZUKUNFT

Einleitung

In den vorangegangenen Kapiteln haben wir jene lang sich hinziehende *Gegenwartszeit,* das Präsens, analysiert, in dem die Gemeinde der Johannesapokalypse ihren Ort hat. Diese Zeit reicht im Text von 4,1 bis 19,10. Der Verfasser faßt sie in einen Rahmen aus Liturgien: zu Anfang in den Kapiteln 4 und 5, zum Schluß in 19,1–8. Schon in dieser Gegenwart hat uns der Verfasser das Ende vorgeführt: nicht das Ende der Welt, sondern das, was in dieser Welt den Leiden und Verfolgungen *ein Ende macht.* Genau das haben wir im Zusammenhang mit der siebten Posaune (11,15–19) und der siebten Schale (16,17–21) gelesen. Die siebte Posaune hat uns angekündigt, daß Gottes Herrschaft angebrochen und die Zeit gekommen ist, den Propheten und Heiligen Gerechtigkeit zu schaffen. Die siebte Schale hat den Fall Roms, der großen Stadt, des großen Babylon, bekanntgemacht. Dies alles feiert die Gemeinde in der Schlußliturgie 19,1–8: Gott hat die große Hure Rom gerichtet, er hat das Blut seiner Knechte an ihr gerächt, hat seine Herrschaft aufgerichtet, und die Hochzeit des Lammes ist gekommen. In der prophetischen Vision der Geschichte (6,1–8 und 17,1–18,24) wird genauer erzählt, wie das Leiden ein Ende findet. 6,12–17 zeigt den Zorn des Lammes, der eine kosmische Katastrophe hervorruft, und Kap. 18 spricht vom Gericht, das in der Vernichtung Roms besteht. Keines von diesen Geschehen ist jedoch das Endgericht; es sind vielmehr Ereignisse, mit denen Gott Gerechtigkeit herstellt und der Unterdrückung in der Geschichte ein Ende macht. Auch in 14,14–20, im Zentrum der Apokalypse und mitten in der Gegenwartszeit, finden wir Gerichtsszenen (Ernte und Weinlese). Dieses ganze Gerichtshandeln oder Eingreifen Gottes in der Geschichte, das dem Leiden ein Ende machen soll, gehört zur Gegenwartszeit, aber es kündigt doch auch schon das letzte, definitive Gericht Gottes an.

Vor der Gegenwartszeit (4,1–19,10) kommt der Abschnitt 1,9–3,22 zu stehen: die Vision des auferstandenen Jesus mitten unter den Gemeinden (1,9–20) und die prophetische Botschaft Jesu an jede von ihnen (Kap. 2 und 3). Es wäre nicht richtig, diesen Abschnitt der Vergangenheit zuzuordnen, vielmehr bildet er den Anfang der Gegenwart: Er handelt von der Ausgangssituation, der Situation der Gemeinden in dem Augenblick, da jene apokalyptische Gegenwart beginnt, welche die Gemeinden durchleben müssen. So sagt der auferstandene Jesus in der Vision: «Schreib auf, was du siehst: was ist (Kap. 2–3) und was danach geschehen wird (4,1–19,10).» Dieser Anfangsabschnitt *vor* dem gegenwärtigen Augenblick (1,9-3,22) korrespondiert in der Globalstruktur der Johannesapokalypse dem Abschnitt *nach* dem gegenwärtigen Augenblick (19,11–22,5). Wir haben schon gesehen, daß in den sieben Sendschreiben an die Gemeinden die Verheißung an den Sieger fast immer einen Bezug zu dem Schlußabschnitt herstellt. Außerdem beginnen beide Abschnitte mit einer christologischen Vision (1,9–20 bzw. 19,11-20): Bevor Jesus Gericht hält über die apokalyptischen Tiere und über die Könige der Erde, richtet, scheidet und prüft er seine eigenen Gemeinden.

I. Einführung in die Lektüre und Struktur von Offb 19,11–22,5

A) Der Beginn der Zukunft der Geschichte: 19,11-20,15

a) Gericht über das Tier, den falschen Propheten und die Könige der Erde: 19,11-21.
aa Christus auf dem weißen Pferd: VV. 11–16.
Das große Mahl Gottes: VV. 17–18.
bb Krieg und Vernichtung: VV. 19–21.

b) Gericht über Satan und tausendjährige Herrschaft: 20,1–10.
aa Satan wird für tausend Jahre gefesselt: VV. 1–3.
Zentrum: Tausendjährige Herrschaft: VV. 4–6.
aa' Krieg und Vernichtung: VV. 7–10.

a') Gericht über die Toten, den Tod und die Unterwelt: 20,11–15.
aa' Gott auf dem weißen Thron: V. 11.
Gericht über die Toten: VV. 12–13.
bb' Vernichtung des Todes, der Unterwelt und der Verdammten: VV. 14–15.

B) Die Zukunft der Geschichte: 21,1–22,5

a) Neuer Himmel, neue Erde, neues Jerusalem: 21,1–8.

Beschreibung der Stadt 21,9–21:
- Allgemeine Beschreibung: VV. 9–11;
- Teile der Stadt: VV. 12–14;
- Formen und Maße: VV. 15–17;
- Materialien: VV. 18–21.

a') Gegenwart Gottes und des Lammes: 21,22–22,5.

Der Text zeigt uns zwei Bilder: Das erste (19,11-20,15) ist düster, von Gericht und Vernichtung gezeichnet, aber es hat ein hell leuchtendes Zentrum: die tausendjährige Herrschaft. Das zweite Bild (21,1–22,5) ist voll Licht und Hoffnung, auch wenn es darin einige dunkle Punkte gibt, die an die Vergangenheit erinnern: 21,8.27; 22,3.

Im ersten Bild finden wir drei Gerichtsakte: Nacheinander werden gerichtet: 1) das Tier, der falsche Prophet und die Könige der Erde; 2) Satan; 3) die Toten, der Tod und die Unterwelt. Das erste Gericht vollzieht Christus, sitzend auf einem weißen Pferd, das dritte übt Gott, sitzend auf einem weißen Thron. Beim ersten und zweiten Gericht entfesseln die zu Richtenden einen Krieg: 19,19 bzw. 20,8–9a. Alle Gerichtsverfahren enden mit einer Vernichtung. Am Ende jedes Passus heißt es: «Sie wurden in den See von brennendem Schwefel geworfen.» In 19,20b werden das Tier und der falsche Prophet, in 20,10 wird Satan vernichtet; am Ende des dritten Gerichtsakts steht eine doppelte Vernichtung: in 20,14 die des Todes und der Unterwelt und in 20,15 die der Verdammten. Das erste Bild umfaßt sieben Visionen, jeweils gekennzeichnet durch die Wendung «Und ich sah» (*kai eidon:* 19,11.17.19; 20,1.4.11.12), die jeden der drei Gerichtsakte in drei Teile teilt (sie fehlt in 20,7 und 20,14, die einen neuen Teil, aber keine neue Vision einleiten: 20,7–10 setzt die Vision von 20,1–3 fort, während 20,14f die Vision von 20,12f fortführt).

Das zweite Bild (21,1–22,5) können wir ebenfalls in drei Teile einteilen. Der erste (VV. 1–8) enthält zwei Visionen, die Erklärung der Vision und einen Orakelspruch Gottes. Der zweite, größere Teil (VV. 9–21) bietet eine Beschreibung dessen, was im neuen Jerusalem zu sehen ist. Der dritte Teil (21,22–22,5) spricht von dem, was dort nicht zu sehen ist, und zeigt die universale Dimension der Stadt, das Wasser des Lebens, die Bäume des Lebens und die unmittelbare Gegenwart Gottes in der Stadt. Der erste und der dritte Teil (a und a') korrespondieren miteinander. Die erste Entsprechung waltet zwischen 21,1–4 und 22,3–5. Die Formel «es wird nicht mehr sein» (*ouk estai eti*) erscheint in jedem Satz:

> 21,4: Der Tod wird nicht mehr sein, keine Trauer, keine Klage, keine Mühsal.
> 22,3 und 5: Es wird nichts mehr geben ... Es wird keine Nacht mehr geben ...

Der Grund dafür ist, daß Gott in der Stadt wohnen wird (21,3 und 22,3). Eine weitere Korrespondenz liegt zwischen 21,5–8 und 22,1–2 vor: Beide Male erscheinen der Thron Gottes und das Wasser des Lebens.

II. Schlüssel zur Interpretation der Texte

Bevor wir uns den einzelnen Teilen im Detail zuwenden, müssen wir festhalten, daß die von uns analysierte Struktur des Textes, in der eine Abfolge von Gerichtsakten und Visionen deutlich wird, nicht besagt, mit dieser Abfolge sei eine Chronologie, ein Kalendarium oder ein Programm gemeint. Nicht chronologisch, sondern logisch ist ihre Bedeutung. Sie stellt die Logik der Endintervention Gottes in der Geschichte dar. Sie ist nicht chrono-logisch, sondern eschato-logisch. Sie zeigt uns, wie die Geschichte *schlußendlich* fortschreitet, wohin wir gehen und wie die Gegenwartszeit endet. Wie wir noch im einzelnen sehen werden, nimmt der Verfasser viele von diesen Ereignissen vorweg und situiert sie während der Gegenwartszeit (4,1–19,10). Es gibt also eine Antizipation des Zukünftigen. Die Offenbarung des Künftigen dient aber nicht der Befriedigung ungesunder Neugier, sondern dazu, daß wir in der Gegenwart anders zu leben vermögen. Die Notwendigkeit einer Utopie besteht nicht in der Utopie an sich, sondern darin, daß sie unserer Geschichte und unserer Praxis in der Gegenwart Richtung gibt.

Abschließend sei unterstrichen, daß es in unserer Interpretation der Johannesapokalypse weder ein «zweites Kommen», eine «Wiederkunft» Christi noch ein Ende der Welt gibt. Wohl aber gibt es eine glorreiche Selbstbekundung Jesu in der Geschichte. Es gibt keine «Wiederkunft», weil Jesus niemals fortgegangen ist. Es gibt aber auch kein Ende der Welt, sondern eine neue Schöpfung. Der neue Himmel, die neue Erde und das neue Jerusalem sind die letzte Etappe der Geschichte, die Fülle und Erfüllung der Geschichte. Dies ist eine transzendente Etappe: jenseits jeder menschlichen Machbarkeit und jenseits des Todes, aber dennoch Teil unserer Geschichte. Es gibt kein Ende der Welt, sondern ein Ende dieser Welt und die Erschaffung einer neuen Welt. Es gibt kein Ende der Geschichte, sondern eine neue Geschichte. All das wollen wir nun im einzelnen bedenken.

III. Der Beginn der Zukunft der Geschichte (19,11–20,15)

1. Christus gegen das Tier, den falschen Propheten und die Könige der Erde (19,11–21)

Die Szene, die wir jetzt kommentieren werden, ist bereits durch 16,13–16 und 17,14 angekündigt. Ersterer Passus ist situiert zwischen der sechsten und der siebten Schale, das heißt in der Gegenwartszeit (wie wir an entsprechender Stelle schon gesehen haben). In dieser Zeit vollzieht sich das antiprophetische Handeln der perversen Trinität:

> Dann sah ich aus dem Maul des Drachen, aus dem Maul des Tieres und aus dem Maul des falschen Propheten drei unreine Geister hervorkommen ... Es sind Dämonengeister, die Wunderzeichen tun; sie schwärmten aus zu den Königen der ganzen Erde (*he oikoumene*), um sie zusammenzuholen für den Krieg am großen Tag Gottes, des Herrschers über die ganze Schöpfung.

Diese antiprophetische Bewegung steht in antithetischer Parallele zur prophetischen Bewegung, die sich in derselben Gegenwartszeit zwischen der sechsten und der siebten Posaune (10,1–11,13) entwickelt. In der gegenwärtigen Zeit also kommt es zum tödlichen Zusammenstoß zwischen den Propheten und den dämonischen Strukturen des Bösen. Der Konflikt entlädt sich in der jetzt, 19,11–21, stattfindenden Schlacht. Die Walstatt trägt den mythischen Namen Harmagedon. Der zweite Passus ist 17,14:

> Sie werden mit dem Lamm Krieg führen, aber das Lamm wird sie besiegen. Denn es ist der Herr der Herren und der König der Könige. Bei ihm sind die Berufenen, Auserwählten und Treuen.

Wir haben schon gesehen, daß es im Zentrum der Apokalypse (12,1–15,4) um die christliche Gemeinde geht, die sich mit den Strukturen des Imperiums (dem Tier und dem falschen Propheten) auseinandersetzen muß. Die dem Lamm folgen, sind hier auf der Erde auf dem Zionsberg vereint (14,1–5), sie widerstehen den Tieren und hören die Siegeslieder der Märtyrer im Himmel (12,10f und 15,2–4). Und jetzt spielt sich der letzte Kampf Christi und der Seinen mit den Tieren und ihren perversen Mächten ab.

a) Vision Christi auf dem weißen Pferd (VV. 11–16)

Johannes sieht *den Himmel offen*. In 4,1 sieht er eine Tür geöffnet am Himmel und erhält Befehl, zum Himmel hinaufzusteigen. Dies war der Beginn der Offenbarung. Jetzt kommt der Augenblick der umfassenden Offenbarung; und jetzt geht die Bewegung vom Himmel zur Erde: Das neue Jerusalem wird vom Himmel herabsteigen, und Gott selbst wird in ihm wohnen. Jesus reitet *ein weißes* Pferd. In 14,14 sitzt der Menschensohn auf einer weißen Wolke, und in 20,11 sitzt Gott auf einem weißen Thron. Das Weiß ist Zeichen des Sieges. Wir haben gesehen, daß in 6,2 das weiße Pferd (das erste der vier Pferde) das römische Imperium darstellt, das nur durch Gewalt, ökonomische Ausbeutung und Tod triumphiert. Dieses weiße Pferd aus 6,2 ist die Antithese zu dem weißen Pferd aus 19,11–16. Also handelt es sich hier um einen antithetischen Parallelismus. Von dem Reiter auf dem weißen Pferd wird gesagt: *Gerecht richtet er und führt er Krieg.* Dieses Bild Jesu als eines Kriegers ist ungewohnt. Einen Vorläufer hat es in Weish 18,15: «... da fuhr dein allmächtiges Wort vom Himmel herab ..., als ein wilder Krieger ...» Oder besser noch Jes 11,4f:

> Er richtet die Hilflosen gerecht und entscheidet für die Armen des Landes, wie es recht ist. Er schlägt den Gewaltigen mit dem Stock seines Wortes und tötet den Schuldigen mit dem Hauch seines Mundes. Gerechtigkeit ist der Gürtel um seine Hüften, Treue der Gürtel um seinen Leib.

Das kriegerische Bild von Jesus wird in gewissem Sinn dadurch korrigiert, daß er waffenlos ist. Er kämpft einzig mit seinem Wort. 19,5 zitiert (genau wie 2,27 und 12,5) Ps 2,9 und verwendet dabei das Wort «herrschen», mit dem die Septuaginta die erheblich schärfere hebräische Wendung «zerschlagen» wiedergibt. Auch das Bild des Hirten mildert in etwa die kriegerischen Züge Jesu.

Der Reiter auf dem weißen Pferd hat drei Namen. V. 11 nennt ihn *Der Treue und Wahrhaftige (pistos kai alethinos)*, V. 13 *Das Wort Gottes* und V. 16 *König der Könige und Herr der Herren.* In 1,5 wird Jesus treuer Zeuge und Herrscher über die Könige der Erde, in 3,14 der treue und zuverlässige Zeuge genannt. Der Titel aus V. 16 erscheint schon im Parallelvers 17,14. In V. 15 heißt es, Jesus schlage mit seinem Wort, dem scharfen Schwert aus seinem Mund, die Völker. Damit wird die zentrale Stellung des Wortes in diesem Kampf-Gericht und zugleich seine politische Dimension betont. Jesus trägt auf seinem Haupt *viele Diademe.* Satan hat sieben Diademe (12,3), das Tier deren zehn (13,1). Ihre Zahl läßt die politische Überlegenheit Jesu hervortreten. *Seine Augen waren wie Feuerflammen.* Diese Augen und das Schwert, das aus seinem Mund kommt, rükken die Vision von Jesus auf dem weißen Pferd in Parallele zur Vision vom auferstandenen Jesus mitten unter den Gemeinden (1,9–20).

Bekleidet war er mit einem blutgetränkten Gewand (V. 13); *und er tritt die Kelter des Weines, des rächenden Zornes Gottes* (V. 15). Beide Texte sind inspiriert von Jes 63,1–6; darin wird geschildert, wie Gott, der Keltertreter, in seinem Grimm die feindlichen Völker zerstampft, ihr Blut zur Erde rinnen läßt und wie dieses auf sein Gewand spritzt. Es ist ein Text voll Gewalt, doch der Verfasser der Johannesapokalypse formt ihn um, als er ihn auf Jesus anwendet. Dieser nämlich befreit uns und besiegt die Feinde, indem er als treuer Zeuge am Kreuz stirbt. Die Märtyrer besiegen Satan «durch das Blut des Lammes und durch ihr Wort und Zeugnis» (12,11). Sein Blut hat uns erlöst und befreit (1,5); mit seinem Blut hat er uns erworben (5,9), in seinem Blut waschen die Märtyrer ihre Gewänder (7,14). Sein Blut ist es, das sein Gewand getränkt hat. Es kann nicht das Blut aus der Kelter sein, denn noch hat er sie ja nicht getreten; vielmehr wird hier dasselbe literarische Mittel eingesetzt wie in 5,6, wo der auferstandene Jesus mit dem Aussehen eines geschlachteten Lammes auftritt: Auch der auferstandene Christus trägt die Male seines Martyriums am Kreuz. Das Keltermotiv will einfach sagen: Christus ist es, der jetzt das Gericht vollstreckt, das im Alten Testament Gott selbst vollzog, und er kämpft einzig mit der Kraft seines Wortes. In diesem Kampf ist er nicht allein: *Die Heere des Himmels folgten ihm auf weißen Pferden; sie waren in reines, weißes Leinen gekleidet.* Die ihm folgen (*akolouthein*), sind die Märtyrer. Das wird in dem Paralleltext 17,14 ganz deutlich: Jesus besiegt die Könige der

Erde, und «bei ihm sind die Berufenen, Auserwählten und Treuen». Sie tragen die gleichen Kleider wie die Frau des Lammes (19,8), und das Leinen bedeutet die gerechten Taten (*dikaiomata*) der Heiligen (19,8). In 2,26f verheißt Jesus dem Sieger die «Macht über die Völker ... Er wird über sie herrschen mit eisernem Zepter.» Dieses Motiv erscheint auch hier in 19,15 (vgl. 1 Kor 6,2: «Wißt ihr denn nicht, daß die Heiligen die Welt richten werden?»).

b) Das große Mahl Gottes (VV. 17–18)

Dieses *große Mahl Gottes* ist die Antithese zum Hochzeitsmahl des Lammes (19,9). Das Wort «Mahl» (*deipnon*) kommt nur an diesen beiden Stellen der Johannesapokalypse vor. Die Alternative lautet: als Geladener am Hochzeitsmahl des Lammes teilzunehmen oder als Teil des Menüs am Mahl Gottes beteiligt zu sein. Das Symbol des Mahles ist Ez 39,17–20 entnommen. Dort lädt Gott die Vögel und wilden Tiere zu seinem großen Opfer, um Fleisch und Blut der Helden, Fürsten und Krieger zu fressen. Das ist eine totale Umkehrung: Die normalerweise geopfert werden – Vögel und wilde Tiere –, sind jetzt gleich Menschen eingeladen, beim Opfer zu speisen, und wer normalerweise opfert – Helden, Fürsten und Krieger –, der nimmt nun als Opfer am Opfer teil.[1]

In der Johannesapokalypse wird das Mahl Gottes feierlich weltweit angekündigt: durch einen *Engel, der in der Sonne stand.* Das Essen besteht aus dem Fleisch von Königen (*basileis*), von Heerführern (*chiliarchoi*, d. h. Befehlshabern über tausend Mann, etwa den heutigen Generälen entsprechend), von Mächtigen (*ischyroi*) und Reitern.[2] So dient die politische, die militärische und die ökonomische Macht als Opferspeise beim Mahl Gottes (fünfmal wird im griechischen Text das Wort «Fleisch», *sarx*, hier im Plural, verwendet). Tischgenossen sind die Vögel, vermutlich Geier, die Aas, totes Fleisch, fressen. Viele Ausleger meinen, dieses Mahl gehöre ans Ende von V. 21, der davon

1 Dieses «umgekehrte Festmahl» hat bei Ezechiel einen ähnlichen literarischen Kontext wie in der Johannesapokalypse: Die ausgetrockneten Gebeine (Ez 37), der Krieg gegen Gog, den König von Magog (Ez 38–39), und der Plan für eine künftige Wiederherstellung des Tempels (Ez 40–48) entsprechen der Auferstehung der Märtyrer (Offb 11,11; 20,4–6), dem Krieg von Gog und Magog (Offb 20,7–10) und dem neuen Jerusalem (Offb 21–22). Die Unterschiede sind allerdings beträchtlich.

2 Könige, Mächtige und Heerführer erscheinen auch in der Liste Offb 6,15. Und nahezu dieselben Figuren nehmen am Bankett des Herodes teil, in dessen Verlauf dieser Johannes den Täufer töten läßt (Mk 6,21).

spricht, daß die Vögel nach der Schlacht die Leichen fraßen, daß also die Toten ohne Begräbnis blieben. Das ist aber nicht die Bedeutung des göttlichen Mahls. Die antithetische Stellung zum Hochzeitsmahl des Lammes und der ezechielische Hintergrund verleihen diesem Mahl Gottes einen viel tieferen Sinn (daher auch seine zentrale Position innerhalb der Struktur von 19,11–21): Wer nicht als Mensch am Hochzeitsmahl des Lammes teilnimmt, der wird als Opfertier am eschatologischen Mahl Gottes teilnehmen.

c) Krieg und Vernichtung (VV. 19–21)

In einer neuen Vision treten das Tier, die Könige der Erde und ihre Heere (*strateumata*) auf, versammelt, um mit Christus und seinem Heer (*strateuma*) Krieg zu führen. Die beiden Heere stehen einander gegenüber, aber der Kampf entbrennt nicht, weil das Tier und der falsche Prophet gepackt und in dem See von brennendem Schwefel vernichtet werden. Warum kommt es nicht zum Krieg? Weil der Krieg schon durch das Martyrium Jesu am Kreuz und durch das Zeugnis der Christen gewonnen ist: «Sie haben ihn besiegt durch das Blut des Lammes und durch ihr Wort und Zeugnis» (12,11). V. 20 gibt eine dramatische Kurzfassung von 13,11–18. Viele Exegeten sehen in diesem Ausbleiben des Krieges ein Fehlen von geschichtlicher Praxis in der Apokalypse. Doch ganz im Gegenteil: es gibt keinen Krieg aufgrund eines Übermaßes an Praxis. Es ist ja die martyriale Praxis Christi und der Christen, die für die Niederlage Satans und der Tiere sorgt.

2. Gericht über den Satan und tausendjährige Herrschaft (20,1–10)

Wir befinden uns im Zentrum des Abschnitts 19,11–20,15, den wir den «Beginn der Zukunft der Geschichte» genannt haben. Dieses Zentrum ist situiert zwischen der Vision Christi auf dem weißen Pferd (19,11-21) und der Vision Gottes auf dem weißen Thron (20,11–15). Wir haben es mit zwei verschiedenen Erzählzügen zu tun: dem von Satan und dem von den Märtyrern. Der Verfasser schiebt den Erzählzug von den Märtyrern in den vom Satan ein, um beide miteinander zu verknüpfen. Der Erzählzug von Satan beginnt mit VV. 1–3 und setzt sich in VV. 7–10 fort. Diese Erzählung ist unabhängig und hat ihren Sinn in sich selbst, auch ohne die Herrschaft der

Märtyrer. Die Beziehung zwischen beiden besteht darin, daß die tausendjährige Herrschaft während jener tausend Jahre besteht, in denen Satan im Abgrund gefangen liegt.

a) Geschichte Satans (VV. 1–3 und 7–10)

Die Johannesoffenbarung kennt eine Geschichte Satans in mehreren Etappen:

Erste Etappe: Satan im Himmel. Er schafft es nicht, den Messias im Augenblick seiner Geburt zu töten (12,1–6).

Zweite Etappe: Satan wird vom Himmel auf die Erde hinabgestürzt. Michael, Symbol der Märtyrer, besiegt den Satan. Dieser kommt auf die Erde, voll Wut und in dem Wissen, daß ihm nur noch eine kurze Frist bleibt (12,7–12).

Dritte Etappe: Satan auf der Erde. Er verfolgt die christliche Gemeinde, doch es gelingt ihm nicht, sie zu vernichten (12,13–17); dann übergibt er seine Macht dem Tier (13,2); aus seinem Maul wie aus den Mäulern des Tieres und des falschen Propheten kommen Dämonengeister heraus, um die Könige der Erde zur großen Schlacht von Harmagedon zusammenzurufen (16,13–16).

Vierte Etappe: Satan wird für tausend Jahre von der Erde in den Abgrund geworfen, für kurze Zeit freigelassen und danach vernichtet. Davon handelt der Erzählzug 20,1–3.7–10: Ein Engel überwältigte den Satan, fesselte ihn für tausend Jahre, warf ihn in den Abgrund, verschloß und versiegelte diesen, damit jener die Völker nicht mehr verführen konnte. Nach den tausend Jahren wird der Satan freigelassen werden, herauskommen, die Völker wieder verführen und sie für den Kampf zusammenholen; sie stiegen herauf gegen die Heiligen, doch Feuer fiel herab vom Himmel und verzehrte sie, und Satan wurde in den See von brennendem Schwefel geworfen.

Diese Abstiegsgeschichte des Satans läßt den Geschichtsoptimismus der Johannesapokalypse sichtbar werden. Zwischen Kap. 12 und der Passage, mit der wir uns jetzt befassen, besteht eine geschichtliche Inklusion. Betrachten wir diese letzte Etappe etwas näher.

Der *vom Himmel herabsteigende Engel* (V. 1) erinnert an den Engel aus 10,1 und 18,1.21; er repräsentiert symbolisch das transzendente Handeln Gottes in der menschlichen Geschichte. Der *Abgrund*, in dem Satan eingeschlossen liegt, ist schon in 9,1.2.11 vorgekommen: Ein vom Himmel gefallener Stern (vielleicht Satan selbst) hat den Schlüssel zum Abgrund, öffnet ihn, und die Heuschrecken kommen heraus, sie haben als König den Engel des Abgrunds mit Namen «Verderber/Verderben». In 11,7 und 17,8 steigt das Tier aus dem Abgrund herauf (in 13,1 kommt es aus dem Meer). V. 2 bringt die Namen Satans in Erinnerung: *Drache, alte Schlange, Teufel;* gleiches geschieht in 12,9. Die Funktion Satans ist es, *zu verführen (planao)* – so in 12,9 und hier in VV. 3.8.10. Die Einschließung des Satans wird mittels fünf Verben ausgesagt: Der Engel *überwältigte (ekratesen)* den Satan, *fesselte* ihn *(edesen)*, *warf* ihn *(ebalen)*, *verschloß (ekleisen)* den Abgrund und *drückte ein Siegel darauf (esphragisen)*. Damit ist hohe Sicherheit gewährleistet.

Nach den tausend Jahren wird Satan *freigelassen*. In V. 3 heißt es: Er *muß freigelassen werden (dei lythenai)*, was auf die Erfüllung des Willens Gottes hindeutet, der diese ganze Geschichte lenkt. V. 7 nimmt V. 3 wieder auf. Satan wird freigelassen, *um die Völker an den vier Ecken der Erde ... zu verführen und sie zusammenzuholen für den Kampf (polemos)*. Satan wird also politisch tätig. *Gog und Magog* schließen sich ihm an. Diese mythischen Figuren sind Ez 38–39 entnommen (Gog im Lande Magog): Gog greift Israel an, als dieses aus dem Exil zurückgekehrt ist und in Sicherheit lebt. Gog steht für die hartnäckige Macht des Bösen, die dem Volk Gottes unablässig nachstellt und die Gott allein vernichten kann.

Satan und die Seinen *steigen herauf (anebesan)* aus dem Abgrund, aber Feuer *fiel herab (katebe)* vom Himmel und verzehrte sie. Wir sehen hier die dämonische Bewegung des Heraufsteigens und die heilstiftende des Herabsteigens. Satan ist der Drache, der aus dem Abgrund heraufkommt, das Projekt Gottes ist die heilige Stadt, die vom Himmel herabkommt. Satan und die Seinen *umzingelten das Lager der Heiligen und Gottes geliebte Stadt*. Diese Stelle bringt symbolisch den Ort zum Ausdruck, an dem sich die Christen auf der Erde versammeln – man erinnere sich an 11,1f und 14,1–5 –, und sie arbeitet Kap. 21 und 22 vor. Nachdem Satan und die Mächte des Bösen verschlungen sind, wird Satan in dem See von brennendem Schwefel vernichtet. Dieses Heraufsteigen Satans zum Krieg und seine spätere Vernichtung erinnern an das, was 17,8 über das Tier sagte: «Das Tier ... war einmal und ist jetzt nicht; es wird aber aus dem Abgrund heraufsteigen und dann ins Verderben gehen.» Dies ist das Geschick Satans, des Tieres und aller

Mächte des Bösen, daher wird jener denn auch mit dem Tier und dem falschen Propheten zusammen im Schwefelsee vernichtet (V. 10). So endet die Geschichte Satans, in die die Apokalypse die tausendjährige Herrschaft gleichsam einschiebt.

b) Die tausendjährige Herrschaft (VV. 4–6)

Lektüre und Erläuterung des Textes

Dieser überaus wichtige Text hat eine lange Wirkungsgeschichte gehabt. Seine befreiende Kraft hat sich inbesondere bei den Armen und Unterdrückten gezeigt, die er im Lauf der Geschichte des Christentums in hohem Maß zu mobilisieren vermochte. Doch er ist auch ein umstrittener Text. Seine Gattung und sein Stil sind ausgesprochen apokalyptisch. Wir beginnen mit einer genauen Lektüre der gesamten Passage 20,4–6 in wörtlicher Übersetzung und in Sinnzeilen gegliedert, um ein besseres Verständnis zu ermöglichen.[3]

V. 4 *Und ich sah Throne,*
und denen, die sich auf sie setzten,
wurde Macht gegeben, Gericht zu halten.[4]
(Ich sah) lebendig,[5] *die enthauptet worden waren*
wegen des Zeugnisses Jesu und des Wortes Gottes,
und alle, die das Tier und sein Bild nicht anbeteten
und das Zeichen auf ihrer Stirn oder ihrer Hand nicht empfingen;
sie gelangten zum Leben[6] *und herrschten mit Christus tausend Jahre.*
V. 5 *Die übrigen Toten gelangten nicht zum Leben,*
bis vollendet waren die tausend Jahre.
Dies ist die erste Auferstehung.
V. 6 *Selig und heilig,*
wer teil hat an der ersten Auferstehung;

3 Die deutsche Übersetzung folgt an dieser Stelle um der Wörtlichkeit im Sinne des Autors willen dessen eigener Apokalypse-Übertragung und nicht der Einheitsübersetzung der Bibel (Anm. d. Übers.).

4 Der griechische Urtext sagt: *krima edothe autois. Krima* heißt wörtlich «Gericht», meint aber präzise die Macht oder Autorität, Gericht zu halten. Auf den Thronen sitzen die Heiligen, und sie sind es, die Gericht halten.

5 Wörtlich sagt der griechische Urtext: «Ich sah die Seelen» (*eidon tas psychas*). *Psyche* meint aber in der Regel Leben. Denselben Ausdruck finden wir in der Parallelstelle Offb 6,9: «Ich sah am Leben alle, die hingeschlachtet worden waren wegen des Wortes Gottes ...»

6 Wörtlich: «sie lebten». «Neues Leben haben» meint nicht einfach die Rückkehr ins Leben, es impliziert vielmehr Auferstehung; vgl. Offb 2,8: «Er (Jesus), der tot war und wieder lebendig wurde.»

über diese hat der zweite Tod keine Macht,
sondern sie werden Priester Gottes und Christi sein
und herrschen mit ihm tausend Jahre.

Die sich auf die Throne setzen, sind die, die enthauptet worden sind und die das Tier nicht anbeteten; von ihnen heißt es, sie seien jetzt am Leben. Ihnen wird die Macht gegeben, Gericht zu halten. Das Wort «Gericht» (*krima*), das wir hier mit *Macht, Gericht zu halten,* übersetzt haben, wird in der Johannesapokalypse dreimal gebraucht: hier in 20,4; in 17,1: «Komm, ich zeige dir das Strafgericht über die große Hure»; und in 18,20: «Gott hat euer Gericht (*krima*) an ihr gerichtet ... (*ekrinen*).» Jetzt ist es nicht Gott, der Gericht hält, es sind vielmehr die Auferstandenen, die die Macht haben, Gericht zu halten.

Die da in 20,4 Gericht halten, sind die Märtyrer, dieselben wie in 6,9: «Ich sah am Leben alle, die hingeschlachtet worden waren wegen des Wortes Gottes und wegen des Zeugnisses, das sie abgelegt hatten.» Sie schreien zu Gott, er solle Gericht halten (*krino*) und ihr Blut rächen (*ekdikeo*). Wenn Gott Rom vernichtet, dann verschafft er den Heiligen, Aposteln und Propheten (18,20) Gerechtigkeit. Dies ist auch das Motiv der Liturgie in 19,1–8; man vgl. dazu insbesondere 19,2: Gott hat die große Hure (Rom) gerichtet (*ekrinen*) und Rache genommen (*exedikesen*) für das Blut seiner Knechte. Dieselben Märtyrer treten in 7,9-19 auf:

> ... eine große Schar ... Sie standen ... vor dem Thron und vor dem Lamm ... Es sind die, die aus der großen Bedrängnis kommen; sie haben ihre Gewänder gewaschen und im Blut des Lammes weiß gemacht.

Es sind die Märtyrer aus 12,11: «Sie haben ihn (Satan) besiegt durch das Blut des Lammes und durch ihr Wort und Zeugnis; sie hielten ihr Leben nicht fest, bis hinein in den Tod.» Und es sind die Sieger aus 15,2–4: «... die Sieger über das Tier, über sein Bild und über die Zahl seines Namens». Jesus selbst erscheint in der Apokalypse als der erste Märtyrer (1,5; 3,14), als der, der tot war und wieder lebendig wurde (2,8).

In 20,4 wird uns das Motiv für den Tod der Märtyrer mitgeteilt:

> *Sie wurden enthauptet wegen des Zeugnisses Jesu und des Wortes Gottes; sie sind es, die das Tier und sein Bild nicht anbeteten und das Zeichen auf ihrer Stirn oder ihrer Hand nicht empfingen.*

Das erste Motiv erscheint in 6,9; das zweite in 15,2–4. Es ist durchaus möglich, daß die, die das Tier nicht anbeteten, zahlreicher sind als die enthaupteten Märtyrer; es kann sein, daß viele von ihnen nicht durch das Schwert umkamen, und dennoch sind sie Märtyrer. Alle diese Märtyrer, welches die Art ihres Tod auch sei, sind Märtyrer, die bereits gestorben sind. In der Apokalypse treten aber auch die Märtyrer in Escheinung, die noch auf Erden leben. Das Wort «Märtyrer» bedeutet ja, wie schon gesagt, «Zeuge» und schließt nicht notwendig einen gewaltsamen Tod ein, wohl aber die Bereitschaft, Zeugnis zu geben bis zum Tode. Zwischen einem lebendigen und einem toten Märtyrer gibt es keinen großen Unterschied. Mit den «lebenden Märtyrern» ist in der Apokalypse zunächst einmal Johannes selbst gemeint: Er «hat das Wort Gottes und das Zeugnis (*martyria*) Jesu Christi bezeugt (*emartyresen*)» (1,2); aus demselben Grund ist er auf die Insel Patmos verbannt (1,9). Der Dämon führt auf der Erde Krieg gegen jene, die «den Geboten Gottes gehorchen und an dem Zeugnis für Jesus festhalten» (12,17). In 11,3–13 treten die beiden Zeugen-Propheten auf, die die gesamte prophetische und martyriale Kirche repräsentieren. Zwischen dem Propheten und dem Märtyrer besteht kein Unterschied, denn die Propheten sind jene, «die das Zeugnis (*martyria*) Jesu festhalten» (19,10), und dieses Zeugnis wiederum ist, laut 19,10, «der Geist prophetischer Rede». Die Märtyrer, die in diesem Augenblick noch am Leben sind, werden eines Tages sterben, doch eben weil sie Märtyrer sind, dürfen sie hoffen, an der ersten Auferstehung und an der tausendjährigen Herrschaft teilzuhaben.

Die Märtyrer *gelangten zum Leben*, und im Blick auf sie fährt der Text fort: *Selig und heilig, wer teil hat an der ersten Auferstehung.* Ausdrücklich wird hinzugesetzt: *Die übrigen Toten gelangten nicht zum Leben.* Die Wendung *gelangten zum Leben* (wörtlich: «lebten», *ezesan*) meint nicht einfach Rückkehr ins Leben, sondern Auferstehung. Dasselbe Wort wird (2,8) auch für die Auferstehung Jesu verwendet: «der tot war und wieder lebendig wurde (*ezesen*)»; ebenso 1,18: «Ich bin ... der Lebendige (*ho zon*), ich war tot, doch nun lebe ich (*zon eimi*) in alle Ewigkeit.» Wenn wir den Sinn des Textes ernst nehmen, müssen wir ihn so verstehen, daß die Märtyrer genauso auferstehen wie Jesus. Daher wird Jesus bekannt als «der treue Zeuge, der Erstgeborene (*prototokos*) der Toten, der Herrscher über die Könige der Erde» (1,5). Er ist der als erster von den Toten Auferstandene, und andere werden nach ihm auferstehen. Diese Auferstehung der Märtyrer zu Beginn der tausendjährigen Herrschaft, tausend Jahre vor dem Endgericht, bei dem auch alle übrigen Toten auferstehen werden, ist die «erste Auferstehung». Die auferstandenen Märtyrer *herrschen mit Christus tausend Jahre* ... und *werden Priester Gottes und Christi sein und herrschen mit ihm tausend Jahre.*

Hier sind zwei Gedanken wirksam: zum einen die Idee der Herrschaft, eines geeinten Reiches des Messias (Christus) und der auferstandenen Märtyrer. Dieses Reich ist hier auf Erden, in unserer Geschichte, vor dem Endgericht, und dauert tausend Jahre lang. Die zweite Idee ist die, daß die Auferstandenen als Priester Gottes und Christi herrschen. Die jetzt auferstehen und mit Christus herrschen, werden vom *zweiten Tod* nicht getroffen. In 21,8 wird uns gesagt, der zweite Tod sei der See von brennendem Schwefel, das heißt der endgültige Tod, der Gang ins Nichtsein. Die Märtyrer, die gestorben sind und jetzt zur tausendjährigen Herrschaft auferstehen, sind schon durch das Gericht gegangen und können gewiß sein, daß sie nach den tausend Jahren direkt in den neuen Himmel und die neue Erde, ins neue Jerusalem eintreten dürfen.

Gesamtinterpretation der tausendjährigen Herrschaft

Zur Zeit gibt es zwei Tendenzen in der Interpretation der tausendjährigen Herrschaft: eine fundamentalistische und eine spiritualistische. Die *fundamentalistische Auslegung* reduziert die Interpretation des Textes auf dessen Literalsinn: Die tausendjährige Herrschaft wäre demnach ein reales Reich Christi mit seiner Kirche hier auf Erden, ein geschichtliches, politisches und sichtbares, tausend Jahre währendes Reich vor dem Endgericht. Die Wiederkunft Christi wird dieses Reich eröffnen. Diese Interpretation ist heute in den Sekten sowie in einigen neokonservativen politisch-religiösen Bewegungen gang und gäbe. Die *spiritualistische Auslegung* dagegen reduziert die Interpretation des Textes auf seinen geistlichen Sinn: Die tausendjährige Herrschaft entspricht dann der Zeit der Kirche, zwischen der Auferstehung Jesu und dem Endgericht; die erste Auferstehung ist spirituell und vollzieht sich in der Taufe; erst die zweite Auferstehung ist leiblich. Dies ist die geläufige Auslegung in den historischen Kirchen, zumal in der katholischen.

In den ersten drei Jahrhunderten des Christentums herrschte eine eher wörtliche Deutung der tausendjährigen Herrschaft im Anschluß an die jüdisch-apokalyptische Tradition vor. Es gab damals radikale Interpretationen, etwa einen massiven Millenarismus, der in der Regel als häretisch verworfen wurde; es gab aber auch einen gemäßigten Millenarismus; er vermochte sich in eine Kirche zu integrieren, welche noch immer ihre ursprüngliche prophetisch-apokalyptische Inspiration bewahrte. Im 4. Jahrhundert, mit Kaiser Konstantin und mit dem Entstehen der Christenheit, legte die Kirche die apokalyptischen Traditionen ihrer Anfänge ab und gab einer rein symbolischen Deutung der tausendjährigen Herrschaft Raum. Mit Augustinus (gest. 430) setzte sich dann die bis heute bestimmende spiritualistische Deutung in der Kirche durch. Doch auch die ursprünglichen Interpretationen verschwanden nicht spurlos. Da ist z. B. Joachim von Fiore (gest. 1202), dessen Millenarismus Einfluß auf die Franziskanerspiritualen und später auf die ab 1492 nach Amerika gehenden Franziskaner ausüben sollte. Die Hussiten und Wiedertäufer waren ebenfalls millenaristisch. In der Gegenwart begegnet die katholische Kirche dem radikalen Millenarismus ablehnend.

Die Interpretation der tausendjährigen Herrschaft, die wir hier vorschlagen, will der jüdischen wie der christlichen apokalyptischen Tradition treu bleiben. Wir versuchen eine Deutung, die weder fundamentalistisch noch spiritualistisch ist, sondern ebenso mit der apokalyptisch-prophetischen Tradition des Christentums der ersten drei Jahrhunderte wie mit der gesamten biblischen apokalyptischen Tradition von Daniel bis zur Johannesapokalypse in Einklang steht und den literalen, historischen und spirituellen Sinn des Textes angemessen würdigt.

Der unmittelbare Hintergrund des Textes der Apokalypse ist das Buch Daniel. In dessen Kap. 7 erscheint die Konfrontation der Imperien, repräsentiert durch die Tiere, mit dem Volk der Heiligen des Höchsten, repräsentiert durch die Gestalt des Menschensohns. Das Gericht Gottes wird so beschrieben: «... der Hochbetagte kam. Da wurde den Heiligen des Höchsten Recht verschafft,[7] und es kam die Zeit, in der die Heiligen das Königtum erhielten» (Dan 7,22).

7 Der griechische Text der Septuaginta in der Theodotion-Version sagt: *krima edoken hagiois.* Offb 20,4 schreibt: *krima edothe autois.* Bei Daniel ist das Verb im Aktiv gebraucht: Gott verschafft den Heiligen Recht. In der Johannesoffenbarung steht das Verb im Passiv: Die Märtyrer erhalten die Vollmacht, Recht zu sprechen.

Das Gericht Gottes besteht in der Vernichtung der Imperien, die von den Tieren repräsentiert werden, und in der Übergabe der Königsherrschaft an das Volk der Heiligen, deren Repräsentant die Menschengestalt ist. Man lese dazu Dan 7,14.26f. Das Gericht Gottes ist nicht das Ende der Welt, sondern das Ende der Imperien und der Beginn des Reiches Gottes innerhalb dieser Welt und unserer Geschichte. Gott macht der Unterdrückung durch die Imperien und durch Antiochus IV. Epiphanes ein Ende und überträgt die Herrschaft den Heiligen. Auf das gleiche Schema treffen wir auch in Dan 2: Der Stein, der das Standbild (das Symbol der Imperien) zermalmt, wird zu einem großen Berg, dem Reich Gottes (vgl. Dan 2,34f.44). In Dan 8 und 9 folgt nach dem Ende die Wiederherstellung des Tempels. In Dan 12,1–3 finden wir eine weiter entwickelte Theologie: Nach dem Tod des Antiochus IV. Epiphanes stellt Michael die Rettung des Volkes sicher. Dann heißt es:

> Von denen, die im Land des Staubes schlafen, werden viele erwachen, die einen zum ewigen Leben, die anderen zur Schmach, zu ewigem Abscheu.

Wer wirklich aufersteht, sind die Heiligen (vgl. auch Jes 26,19). Die Ruchlosen erfahren keine Auferstehung, sondern erwachen als Leichen zu Schrecken und ewiger Schmach. Unter den Heiligen ragen die Lehrer der Gerechtigkeit hervor, die nicht nur auferstehen, sondern auch hell wie die Sterne leuchten. Das Reich Gottes und die Auferstehung der Heiligen sind Ereignisse auf Erden, und sie sind nicht weniger geschichtlich als die Wiederherstellung des Tempels (in Kap. 8 und 9). So entsteht mit Daniel ein apokalyptisches Geschichtsschema: Zeit der Verfolgung (Herrschaft der Tiere), Gericht Gottes, das der Unterdrückung ein Ende macht, Auferstehung der Heiligen und Aufrichtung des Reiches Gottes. Dieses Schema wird von der gesamten späteren apokalyptischen Literatur aufgegriffen.[8] Die Vorstellung eines messianischen Reiches auf Erden findet sich ebenso bei den Propheten: vgl. Jes 11,1–9; 65,17–25; Ez 33–39 u. ö.

Im Neuen Testament ist die Idee vom Reich Gottes oder von der Königsherrschaft Gottes auf Erden vor dem Endgericht vielfach bezeugt. Mt 19,28 lesen wir:

8 P. Richard (1991).

> Wenn die Welt neu geschaffen wird und der Menschensohn sich auf den Thron der Herrlichkeit setzt, werdet ihr, die ihr mir nachgefolgt seid, auf zwölf Thronen sitzen und die zwölf Stämme Israels richten.

Die Neuschaffung (*palingenesia*) bezeichnet den Übergang vom Tod zum Leben in einem kollektiven Sinn: die Welt, die nach der Sintflut zu neuem Leben gelangt, oder das Wiedererstehen des Volkes Israel nach dem Exil.[9] Die parallele Lukasstelle 22,28–30 lautet:

> In allen meinen Prüfungen habt ihr bei mir ausgeharrt. Darum vermache ich euch das Reich, wie es mein Vater mir vermacht hat: Ihr sollt in meinem Reich mit mir an meinem Tisch essen und trinken, und ihr sollt auf Thronen sitzen und die zwölf Stämme Israels richten.[10]

«Richten» (*krino*) bedeutet Recht sprechen, Gerechtigkeit schaffen: die Unterdrückten befreien und die Unterdrücker verurteilen. Die Jünger Jesu werden im Reich Gottes (Lukas) bzw. am Tag der Auferstehung (Matthäus) dem Volk Israel zu seinem Recht verhelfen. Derselbe Gedanke findet sich auch Apg 3,21:

> Ihn (Jesus) muß freilich der Himmel aufnehmen bis zu den Zeiten der Wiederherstellung von allem, die Gott von jeher durch den Mund seiner heiligen Propheten verkündet hat.

Diese «Wiederherstellung» bezog sich ursprünglich auf das Wiedererstehen des Volkes Gottes nach dem babylonischen Exil; später wurde sie dann auf eine zukünftige Zeit projiziert, in welcher der Messias die Wiederherstellung auf universaler Ebene vollziehen sollte. Die Parusie Jesu stünde demnach im Dienst dieser Wiederherstellung, die zusammenfällt mit der Neuschaffung (*palingenesia*), von der Matthäus, bzw. mit der Errichtung des Reiches Jesu, von dem Lukas spricht. In gleicher Weise dient nach Markus (13,24–27) das Kommen des Menschensohnes nicht dem Endgericht oder dem Weltende, sondern der Zusammenführung seiner Auserwählten. Offb 20,4–6 fügt sich jener apokalyptischen Tradition ein, die von Daniel herkommt und sich in der synoptischen Tradition spiegelt. In der Zeit der Neuschaffung (Mt), in der Zeit des Reiches (Lk)

9 F. Büchsel, Palingenesia, in: ThWNT I (1933), 685–688.

10 Matthäus und Lukas folgen der Quelle Q, die möglicherweise so sagte: «Ihr, die ihr mir gefolgt seid, werdet im Reich auf zwölf Thronen sitzen und die zwölf Stämme Israels richten.»

bzw. in der Zeit der universalen Wiederherstellung (Apg), die mit der Auferstehung Jesu angebrochen ist, haben die Jünger am Reich Jesu und am Gericht über das Volk Israel teil. So sagt auch 1 Kor 15,21–26:

> ... so werden in Christus alle lebendig gemacht werden. Es gibt aber eine bestimmte Reihenfolge: Erster ist Christus, dann folgen, wenn Christus kommt (*en te parousia autou*), alle, die zu ihm gehören. Danach kommt das Ende, wenn er jede Macht, Gewalt und Kraft vernichtet hat und seine Herrschaft Gott, dem Vater, übergibt ... Der letzte Feind, der entmachtet wird, ist der Tod.

In der Johannesapokalypse nimmt diese Tradition einen klareren und universaleren geschichtlichen Gehalt an.

Die Herrschaft aus Offb 20,4–6 wird im Apokalypsebuch von Anfang an angekündigt. 1,6 erkennt Jesus Christus als den, «der uns zu einem Königtum ... und zu Priestern vor Gott, seinem Vater, (gemacht) hat». Die ganze Gemeinde sieht sich hier als Reich, als Königtum (*basileia*), als Macht, und betrachtet alle ihre Mitglieder als Priester vor Gott. Nicht um ein «Reich von Priestern» geht es dabei, sondern um eine mit Macht ausgestattete Gemeinschaft, in der alle Priester sind (eine aus Ex 19,6 und Jes 6,6 übernommene Idee). So auch 5,9f:

> Du hast mit deinem Blut Menschen für Gott erworben aus allen Stämmen und Sprachen, aus allen Nationen und Völkern, und du hast sie für unsern Gott zu einem Königtum und zu Priestern gemacht; und sie werden auf der Erde herrschen.

In diesen beiden Texten wird die gegenwärtige Gemeinde als Königtum konstituiert, das mit Herrschermacht ausgestattet ist und in dem alle Priester sind. Diese aktuelle Wirklichkeit der Gemeinde, die dank dem Tod und der Auferstehung Christi schon in der Gegenwartszeit möglich ist, kündigt die Herrschaft Christi und der Märtyrer (20,4–6) an. 3,21 beinhaltet eine Verheißung, die ganz klar ansagt, wie das Ende aussehen wird: «Wer siegt, der darf mit mir auf meinem Thron sitzen, so wie auch ich gesiegt und mich mit meinem Vater auf seinen Thron gesetzt habe.» Eine ausdrückliche Bezugnahme auf die Herrschaft des Messias und Gottes finden wir nach der siebten Posaune (11,15–17), die ja, wie wir an entsprechender Stelle sagten, nicht das Ende der Welt ankündigt, sondern das

Ende der Unterdrückung in dieser Welt und den Anbruch des Reiches Gottes:

> Nun gehört die Herrschaft über die Welt unserem Herrn und seinem Gesalbten; und er wird herrschen in alle Ewigkeit ... Wir danken dir ...; denn du hast deine große Macht in Anspruch genommen und die Herrschaft angetreten (*ebasileusas*).

Dies ist ebenfalls ein Hinweis auf die tausendjährige Herrschaft.

Vom Danielbuch bis zur Johannesapokalypse erstreckt sich also ein und dieselbe Tradition, die in Offb 19,11–20,15 ihre höchste Entwicklungsstufe erreicht. In allen Texten geht es um ein Reich des Messias samt den Heiligen auf dieser Erde. Dieses Reich bricht an nach der Vernichtung der Tiere (Dan 7; Offb 19,11–21), nach dem Ertönen der siebten Posaune, die die Gegenwartszeit beendet. Und in der gesamten apokalyptischen Tradition stellt dieses Reich eine Zeit der Hoffnung dar. *Aber um welches Reich, um welche Herrschaft handelt es sich wirklich?* Einerseits müssen wir die buchstäbliche Interpretation eines radikalen Millenarismus ablehnen, wie sie die Sekten vertreten; andererseits verwerfen wir genauso eine rein symbolische Deutung, die die tausendjährige Herrschaft spiritualisiert, wie es in einer etablierten Kirche üblich geworden ist, die ihre ursprüngliche apokalyptisch-prophetische Inspiration aus dem Auge verloren hat. Wir haben eine apokalyptisch-prophetische Interpretation der tausendjährigen Herrschaft vorgeschlagen, die in der ursprünglichen jüdischen und christlichen Tradition steht. Also: *Um welche Herrschaft geht es?*

Ganz knapp gesagt: die tausendjährige Herrschaft ist die Utopie all derer, die, gegen die Idolatrie und die Unterdrückung in den Imperien, dafür kämpfen, das Reich Gottes auf Erden aufzurichten. Sie ist die Hoffnung einer Gemeinde, die glaubt, daß Gott jetzt, in der Geschichte, Recht und Gerechtigkeit schafft; ein Gott, der die Imperien besiegt und die Macht dem Volk der Heiligen und Märtyrer übergibt. Sie ist die Utopie der Armen und Unterdrückten, es werde *schließlich und endlich* doch möglich sein, Ordnung in diese Welt zu bringen, die Ordnung des Schöpfergottes und des Befreiermessias Jesus wiederherzustellen. Die Utopie der tausendjährigen Herrschaft hat nichts zu tun mit den Horrorvisionen vom Ende der Welt. Sie ist die Vision von der Herrschaft Gottes, die in dieser Welt der Idolatrie und dem Verbrechen der Imperien ein Ende macht.

Ebensowenig ist sie eine passive Utopie, denn wesentlich gehört zu ihr die Eingliederung in das Königtum des Messias der Märtyrer, der Heiligen und derer, die das Tier und sein Bild nicht anbeten und sein Kennzeichen nicht tragen. Und sie ist keine Gewalt- und Racheutopie, denn die Märtyrer erstehen auf, um als ein pristerliches Volk Gottes und Christi zu herrschen: Sie sind keine Krieger, auch keine Machtelite, handelt es sich doch um das Priestertum des ganzen Volkes der Heiligen. Die Utopie der tausendjährigen Herrschaft ist eine komplexe Utopie: Bevor sie beginnt, wird das Gericht über Rom-Babylon stattfinden, das die gegenwärtige Zeit beendet (Kap. 18). Und vor der tausendjährigen Herrschaft steht die glorreiche Manifestation (Parusie) Jesu, der das Tier, den falschen Propheten und die Könige der Erde im Gefolge des Tieres besiegt (19,11-21). Die tausendjährige Herrschaft steht im Kontext der Niederlage des Satans: Bevor die Herrschaft beginnt, wird Satan gefesselt und in den Abgrund geworfen (20,1–3); nach dem Ende der Herrschaft wird Satan freigelassen, steigt herauf, um Krieg gegen die Heiligen zu führen, und wird vernichtet (20,7–10). Dann, nach dem Ende der tausendjährigen Herrschaft, kommt das Endgericht: Auflösung des Kosmos, Gericht über die Toten und Vernichtung des Todes und der Unterwelt (20,11–15). Zum Schluß geschieht die neue Schöpfung: der neue Himmel, die neue Erde und das neue Jerusalem. Die Utopie der tausendjährigen Herrschaft ist eine transzendente Utopie: Sie ist jenseits aller menschlichen Möglichkeit und Machbarkeit, sie setzt die Parusie Jesu und die leibliche Auferstehung der Märtyrer voraus. Daß diese Utopie transzendent ist, bedeutet nicht, daß sie eine geschichtslose Utopie sei: Die tausendjährige Herrschaft liegt jenseits der Vernichtung Babylons und der «Tiere» sowie der Niederlage Satans, aber sie liegt nicht jenseits der Geschichte, sie realisiert sich in ihr und ist Teil unserer Geschichte.

Die Utopie der tausendjährigen Herrschaft drückt sich in Symbolen aus, doch dies berechtigt nicht zu einer rein symbolischen Interpretation, die den realen und geschichtlichen Charakter der Utopie leugnet. Die Symbole verweisen nämlich auf eine geschichtliche Realität: In Dan 7 beispielsweise symbolisieren die Tiere die Imperien, und die Menschengestalt symbolisiert das Volk der Heiligen. Genauso ist in Offb 20,4–6 der Terminus «tausend Jahre» symbolisch gemeint: Er bezeichnet eine bestimmte, abgeschlossene Periode der Geschichte (nach Auffassung der Rabbinen umfaßt die menschliche Geschichte sieben Jahrtausende, ähnlich den sieben Schöpfungstagen, und die tausendjährige Herrschaft wäre demnach das letzte Jahrtausend der Menschheitsgeschichte). Dennoch ist nicht alles symbolisch: Die Auferstehung der Märtyrer ist so real wie die Auferstehung Christi, das Gericht, das die Märtyrer vollziehen werden, ist so real wie das Gericht Gottes im Lauf der gesamten Heilsgeschichte, und die Herrschaft Christi mit den Märtyrern ist genauso wirklich.

So ist also die Utopie der tausendjährigen Herrschaft transzendent, hat ihren Ort jenseits aller menschlichen Machbarkeit und berechtigt dennoch nicht zu einer spiritualistischen und geschichtslosen Interpretation. Wie gesagt liegt die Utopie jenseits der Unterdrückung und des Todes, aber nicht jenseits der Geschichte, sie realisiert sich ja in ihr: Sie ist die letzte Etappe der Geschichte vor dem Endgericht. Wir können auch sagen, die Utopie sei geschichtlich, weil sie der gegenwärtigen Geschichte Richtung gibt. Sie liegt zwar jenseits menschlicher Möglichkeit, aber sie orientiert unser menschliches Denken und Handeln in eine bestimmte Richtung. Die Utopie ist transzendent, aber sie läßt uns die Geschichte real auf andere Weise leben. Die Utopie liegt jenseits des Todes und hängt ab vom Handeln Gottes, doch es ist auch sicher, daß sie jetzt schon vorweggenommen und in Symbolen des Glaubens gelebt werden kann. Die erste Auferstehung der Märtyrer ist nicht symbolisch, sondern so real wie die Auferstehung Jesu, doch kann sie symbolisch schon in der Taufe erlebt werden. Die Taufe ist nicht die erste Auferstehung (wie Augustinus behauptet, indem er so den realen und utopischen Charakter der Auferstehung leugnet), aber sie kündigt symbolisch diese Auferstehung an und ermöglicht uns, schon jetzt im Glauben und im Sakrament die erste Auferstehung zu erleben, mit der das Millenium beginnt.

Der reale und geschichtliche Charakter der Utopie bedeutet nicht, daß die tausendjährige Herrschaft buchstäblich und material interpretiert werden müßte, wie die Fundamentalisten und der radikale Millenarismus meinen. Die tausendjährige Herrschaft ist keine chronologisch in der Geschichte situierte Etappe, mit ganz exakten Anfangs- und Enddaten. Wir haben schon gesagt, daß der Abschnitt Offb 19,11–22,5 keine Chronologie darstellt, sondern eine Logik: die Rationalität oder Logik dessen, was am Ende geschieht. Wir haben es also nicht mit einer chrono-logischen, sondern mit einer eschato-logischen Vision zu tun. In ihr finden wir den Sinn, die Ordnung dessen, was sich ereignen wird, wenn die Geschichte zu ihrer Fülle gelangt ist. Offb 19,11–22,5 stellt eine symbolische Ordnung der Zukunft dar, eine geschichtliche Repräsentation der Utopie, eine symbolische Entfaltung der transzendenten Hoffnung, eine utopische Rekonstruktion des Bewußtseins, eine Wiederherstellung des von der Utopie gespeisten Bewußtseins. Der Sinn der Apokalypse wird entstellt, ja in sein Gegenteil verkehrt, wenn wir die Parusie Jesu, die tausendjährige Herrschaft und das unzureichend so genannte Ende der Welt datumsmäßig festmachen. Dieser Versuch einer exakten Datierung und Periodisierung ist idolatrisch, weil er die Zukunft verdinglicht und den utopisch-transzendenten Sinn der Johannesapokalypse zersetzt. Jesus fordert uns zur Wachsamkeit auf, nicht zum Erraten von Daten; er verlangt von uns die Unterscheidung der Zeichen der Zeit, aber Gott allein kennt die Zeit der Fülle:

> ... jenen Tag und jene Stunde kennt niemand, auch nicht die Engel im Himmel, nicht einmal der Sohn, sondern nur der Vater (Mt 24,36).

Die Apokalypse offenbart uns den Sinn der Geschichte, um die Hoffnung und die Utopie lebendig zu halten, nicht um Angst und Schrecken zu verbreiten.

> Wenn das beginnt, dann richtet euch auf und erhebt eure Häupter; denn eure Erlösung ist nahe (Lk 21,28).

3. Endgericht über den Tod, die Toten und die Unterwelt (20,11-15)

Dieses Gericht hat drei Teile: die Vision vom weißen Thron (V. 11), das Gericht über die Toten (VV. 12–13) und eine dreifache Vernichtung: des Todes, der Unterwelt und der Verdammten (VV.14–15). Gott erscheint auf einem *weißen Thron* sitzend (*kathemenon*). Dies stellt eine Parallele zu 19,11 dar, wo Jesus auf einem *weißen Pferd* sitzend (*kathemenos*) in Erscheinung tritt. Die Farbe Weiß ist Symbol für den Sieg. In 19,11–16 folgen Jesus die Märtyrer (vgl. 17,14), die ebenfalls auf weißen Pferden sitzen. Jesus stößt mit dem Tier, dem falschen Propheten und den Königen der Erde zusammen. In 20,11 erscheint Gott allein, ja, *vor seinem Anblick flohen Himmel und Erde*. Gott ist allein in kosmischer Leere. Jesus kämpft mit lebendigen Mächten, Gott richtet die Toten, den Tod und die Unterwelt.

Zwischen dem Gericht Jesu (19,11-21) und dem Gericht Gottes (20, 11–15) sind andere Throne zu sehen, auf denen die Märtyrer Platz nehmen, um Gericht zu halten in der tausendjährigen Herrschaft (20,4–6).

In V. 12 treten die Toten auf. Hier ist nicht ausdrücklich von Auferstehung die Rede, doch in 20,5 wird sie angesagt: «Die übrigen Toten kamen nicht zum Leben, bis die tausend Jahre vollendet waren.» Johannes sieht: Die Toten *standen (hestotas)* vor dem Thron, was den Gedanken an ihre Auferstehung nahelegen könnte. Sie werden gerichtet *nach dem, was in den Büchern aufgeschrieben war.* Diese Bücher stellen das Gedächtnis Gottes dar. Gott vergißt nichts. Alles, was die Menschheit getan hat, ist erfaßt. Die Dinge geschehen jedoch nicht, weil sie aufgeschrieben sind (keine Spur von Determination), sondern sie werden aufgeschrieben, weil sie geschehen. Dieses Gedächtnis Gottes ist ein Motiv der Hoffnung für die Gerechten und ein Grund des Schreckens für die Ruchlosen. Zweimal wird gesagt, daß die Toten *nach ihren Werken gerichtet* werden. Was im Gericht zählt, ist das Tun der Menschen, nicht ihre guten Gedanken oder Absichten. Was uns rettet, ist die Orthopraxis, nicht die Orthodoxie. Neben den Büchern (im Plural) spielt auch das *Buch des Lebens* eine Rolle. 13,8 spricht von denen, die das Tier anbeten, «deren Name nicht seit der Erschaffung der Welt eingetragen ist ins Lebensbuch des Lammes, das geschlachtet wurde» (ähnlich 17,8). In 3,5 verheißt Jesus dem Sieger, sein Name werde nicht aus dem Buch des Lebens gestrichen werden. Und ins neue Jerusalem werden nur die eintreten, «die im Lebensbuch des Lammes eingetragen sind» (21,27). Der Gebrauch dieses Symbols hat Tradition: vgl. Ex 32,32; Ps 139,16; Lk 10,20; Phil 4,3; Hebr 12,23. Das Buch des Lebens ist kein Register der Taten, sondern eher etwas Personales, und in der Apokalypse erscheint es als ein dem Lamm gehöriges Buch. Es ist kein Buch, in das die von Gott Vorherbestimmten und von Anbeginn der Welt zur Rettung Erwählten eingetragen wären. Eingetragen sind vielmehr jene, die eine Entscheidung für das Leben und für den Gott des Leben getroffen haben. Hier, in 20,12, wird dieses besondere Buch angeführt, um denen, die die Option fürs Leben getroffen haben, Hoffnung zu vermitteln und die Angst zu nehmen.

V. 13 erscheint wie ein zweites Gericht, wie die Wiederholung des schon von V. 12 Geschilderten. Ich glaube jedoch nicht, daß es sich hier um zwei Gerichte handelt oder daß wir es mit einem Problem übereinandergeschichteter literarischer Quellen zu tun haben. Die Wiederholung dient dem Verfasser dazu, das Meer, den Tod und die Unterwelt (*ho hades*) einzuführen. Das *Meer* ist, anders als Himmel und Erde in V. 11, noch nicht geflohen, denn noch hat es ja seine Toten nicht herausgegeben. In 21,1 verschwindet es dann. Der Tod und die Unterwelt werden vernichtet. Schließlich geschieht dies auch denen, die ihre Entscheidung für den Tod getroffen haben, das heißt: die, die *nicht im Buch des Lebens verzeichnet* sind. Die Vernichtung des Todes ist in dieser Schlußvision der Geschichte besonders wichtig. 21,4 wird daran erinnern: «Der Tod wird nicht mehr sein, keine Trauer, keine Klage, keine Mühsal. Denn was früher war, ist vergangen.» So lasen wir schon in Offb 7,17, so kann man es lesen in den schönen Passagen Jes 25,8 und 35,10. Auch 1 Kor 15,26 gehört in diese Reihe: «Der letzte Feind, der entmachtet wird, ist der Tod.» Der endgültige Tod des Todes ist ein leuchtendes Zeichen der Hoffnung in diesem düsteren Gemälde vom «Jüngsten Gericht».

IV. Die Zukunft der Geschichte (21,1–22,5)

Beginnen wir mit einer genauen Lektüre des Textes. Dazu sei zunächst die bereits zu Beginn dieses Kapitels skizzierte Struktur in Erinnerung gebracht.

a) Neuer Himmel, neue Erde, neues Jerusalem: 21,1–8.

	– Allgemeine Beschreibung: VV. 9–11;
Beschreibung	– Teile der Stadt: VV. 12–14;
der Stadt 21,9–21:	– Formen und Maße: VV. 15–17;
	– Materialien: VV. 18–21.

a') Gegenwart Gottes und des Lammes: 21,22–22,5.

In diesem Abschnitt führt uns Johannes die Zukunft der Geschichte auf ihrer Schlußetappe vor: eine beeindruckende Rekonstruktion des Himmels, die zugleich ein Wiederaufbau, eine Neubelebung von Utopie und Hoffnung ist. Und der Verfasser vollendet in diesem letzten Abschnitt der Apokalypse seine «Rekonstruktion», seine Wiederherstellung des Bewußtseins der Gemeinde, die in diesem Augenblick der Lesung des Buches lauscht. Wir bieten dazu im folgenden abschnittsweise einige Interpretationsschlüssel.

1. Eine neue Welt

Die Begriffe *Himmel* und *Erde* sind hier nicht mythisch gemeint, sondern bezeichnen den Kosmos oder auch die Natur in ihrer Ganzheit. Johannes erblickt einen *neuen* Kosmos. Neu deshalb, *weil der erste Himmel und die erste Erde ... vergangen (sind);* so heißt es in Anknüpfung an 20,11b. Und V. 4 setzt hinzu: *Denn was früher war, ist vergangen.* Danach spricht Gott selbst: *Seht, ich mache alles neu* (V. 5). Zwischen dem ersten, alten und dem neuen Kosmos besteht ein Gegensatz. Auch von einem *neuen* Jerusalem ist die Rede. Was bedeutet das: neuer Kosmos, neues Jerusalem? Fünf fast gleichlautende Sätze geben uns Antwort:

Auch das Meer ist nicht mehr: 21,1.
Der Tod wird nicht mehr sein: 21,4.
Keine Trauer, keine Klage, keine Mühsal (wird mehr sein): 21,4.
Kein Fluch wird mehr sein: 22,3.
Es wird keine Nacht mehr geben: 22,5; 21,25.

Alle diese Sätze haben nahezu denselben Sinn. Meer und Nacht sind kosmisch-mythisch gebraucht. Das *Meer* wird mit dem Abgrund identifiziert. In 11,7 und 17,8 heißt es, das Tier steige aus dem Abgrund herauf. In 13,1 kommt es aus dem Meer. In 9,1.2.11 und 20,1.3 ist der Abgrund ein satanischer Ort, das Gefängnis Satans. Das Meer ist Symbol für das Chaos. Im neuen Kosmos sind Meer, Abgrund, Chaos vernichtet. Die neue Schöpfung überwindet das Chaos. Ähnlich mythischen Sinn hat die *Nacht*, Synonym für Finsternis. Gott siegt endgültig über die Finsternis und erleuchtet mit seiner Gegenwart die Einwohner des neuen Jerusalem (22,5). Auch in Joh 9,4f ist in einem mythischen Sinn die Rede von der Nacht, in der niemand mehr etwas tun kann und der gegenüber Jesus sich als das Licht der Welt definiert. Und Joh 1,4f: «... das Leben war das Licht der Menschen. Und das Licht leuchtet in der Finsternis, und die Finsternis hat es nicht erfaßt.»

Auch der *Tod* wird endgültig besiegt (das hatte sich schon in 20,14 angekündigt; vgl. auch Jes 25,8; 1 Kor 15,26). Der Kosmos ist neu, weil in ihm das Leben den Tod besiegt hat, weil das Leben sich über den Tod hinaus als siegreich erweist. In ähnlicher Weise wird auch das Ende aller *Trauer, Klage* und *Mühsal* ausgesagt. Die Klage ist, wie seinerzeit in Ägypten (Ex 3,7), die kollektive Äußerung des Volkes. V. 4 setzt hinzu: *Er wird alle Tränen von ihren Augen abwischen.* Diese Geste Gottes gilt nur denen, die Tränen in den Augen haben, denen, die mitleiden und über die Unterdrückung und die Klage des Volkes weinen. Auch kein Fluch (griech. *katathema*) wird mehr sein. Das ist eine Anspielung auf Sach 14,11: «Es wird keine Vernichtung mehr geben, und Jerusalem wird sicher sein.» Der Fluch, der von Anfang an auf der Erde lastete (Gen 3,17), wird aufgehoben.

Wir können zusammenfassen: Die Erde und der Himmel sind neu, und Jerusalem ist neu, weil in ihnen das Leben über den Tod triumphiert, die Ordnung über das Chaos und das Licht über die Finsternis, das Mitleiden über jede Trauer, Klage und Mühsal obsiegt und weil es keinen Fluch mehr gibt. Transzendiert wird hier nicht die Materialität oder die Leiblichkeit, sondern der Tod, das Chaos, das Leiden, die Verwünschung; nach wie vor gibt es Himmel und Erde und eine Stadt, nach wie vor gibt es Geschichte, aber all das nunmehr ohne Tod und Vernichtung.

2. *Die heilige Stadt, das neue Jerusalem*

a) Die heilige Stadt

Das neue Jerusalem ist in erster Linie eine *Stadt*. Die Apokalypse meint damit nicht das historische Jerusalem, das ja im Jahre 70 zerstört worden ist und das Johannes mit Sodom und mit Ägypten als Symbolen Roms gleichstellt, weil in ihm Jesus gekreuzigt worden ist (11,8). Wenn hier von Jerusalem die Rede ist, dann ist dieses ein Mythos, ein Symbol, das für das Volk Gottes oder die Gemeinde steht. 11,1f spricht (wir haben das an entsprechender Stelle gesehen) davon, daß der Prophet Johannes die symbolisch als heilige Stadt bezeichnete Gemeinde schützt. In 14,1 ist der Zionsberg ebenfalls Symbol des Ortes, an dem sich die Gemeinde derer versammelt, die dem Lamm folgen. Das Symbol «Jerusalem als Stadt» drückt Gemeinschaft, Volk, organisierte Menschheit aus; wir würden heute sagen: Es steht für soziale Beziehungen oder für einen Entwurf von Gesellschaft. Kap. 21 beginnt mit zwei Visionen. Johannes sieht zunächst einen neuen Himmel und eine neue Erde: einen neuen Kosmos, eine neue Natur. Sodann sieht er eine neue Stadt, das heilige Jerusalem: eine neue Gesellschaft, eine organisierte Menschheit. So haben wir das Begriffspaar Kosmos – Stadt, das die beiden Dimensionen der menschlichen Geschichte zusammenfaßt: Natur und Menschheit. Geschichte ist nicht bloß Geschichte der Gesellung von Männern und Frauen, sie schließt auch den Kosmos, die Natur ein. Der neue Kosmos und die neue Menschheit sind leiblich-körperlich real. Die Transzendenz ist, wie wir schon sagten, die Überwindung des Todes, des Chaos und der Finsternis, aber nicht die Überwindung der Leiblichkeit und der Geschichte. In der neuen, von Gott geschaffenen Welt gibt es Leiblichkeit und soziale Beziehungen, aber ohne Tod, Chaos, Finsternis und Unterdrückung.

In der Gesamtstruktur der Johannesapokalypse ist Jerusalem zweifellos das Gegensymbol oder der Gegenmythos zu Babylon. Das historische Babylon, Hauptstadt des Imperiums von Nebukadnezzar, der im Jahr 586 v. Chr. Jerusalem angriff und zerstörte, wird überführt in den Mythos oder in das Symbol der idolatrischen und verbrecherischen, der großen und mächtigen Stadt. Die Kap. 21 und 22 der Apokalypse sind die Antithese zu den Kap. 17 und 18. Babylon ist eine Hure (das Symbol für Idolatrie und Geld) und reitet auf dem Tier (dem römischen Imperium); Jerusalem ist heilig (antiidolatrisch), und es ist die Braut und die Frau des Lammes. Babylon und sein Götzendienst verderben die Könige der Erde. Jerusalem zieht die Könige der Erde an, und sie bringen ihre Pracht in die Stadt. Babylon besäuft sich mit dem Blut der Heiligen und Märtyrer. Jerusalem schließt die Mörder und Götzendiener aus. Johannes setzt den Mythos Babylon ein, um die Stadt Rom historisch zu kennzeichnen; analog benutzt er den Mythos Jerusalem, um die neue Menschheit und die neue, von Gott geschaffene Welt historisch zu kennzeichnen.

b) Ich sah das neue Jerusalem von Gott her aus dem Himmel herabkommen (V. 2)

Die Begriffe *Himmel* und *Erde* haben in der Johannesapokalypse zwei Bedeutungen: eine kosmische (Himmel und Erde bedeuten die Gesamtheit des Kosmos bzw. der Natur) und eine mythisch-symbolische mit theologischem Gehalt (Himmel und Erde sind die theologische Bezeichnung für die beiden Dimensionen der Geschichte: die empirisch-sichtbare, versinnbildlicht durch die Erde, und die transzendent-unsichtbare, symbolisiert durch den Himmel). V. 1 gebraucht die Termini «Himmel» und «Erde» in einem kosmischen Sinn, um die Gesamtheit der Natur oder der Schöpfung (des Kosmos) zu bezeichnen. Neuer Himmel, neue Erde – das meint eine neue Schöpfung, einen neuen Kosmos. In V. 2 heißt es: *Ich sah ... das neue Jerusalem von Gott her aus dem Himmel herabkommen.* Hier hat *Himmel* mythisch-symbolische Bedeutung. Wir dürfen uns nicht auf die raum-zeitliche Darstellungsweise des Mythos beschränken, sondern müssen seinen theologischen Sinngehalt begreifen. Wie schon gesagt, bezeichnen Himmel und Erde die beiden Dimensionen der Geschichte: der Himmel die transzendente Tiefendimension, die Erde die empirisch-sichtbare der Erscheinungswelt. Es gibt nur eine einzige Geschichte, doch diese Geschichte hat zwei Dimensionen, eben eine empirische und eine transzendente. Das neue Jerusalem kommt vom Himmel auf die Erde herab. Theologisch heißt das, daß es aus seiner transzendenten in eine irdische Daseinsform übergeht und in die empirisch-sichtbare Dimension der Geschichte eintritt. Nehmen wir VV. 1 und 2 in ihrem Zusammenhang, so sehen wir darin eine zweifache Transformation. Da ist einerseits (V. 1) die Verwandlung des Himmels und der Erde (des Kosmos) in einen neuen Himmel und eine neue Erde, und das bedeutet einen Kosmos ohne Tod, ohne Chaos, ohne Finsternis, ohne Unterdrückung (siehe dazu oben IV.1). Und andererseits kommt das neue Jerusalem vom Himmel herab, und das bedeutet die Verwandlung des himmlischen Jerusalem in ein irdisches. Doch Erde und Himmel, die das himmlische Jerusalem jetzt aufnehmen, bilden einen transzendenten Kosmos: ohne Tod, Chaos und Finsternis. Das neue Jerusalem tritt in die irdisch-empirische Dimension einer Geschichte ein, die nunmehr transzendent ist. Wie schon gesagt, ist das neue Jerusalem ein Mythos zur Bezeichnung der neuen Gemeinschaft oder gesellschaftlichen Organisation, die jetzt nicht mehr im Himmel, sondern auf der Erde ihren Ort hat. Neu ist die Stadt, weil es in ihr keinen Tod, kein Chaos, keine Finsternis und keine Unterdrückung mehr gibt. Kurz gesagt: Das Transzendente kann in der Geschichte sichtbar werden, weil der Kosmos über Tod, Chaos und Finsternis gesiegt hat. Wir erleben die irdische Stadt, die neue gesellschaftliche Gestaltung der Menschheit in einer Welt ohne Tod und Unterdrückung. Der ganze Himmel wird auf Erden sichtbar. Der Unterschied zwischen Himmel und Erde verschwindet, alles ist jetzt Erde, freilich eine transzendente Erde ohne Tod.

Es ist sehr bezeichnend, daß die raum-zeitliche Bewegung des Mythos vom Himmel zur Erde führt: Sie ist eine absteigende, eine deszendente Bewegung. Die letzte und transzendente Etappe der Geschichte ist erreicht, wenn der Himmel symbolisch auf die Erde hinabsteigt. Die Gegenbewegung dazu finden wir in dem entgegengesetzten Mythos von Babel. Gen 11,1–9 erzählt, wie die Menschheit eine Stadt mit einem bis zum Himmel reichenden Turm bauen will. Diese Stadt will sich von der Erde zum Himmel erheben. In der Johannesoffenbarung dagegen steigt die Stadt vom Himmel auf die Erde herab. Die Bibel beginnt mit einer idolatrischen, unterdrückerischen Stadt, die an den Himmel zu rühren versucht; und sie schließt mit einer transzendenten Stadt, die vom Himmel auf die Erde herabkommt. Bei Paulus ist noch eine andere Tradition wirksam: Er spricht von einer Entrückung zum Himmel: «... dann werden wir ... auf den Wolken in die Luft entrückt, dem Herrn entgegen» (1 Thess 4,17).

c) Jerusalem, die Wohnung Gottes auf der Erde, in der es keinen Tempel gibt

Das neue Jerusalem ist die neue *Wohnung Gottes unter den Menschen* (21,3). Gott wohnt nicht mehr im Himmel oder in einem Heiligtum, sondern in der neuen, transzendenten Gesellschaft, die er in der neuen Welt geschaffen hat. Wörtlich heißt es: «Seht, das Zelt (*skene*) Gottes unter den Menschen ... er wird unter ihnen zelten (*skenosei*).» Hier ist nicht gemeint «der himmlische Tempel, das Zelt des Zeugnisses» (*ho naos tes skenes tou martyriou*) aus 15,5. In 21,22 sagt Johannes ja ausdrücklich, er habe im neuen Jerusalem keinen Tempel (*naon*) gesehen. Folglich hat «Zelt» hier nicht den buchstäblichen Sinn von «Zelt des Zeugnisses als Tempel», sondern den übertragenen von «Wohnung»: Das neue Jerusalem ist die Wohnung Gottes auf Erden. Dazu Lev 26,11f:

> Ich schlage meine Wohnstätte in eurer Mitte auf und habe gegen euch keine Abneigung. Ich gehe in eurer Mitte; ich bin euer Gott, und ihr seid mein Volk.

Noch näher steht unserer Passage Joh 1,14: «Und das Wort ist Fleisch geworden und hat unter uns gewohnt (*eskenosen*).»

Derselbe Gedanke vom Wohnen Gottes auf der Erde erscheint in 21,11 im Thema «Herrlichkeit Gottes»: Die heilige Stadt Jerusalem kommt von Gott her aus dem Himmel herab, *erfüllt von der Herrlichkeit Gottes.* In 21,23 wird uns gesagt, das neue Jerusalem brauche weder Sonne noch Mond, die sie erleuchten, *denn die Herrlichkeit Gottes erleuchtet sie, und ihre Leuchte ist das Lamm.* 22,5 setzt hinzu, die Einwohner bräuchten weder das Licht einer Lampe noch das Licht der Sonne, *denn der Herr, ihr Gott, wird über ihnen leuchten.* Die ganze Stadt leuchtet im Schein der Herrlichkeit Gottes. Die Herrlichkeit Gottes ist sein Wesen, ist das, was Gott ist. Gott erfüllt das neue Jerusalem, die neue Menschheit, die in der neuen, transzendenten, von Gott geschaffenen Welt lebt. Das gleiche bringt auch Paulus in seiner kleinen Apokalypse (1 Kor 15,20–28) zum Ausdruck: Die gesamte Geschichte gelangt zu ihrem Kulminationspunkt, wenn «Gott alles in allem» (*ho Theos panta en pasin*) ist. Das ist kein Pantheismus, keine Auflösung oder totale Diffusion Gottes in der neuen Stadt; 22,4 wird nämlich gesagt: *Sie werden sein Angesicht schau*en. Das Pauluswort 1 Kor 13,12 – «jetzt schauen wir in einen Spiegel und sehen nur rätselhafte Umrisse, dann aber schauen wir von Angesicht zu Angesicht» – geht in Erfüllung. Und auch 1 Joh 3,2 – «wir wissen, daß wir ihm ähnlich sein werden, wenn er offenbar wird; denn wir werden ihn sehen, wie er ist» – wird nunmehr eingelöst. «Selig, die ein reines Herz haben; denn sie werden Gott schauen» (Mt 5,8).

Johannes sagt: *Einen Tempel sah ich nicht in der Stadt. Denn der Herr, ihr Gott, der Herrscher über die ganze Schöpfung, ist ihr Tempel, er und das Lamm.* Dies stellt einen klaren Bruch mit der jüdischen Tradition dar: Ein Jerusalem ohne Tempel ist für Juden undenkbar. Nach dem Zeugnis der Johannesapokalypse ersetzt Gott mit seiner sichtbaren, unmittelbaren Gegenwart den Tempel – nicht nur den des historischen Jerusalem, sondern jedweden denkbaren oder vorstellbaren Tempel. Das neue Jerusalem symbolisiert die neue universale Gemeinde Gottes, das neue Volk, die neue Gesellschaft, die neue Menschheit, das neue, von Gott selbst im neuen Himmel und auf der neuen Erde verwirklichte Geschichtsprojekt. Es ist ganz von Gottes Herrlichkeit erfüllt. Gott nimmt seine irdische Wohnung in dieser neuen Gesellschaft, er ist alles in allem in diesem neuen Gottesvolk. Da braucht es weder Tempel noch Kirche, noch

Vermittlung zwischen dem Volk und Gott. Gott erfüllt alles, und alle sehen ihn von Angesicht zu Angesicht. Der alte historische Tempel von Jerusalem war der Inbegriff von Unterschieden und Trennungen: zwischen Jerusalem als heiliger Stadt und dem restlichen Palästina, zwischen dem Tempel selbst und der Stadt, zwischen dem Allerheiligsten und den verschiedenen Vorhöfen, dem Vorhof der Priester, dem Vorhof der Männer, dem Vorhof der Frauen, dem Vorhof der Heiden. Im neuen Jerusalem dagegen gibt es überhaupt keinen Tempel mehr, und daher fallen auch all diese Unterscheidungen und Trennungen fort. Und es gibt keinen Unterschied mehr zwischen Heilig und Profan, zwischen Priester und Laie, zwischen Christ und Nichtchrist. Jetzt ist die ganze Stadt heilig, alle sind Priester, alle sehen Gott, und alle tragen seinen Namen auf der Stirn.

Nichts wäre irriger, als das neue Jerusalem mit der – nunmehr angeblich in der neuen Welt verherrlichten – Kirche zu identifizieren. Viele Exegeten zitieren Eph 2,19–21, um daraus den Schluß zu ziehen, das neue Jerusalem sei die Kirche. Im Epheserbrief geht es gewiß um die Kirche, aber in der Jetztzeit in der Geschichte: Sie ist ein heiliger Tempel, auf das Fundament der Apostel und Propheten gebaut und mit Jesus Christus selbst als Schlußstein. Offb 22–21 hingegen spricht von der Zukunft der Geschichte, von der transzendenten Stadt, in der es eben, wie ausdrücklich gesagt, keinen Tempel gibt. Im neuen Jerusalem ist Christus nicht der Schlußstein, der er in der Kirche ist, sondern die Leuchte, die die ganze Stadt erleuchtet. Die einzige mögliche Ähnlichkeit mit Eph 2,20 findet sich Offb 21,14, wo es heißt, die Mauer der Stadt habe zwölf Grundsteine, welche die Namen der zwölf Apostel des Lammes trügen. Das Fundament der Mauer sind aber nicht die zwölf Apostel selbst, sondern das Gedenken an sie, die Tradition von den Aposteln. So sind auch auf die zwölf Tore die Namen der zwölf Stämme Israels geschrieben. Das alles heißt: Das neue Jerusalem als neues Volk Gottes ist die Vollendung des historischen Gottesvolkes von vor der neuen Schöpfung.

d) Das Wasser und die Bäume des Lebens

In 21,6 sagt Gott selbst: *Wer durstig ist, den werde ich umsonst aus der Quelle trinken lassen, aus der das Wasser des Lebens strömt.* Das wird wiederholt in der Liturgie der Gemeinde 22,17 (ähnlich 7,17). Das Wasser steht hier symbolisch für das Leben, das Gott jedem Suchenden schenkt. Interessant ist daran, daß dieses Leben *umsonst* angeboten wird und Geld keine Rolle spielt. Gott, und nicht der Markt, garantiert das Leben. Im Hintergrund steht ein berühmter Jesaja-Text:

> Auf, ihr Durstigen, kommt alle zum Wasser! Auch wer kein Geld hat, soll kommen. Kauft Getreide und eßt, kommt und kauft ohne Geld, kauft Wein und Milch ohne Bezahlung (Jes 55,1).

Das ist die Utopie der Ausgeschlossenen: Essen und Trinken und den Lebensunterhalt sichern ohne Geld. In der Apokalypse handelt es sich um das endgültige Leben, das Gott jenseits des Todes und der Unterdrückung gewährt und sichert. In Ez 47,1–12 strömt das Wasser aus dem Tempel, aber da es ja im neuen Jerusalem keinen Tempel gibt, heißt es in Offb 22,1: Ein *Strom, das Wasser des Lebens ... geht vom Thron Gottes und des Lammes aus.* Jer 2,13 ist Gott selbst Quell des lebendigen Wassers. Und in Joh 7,37-39 ruft Jesus aus:

> Wer Durst hat, komme zu mir, und es trinke, wer an mich glaubt. Wie die Schrift sagt: Aus seinem Inneren werden Ströme von lebendigem Wasser fließen. Damit meinte er den Geist ...

Offb 22,2 fährt fort: *Zwischen der Straße der Stadt und dem Strom, hüben und drüben, stehen Bäume des Lebens.* Diese Bäume tragen Früchte in Überfülle: zwölfmal im Jahr, jeden Monat einmal. Aber mehr noch: ... *die Blätter der Bäume dienen zur Heilung der Völker.* Hier, im neuen Jerusalem, stoßen wir wieder auf jenen Baum des Lebens, den Gott in seinem Lebensprojekt für die Menschheit laut Gen 2,9 hat wachsen lassen. Als die Menschheit sich für das Todesprojekt entschied, da verlor sie den Zugang zum Baum des Lebens (Gen 3,24). Jetzt erscheint der Baum des Lebens wieder, aber vervielfacht, und fruchtbringend in jedem Monat des Jahres. Im neuen Jerusalem verwirklicht sich Gottes Lebensprojekt für die ganze Menschheit. Die Blätter dieser Bäume dienen als Medizin zur Heilung der Nationen, die von der Krankheit der Idolatrie Babylons befallen waren.

e) Beschreibung des neuen Jerusalem (21,9–21)

Daß die Stadt die Menschheit, das universale Volk Gottes symbolisiert, haben wir schon gesagt. Sie ist ein neues Projekt, ein transzendentes Gesellschaftssystem: ohne Tod, Chaos, Finsternis, ohne Ausbeutung und Leid. In den beiden anderen Abschnitten – dem davor (21,1–8) und dem danach (21,22–22,5) – hat Johannes uns gezeigt, welches die wesentlichen Elemente des neuen Jerusalem sind. In diesem Abschnitt nun sucht er eine architektonische Rekonstruktion der Stadt zu geben, und zwar anhand von realen, freilich symbolisch aufgeladenen Größen. Der Verfasser benutzt dieses Modell für die Rekonstruktion einer Stadt als Instrument für den Neuentwurf der Hoffnung, für die Rekonstruktion der Utopie, des transzendent-eschatologischen Projektes Gottes mit der gesamten Menschheit. Die Stadt zu rekonstruieren heißt im Tiefsten, das kollektive Bewußtsein des Gottesvolkes wiederherzustellen, das die Apokalypse liest und hört. Betrachten wir nun die zentralen Elemente dieser Rekonstruktion.

In VV. 9–11 haben wir eine allgemeine Beschreibung der Stadt vor uns. Die Einleitung in VV. 9f ist in Parallele zu 17,1–3 strukturiert. Dieser Parallelismus ist bewußt gewählt, mit dem Ziel, die Antithetik zwischen Babylon und Jerusalem deutlich zu machen. In Kap. 17 ging es um das Gericht über Babylon, die große Hure. Hier geht es um Jerusalem, die Frau des Lammes, die vom Himmel herabkommt, erfüllt von der Herrlichkeit Gottes. Babylon repräsentiert das idolatrische und verbrecherische Gemeinwesen; Jerusalem symbolisiert die Stadt voll göttlicher Herrlichkeit, in der sich der Strom und die Bäume des Lebens finden. Den Gegensatz zwischen beiden Städten haben wir schon zur Genüge hervorgehoben.

Die VV. 12–14 beschreiben die Teile der Stadt. Im Zentrum steht hier die Mauer. Sie hat zwölf Tore und darauf zwölf Engel, und auf die Tore sind die Namen der zwölf Stämme Israels geschrieben. Die Mauer ruht auf zwölf Grundsteinen, auf denen die Namen der zwölf Apostel des Lammes stehen. Dies alles stellt eine symbolische Rekonstruktion des Gottesvolkes dar. Sechsmal erscheint die Zahl zwölf, die ihrerseits soziale Ganzheit oder Vollkommenheit besagt. Die Namen der zwölf Stämme symbolisieren das Volk Gottes in seinen Ursprüngen; die Namen der zwölf Apostel versinnbilden das durch Jesu Tod und Auferstehung wiederhergestellte Volk Gottes (vgl. 7,1–8; 14,1–5). Auf dieser Tradition ruht nun das neue Jerusalem auf, das neue, transzendente Projekt Gottes.

In VV. 15–17 werden Formen und Maße der Stadt angegeben. Länge, Breite und Höhe betragen jeweils 12 000 Stadien, das sind rund 2200 Kilometer. Wir haben also einen gigantischen Würfel vor uns, vielleicht auch eine Pyramide. Die Abmessungen sind maßlos übertrieben; diese Größenordnung dient jedoch der Darstellung der Vollkommenheit der neuen Stadt. Die Mauer selbst ist 144 Ellen, etwa 70 Meter, hoch. Als Bauwerk ist sie nicht von Bedeutung, wohl aber als Symbol: Sie erinnert an die Tradition, zusammengefaßt in den Namen der zwölf Stämme und der zwölf Apostel.

Der vierte und letzte Teil, VV. 18–21, beschreibt uns die Materialien, aus denen die Stadt gebaut ist. Die größte Aufmerksamkeit zieht das Gold auf sich. Laut V. 18 ist die Stadt aus reinem Gold, und wie V. 21 sagt, ist auch die Straße der Stadt aus reinem Gold, und alle Passanten treten es mit Füßen. Das Gold hat damit seinen Tauschwert und seinen Fetischcharakter verloren, es wird zum Gebrauchswert. Die beiden Verse, in denen das Gold erwähnt wird, bilden zusammen eine Inklusion. Im Zentrum der Inklusion häufen sich die edlen Steine, Symbole für Licht und Glanz der Herrlichkeit Gottes, die alles erfüllt. Den Hintergrund dazu bildet Jes 54,11–17. Dort finden wir eine symbolische Vision des neuen Jerusalem: Die Edelsteine der Stadt bedeuten, daß alle ihre Söhne Jünger Jahwes sein werden und daß Jerusalem auf Gerechtigkeit gegründet sein, daß es ohne Unterdrückung und Schrecken in Sicherheit leben wird.

3. Die Bewohner des neuen Jerusalem

Das neue Jersualem ist die Wohnung Gottes unter den Männern und Frauen, die dort wohnen (21,3).[11] Gott erneuert seinen Bund mit ihnen. 21,3 formuliert kollektiv: *Er wird in ihrer Mitte wohnen, und sie werden sein Volk sein, und er, Gott, wird bei ihnen sein.* In 21,7 ist in persönlicher Form die Rede von der Bundeserneuerung durch Gott: *Ich werde sein Gott sein, und er wird mein Sohn sein. Ich werde*

11 Wir haben bewußt eine inklusive Sprache gewählt, weil wir den Text von seiner patriarchalen Prägung befreien wollen und müssen. Das gilt insbesondere im Hinblick auf mögliche Übersetzungen.

ihr Gott sein, und sie wird meine Tochter sein.[12] Wie im Alten Testament bedeutet «Bund» auch hier: gegenseitige Anerkennung. Das Volk erkennt Gott als Gott an, und Gott erkennt das Volk als Volk an. Das Volk erkennt dankbar an, was Gott für es getan hat, und Gott legt dem Volk die Verantwortung für seine eigene Zukunft in die Hände. Im neuen Jerusalem gelangt die Menschheit als ganze und jeder einzelne Mensch kraft der Beziehung zu Gott zu voller Personalität.

21,24–26 sagt uns im Licht von Jes 60, daß *die Völker (ta ethne)* im Licht des neuen Jerusalem, das heißt der Herrlichkeit Gottes, einhergehen und daß *die Könige der Erde ... ihre Pracht in die Stadt bringen* werden. Gemeint sind die Könige und die Völker, die sich nicht mit der Idolatrie Babylons besudelt haben. Damit wird vorausgesetzt, daß sie Rom widerstanden haben. Alle Kulturen der Welt zu allen Zeiten tragen zum neuen Jerusalem, zum Symbol der transzendenten Menschheit bei.

In 22,3–5 werden drei Verben gebraucht, um die Aktivität der Bewohner des neuen Jerusalem zu beschreiben: Sie werden *dienen (latreusousin),* sie werden *schauen (opsontai),* sie werden *herrschen (basileusousin).* Alle Einwohner des neuen Jerusalem sind Priester, alle schauen Gott, und alle herrschen. Es gibt weder Hierarchie noch Abstufungen. Es gibt weder Machteliten noch Unterdrückte. Daher kann die Herrlichkeit Gottes die ganze Stadt erfüllen, und Gott kann alles in allem sein.

4. Wer nicht zum neuen Jerusalem gehört

In 21,8; 21,27 und 22,15 werden die aus dem neuen Jerusalem Ausgeschlossenen aufgezählt; sie werden für immer vernichtet. Als Hauptbelegstelle nehmen wir die Liste in 21,8; ihr fügen wir einige Einzelheiten aus den beiden anderen Aufreihungen hinzu. 21,8 führt sieben Gruppen oder Kategorien von Personen an:

1) *Die Feiglinge (deiloi).* Mt 8,26 erzählt in der Episode vom Sturm auf dem See, wie Jesus seine Jünger tadelt: «Warum seid ihr feige (*ti deiloi este*), ihr Kleingläubigen?» Ähnlich Mk 4,40. Diese Frage gilt

12 Vgl. Rosa Kitzberger, Wasser und Bäume des Lebens – Eine feministisch-intertextuelle Interpretation von Apk 21–22. Diesen Text verdanke ich der Autorin persönlich.
In Jes 43,5–7 spricht Jahwe von seinen Söhnen und Töchtern, die er aus dem Exil zurückholt. Und Sach 8,4f zeichnet das Bild des zukünftigen Jerusalem, dessen Plätze und Straßen von Greisen und Greisinnen, Knaben und Mädchen belebt sind.

nicht einer psychischen, sondern einer durch Glaubensmangel bedingten Angst. Im Zusammenhang der Apokalypse geht es dabei um jene Menschen, die den «Tieren» nicht widerstehen, weil es ihnen an Glauben und an Werten fehlt, und die es nicht fertigbringen, öffentliches Zeugnis bis hin zum Martyrium zu geben. Über sie hat das System obsiegt.

2) *Die Treulosen oder Ungläubigen (apistoi).* Die gesamte synoptische Tradition überliefert den Ausruf Jesu: «O du ungläubige und unbelehrbare Generation!» (Mt 17,17 parr). Thomas wird von Jesus «ungläubig» genannt (Joh 20,27). Nicht Atheisten sind hier gemeint, sondern Leute, die an überhaupt nichts glauben.

3) *Die Befleckten (ebdelygmenoi)*, vom Greuel (*bdelygma*) Besudelten. Der «unheilvolle Greuel» (Mt 24,15; Mk 13,14) war der Altar, vielleicht auch ein Standbild, das die Römer im Tempel aufgestellt hatten. Die Befleckten sind demnach alle, die das Unterdrückeridol anbeten.

4) *Die Mörder (phoneus).* Dieser Begriff bildet die Mitte der Liste. Die drei vorausgehenden und die drei nachfolgenden Bezeichnungen beziehen sich auf die Idolatrie. Diese zieht als unmittelbare Folge stets den Mord nach sich, und zwar fast immer in einem sozialen Sinn: nämlich der Unterdrückung. Die Idolatrie ist die Wurzel aller sozialen Sünde.

5) *Die Unzüchtigen (pornoi).* In der prophetischen und apokalyptischen Literatur ist, wie ja schon mehrfach gesagt, die Unzucht das Symbol für den Götzendienst. Unzüchtig sind Menschen, die sich für Geld an andere verkaufen und so zum Objekt in den Händen dessen werden, der sie bezahlt und durch die Bezahlung zu ihrem Herrn wird.

6) *Die Zauberer (pharmakoi).* Ebenfalls ein Synonym für Idolatrie mit der Konnotation von Fetischismus und magisch-idolatrischen Praktiken.

7) *Die Götzendiener (eidololatres).* In der Bibel ist ein Götzendiener, wer den Sinn des Wortes «Gott» pervertiert oder an die Stelle Gottes andere Götter (Geld, Macht, Markt) setzt. Eph 5,5 identifiziert den «Habgierigen» (*pleonektes*) mit dem «Götzendiener» (*eidololatres*). Ebenso 1 Kor 5,11. Und Kol 3,5 ist die Rede von der «Habsucht (*pleionexia*), die ein Götzendienst ist». Im Neuen Testament hängt die Idolatrie fast durchgängig mit dem Geld zusammen.

In der Liste 22,15 werden die Kategorien 4) bis 7) wiederholt: die

Zauberer, die Unzüchtigen, die Mörder und die Götzendiener. Ihnen allen wird mit größter Entschiedenheit gesagt: *Draußen bleiben die Hunde!*

Die sieben genannten Kategorien werden zum Schluß in einer einzigen gebündelt: *alle Lügner (pseudeis)*. Der Paralleltext 21,27 formuliert denselben zusammenfassenden Gedanken: *keiner, der Greuel verübt und lügt.* Noch deutlicher sagt es die Parallele 22,15: *jeder, der die Lüge liebt und tut.* Die Lüge schlechthin ist in der apokalyptischen Tradition die Idolatrie: Sie ist die Lüge über Gott, die religiöse Perversion. Den sieben in 21,8 aufgezählten Gruppen wird angekündigt: *Ihr Los wird der See von brennendem Schwefel sein. Dies ist der zweite Tod.* Wie schon gesagt, bedeutet dieser See oder zweite Tod die Vernichtung für immer. Wenn die Geschichte mit dem neuen Himmel, der neuen Erde und dem neuen Jerusalem zu ihrem Höhepunkt gelangt, dann gibt es außerhalb dieser neuen Welt keinen anderen Raum mehr. Was nicht in diese neue Welt Eingang findet, wird definitiv vernichtet, wird zu nichts. Das ist, im Verständnis der Apokalypse, die Hölle – nicht ein ewiger *Ort* ewiger Qualen, sondern die ewige *Vernichtung*. Es kann kein negatives *eschaton* geben. Das Böse ist ein Fehl an Gutem, deshalb kann es kein ewiges Böses geben. Nur das Gute kann ewig sein. Die Hölle ist die ewige Vernichtung.[13]

5. *Die biblische Tradition von der neuen Welt und dem neuen Jerusalem*

Das Grundthema der ganzen Bibel heißt Hoffnung, Utopie. Der Geist der gesamten biblischen Tradition besteht in der Suche nach einer neuen, transzendenten Welt. Die Bilder und Symbole, die im Verfolg dieser Suche begegnen, sind immer kosmisch und sozial: neuer Himmel, neue Erde, neue Stadt. Unter den alttestamentlichen Texten kommt vielleicht Jes 65,17–25 den Schlußkapiteln der Johannesapokalypse, Offb 21–22, am nächsten. Die Passage beginnt mit den Worten: «Schon erschaffe ich einen neuen Himmel und eine neue Erde.» Dieses kosmische Zeichen wird auch in sozialer Wendung ausgedrückt: Jubel in Jerusalem und beim Volk, kein Weinen und kein Klagen mehr, Verheißung langen Lebens («Dort gibt es keinen Säugling mehr, der nur wenige Tage lebt»), Ende der Ausbeutung («Sie werden Häuser bauen und selbst darin wohnen, sie werden Reben pflanzen und selbst ihre Früchte genießen. Sie

13 W. Harrington (1993), 232–235.

bauen nicht, damit ein anderer in ihrem Haus wohnt, und sie pflanzen nicht, damit ein anderer die Früchte genießt ... Was meine Auserwählten mit eigenen Händen erarbeitet haben, werden sie selber verbrauchen. Sie arbeiten nicht mehr vergebens»), Nähe Gottes («Schon ehe sie rufen, gebe ich Antwort»), kosmischer und sozialer Friede («Wolf und Lamm weiden zusammen»). Auf derselben Linie liegt 2 Petr 3,13: «Dann erwarten wir, seiner Verheißung gemäß, einen neuen Himmel und eine neue Erde, in denen die Gerechtigkeit wohnt.» Dennoch gibt es einen großen Unterschied zwischen dem Jesaja-Text und Offb 21–22: Bei Jesaja gilt die Utopie einer Welt ohne Unterdrückung, der Tod aber ist noch immer präsent, in der Johannesoffenbarung beinhaltet die Utopie eine Welt ohne Unterdrükkung und Tod (ohne Chaos und Finsternis). In beiden Fällen haben wir es mit einer transzendenten Welt zu tun. «Tran-szendent» bedeutet wörtlich «das, was jenseits ist». Es setzt damit eine Grenze voraus, jenseits deren die transzendente Realität liegt. Bei Jesaja ist das Diesseits der Grenze die Unterdrückung. Die transzendente Welt (neuer Himmel und neue Erde) ist eine Welt ohne Unterdrückung. Gott ist transzendent, denn er zerbricht die Ketten der Unterdrükkung. In der Johannesapokalypse hingegen wird die Grenze durch den Tod markiert. Die transzendente Welt ist jetzt eine Welt ohne Tod. Gott ist transzendent, weil er den Tod vernichtet. Um die Transzendenz zu verstehen, wie sie in der Johannesapokalypse gedacht ist, muß man zuerst verstehen, was Transzendenz bei Jesaja meint. Nur aus einer Perspektive der Befreiung heraus begreifen wir die Utopie einer transzendenten Welt ohne Tod.

Die Utopie eines neuen Jerusalem hat eine lange Tradition. Deren erste Etappe war die Hoffnung auf den Wiederaufbau Jerusalems nach seiner Zerstörung im Jahre 586 v. Chr. In diesem Kontext können wir die Texte Jer 30,1–31,22; Ez 16; 36–37; 40–48 situieren. Der ganze Optimismus des Deuterojesaja dagegen richtet sich auf ein neues Jerusalem (Jes 40–55). Ihm geht es nicht mehr darum, die Stadt wiederaufzubauen, sondern eine ganz neue Stadt zu errichten. Mit Tritojesaja wird Jerusalem dann zum Mythos, zum apokalyptischen Symbol für eine neue Gesellschaft (vgl. vor allem Jes 60–62 und die erwähnten Verse 65,17–25). Gleiches gilt für Sach 14. Johannes bricht insofern mit dieser Tradition, als er das neue Jerusalem ohne Tempel darstellt.[14]

14 Vgl. A. Alvarez (1992).

LITERATUR

I. Zur Apokalypse und Apokalyptik

ACFED (Association Catholique Française pour l'Étude de la Bible) (1977): Apocalypse et théologie de l'espérance. Congrès de Toulouse 1975, Paris

Alegre, Xavier (1992): El Apocalipsis, memoria subversiva y fuente de esperanza para los pueblos crucificados, in: Revista Latinoamericana de Teología 26, 201–229; 27, 293–323

Alvarez Valdés, Ariel (1992). La Nueva Jerusalén del Apocalipsis. Sus raíces en el A. T. El período de la «Jerusalén reconstruida», in: Revista Bíblica 47, 141–153

Arens, Eduardo (1988): Apocalipsis: ¿revelación del fin del mundo? Estudio exegético-crítico del texto en sus contextos, Lima

Aune, David E. (1981): The Social Matrix of the Apocalypse of John, in: Biblical Research 26, 16–32

Barr, David L. (1984): The Apocalypse as a Symbolic Transformation of the World. A Literary Analysis, in: Interpretation 38, 39–50

Beasley-Murray, G. R. (1974): The Book of Revelation, Grand Rapids

Beker, J. Christiaan (1982): Paul's Apocalyptic Gospel. The Coming Triumph of God, Philadelphia

Boesak, Allan A. (1988): Schreibe dem Engel Südafrikas. Trost und Protest in der Apokalypse, Stuttgart

Boring, M. Eugene (1989): Revelation, Louisville

Brown, Raymond E. (1986): Las Iglesias que los apóstoles nos dejaron, Bilbao

Caird, G. B. (1966): A Commentary on the Revelation of St. John the Divine, San Francisco

Cavalca de Castro, Flávio (1982): Apocalipse Hoje, Aparecida (Brasilien)

Collins, John J. (1987) The Apocalyptic Imagination. An Introduction to the Jewish Matrix of Christianity, New York

Comblin, José (1965): Le Christ dans l'Apocalypse, Tournai

Croatto, Severino (1990): Apocalíptica y esperanza de los oprimidos.

Contexto socio-político y cultural del género apocalíptico, in: RIBLA 7, 9–24
Croatto, Severino (1990a): Desmesura y fin del opresor en la perspectiva apocalíptica. Estudio de Daniel 7–12, in: Revista Bíblica 39, 129–144
Croatto, Severino (1991): El discurso de los tiranos en textos proféticos y apocalípticos, in: RIBLA 8, 39–53
Dunn, James G. (1990): Unity and Diversity in the New Testament. An Inquiry into the Character of Earliest Christianity, 2. Aufl., London
Dupont, Jacques (1985): Les trois Apocalypses synoptiques, Paris
Eawing, Ward (1990): The Power of the Lamb. Liberations Theology of Liberation for You, Cambridge (Mass.)
Foulkes, Ricardo (1989): El Apocalipsis de San Juan. Una lectura desde América latina, Buenos Aires
Gager, John G. (1975): Kingdom and Community. The Social World of Early Christianity, Englewood Cliffs (N. J.)
Gorgulho F. G. / Ana F. Anderson (1987): No tengan miedo. Apocalipsis y comunidades cristianas, Buenos Aires
Hanson, Paul D. (1983): The Dawn of Apocalyptic. The Historical an Sociological Roots of Jewish Apocalyptic Eschatology, Philadelphia
Hanson, Paul D. (1984): The Apocalyptic Consciousness, in: Quarterly Review 4, 23–39
Harrington, Wilfrid J. (1993): Revelation, Collegeville (Minn.)
Hellholm, David (Hrsg.) (1983): Apocalypticism in the Mediterranean World and the Near East. Colloquium Uppsala, August 1979, Tübingen
Horsley, Richard A. (1987): Jesus and the Spiral of Violence. Popular Jewish Resistance in Roman Palestine, San Francisco
Horsley, Richard A. / J. S. Hanson (1985): Bandits, Prophets, and Messiahs. Popular Movements in the Time of Jesus, Chicago–New York
Isenberg, Sheldon R. (1974): Millenarism in Greco-Roman Palestine, in: Religion 4, 26–46
Käsemann, Ernst (1970): Die Anfänge der christlichen Theologie, in: ders., Exegetische Versuche und Besinnungen I, 82–104, 6. Aufl., Göttingen
Käsemann, Ernst (1965): Zum Thema der urchristlichen Apokalyp-

tik, in: ders., Exegetische Versuche und Besinnungen II, 105–131, 2. Aufl., Göttingen
Köster, Helmut (1980): Einführung in das Neue Testament. Im Rahmen der Religionsgeschichte und Kulturgeschichte der hellenistischen und römischen Zeit, Berlin–New York
Lacocque, André (1982): Naissance de l'apocalyptique, in: Lumière et Vie 160, 4–12
Lambrecht, J. (Hrsg.) (1980): L'Apocalypse johannique et l'apocalyptique dans le Nouveau Testament, Leuven
Léon-Dufour, Xavier (1983): Autour de l'Apocalypse de Jean, in: Revue des sciences religieuses 71, 309–336
Lubahn, Erich / Otto Rodenberg (Hrsg.) (1989): Lebendige Hoffnung. Apokalyptik als zentrales Thema der Theologie, Stuttgart
Marshall, J. Howard (1987): Is Apocalyptic the Mother of Christian Theology? in: G. F. Hawthorne / O. Betz (Hrsg.), Tradition and Interpretation in the New Testament, Grand Rapids
Mesters, Carlos (1983): Flor sem defesa. Uma explicação da Bíblia a partir dos pobres, Petrópolis
Mesters, Carlos (1986): El Apocalipsis. La esperanza de un pueblo que lucha. Una clave de lectura, Santiago de Chile
Meulenberg, Leonardo (1990): A Igreja diante do desafio do Império Romano. Um esboço social, in: Revista Eclesiástica Brasileira 50, 629–642
Nickelsburg, George W. E (1981): Jewish Literature between the Bible and the Mishnah. A Historical an Literary Introduction, Philadelphia
Paul, André (1982): L'apocalyptique, source majeure du christianisme, in: Lumière et Vie 160, 13–24
Perrin, Norman / D. C. Duling (1982): The New Testament. An Introduction, 2. Aufl., San Diego–New York Chicago
Pikaza, Xavier (1992): Apocalipsis de Juan: origen y fin de la violencia, in: Carthaginensia 13–14, 609–639
Pixley, Jorge (1990): Las persecuciones: el conflicto de algunos cristianos con el imperio, in: RIBLA 7, 89–102
Prigent, Pierre (1975): Au temps de l'Apocalypse, in: Revue d'histoire et de philosophie religieuses 54 (1974), 455–483; 55 (1975), 215–235 und 343–361
Richard, Pablo (1988), La fuerza espiritual de la Iglesia de los pobres, San José de Costa Rica

Richard, Pablo (1988a): Lectura popular de la Biblia en América latina. Hermenéutica de la liberación, in: RIBLA 1, 30–48
Richard, Pablo (1991): El pueblo de Dios contra el imperio (Daniel 7 en su contexto literario e histórico), in: RIBLA 7, 25–46
Richard, Pablo (1992): Hermenéutica bíblica india. Revelación de Dios en las religiones indígenas y en la Biblia (Después de 500 años de dominación), in: RIBLA 11, 9–24
Richard, Pablo (1993): Crítica de la hermenéutica occidental: Hermenéutica del Espíritu, in: Pasos 49
Richard, Pablo (1995): Die Theologie in der Theologie der Befreiung, in: Mysterium Liberationis. Grundbegriffe der Theologie der Befreiung I, 189–212, Luzern
Rowland, Christopher (1982): The Open Heaven. A Study of Apocalyptic in Judaism and Early Christianity, London
Rowland, Christopher (1988): Die gefährliche Vision einer Welt des Friedens und der Gerechtigkeit am Leben erhalten, in: Concilium 24, 479–486
Rowland, Christopher (1988a): Radical Christianity: A Reading of Recovery, Maryknoll
Ruiz Bueno, Daniel (Hrgs.) (1987): Actas de los mártires, 4. Aufl., Madrid
Schüssler Fiorenza, Elisabeth (1985): The Book of Revelation. Justice and Judgement, Philadelphia
Schüssler Fiorenza, Elisabeth (1994): Das Buch der Offenbarung. Vision einer gerechten Welt, Stuttgart
Snoek, Juan / Rommie Nauta (1993): Daniel y el Apocalipsis. Una lectura introductoria, San José de Costa Rica
Thompson, Leonhard (1986): A Sociological Analysis of Tribulation in the Apocalypse of John, in: Semeia 36, 147–174
Vanni, Ugo (1988): L'Apocalisse. Ermeneutica, esegesi, teologia, Bologna
Wainwright, Arthur W. (1993): Mysterious Apocalypse. Interpreting the Book of Revelation, Nashville
Wanamaker, C. A. (1987): Apocalypticism at Thessalonica, in: Neotestamentaria 21, 1–10
Yarbro Collins, Adela (1977): The Political Perspective of the Revelation to John, in: Journal of Biblical Literature 96/2, 241–156
Yarbro Collins, Adela (1979): The Apocalypse, Wilmington

Yarbro Collins, Adela (1984): Crisis and Catharsis: The Power of the Apocalypse, Philadelphia
Yarbro Collins, Adela (1988): Gegner von außen: Rom als Prototyp des Bösen im frühen Christentum, in: Concilium 24, 473–479

II. Zum theoretischen und historischen Verständnishintergrund der Apokalypse

Alcina Franch, José (1984): El mito ante la antropología y la historia, Madrid
Assmann, Hugo / Franz J. Hinkelammert (1992): Götze Markt, Düsseldorf
Barabas, Alicia M. (1987): Utopías indias. Movimientos socio-religiosos en México, México–Barcelona–Buenos Aires
Comblin, José (1982): Tempo de ação. Ensaio sobre o Espíritu e a história, Petrópolis
Comblin, José (1986a): A Força da Palavra, Petrópolis
De Santa Ana, Julio (1991): La práctica económica como religión. Crítica teológica a la economía política, San José de Costa Rica
Dussel, Enrique (1988): Ethik der Gemeinschaft, Düsseldorf
Dussel, Enrique (1993): Las metáforas teológicas de Marx, Estella (Navarra)
Gutiérrez, Gustavo (1973): Theologie der Befreiung, Mainz–München
Hinkelammert, Franz J. (1985): Die ideologischen Waffen des Todes, Freiburg i. Ue.–Münster
Hinkelammert, Franz J. (1994): Kritik der utopischen Vernunft. Eine Auseinandersetzung mit den Hauptströmungen der modernen Gesellschaftstheorie, Luzern–Mainz
Hinkelammert, Franz J. (1996): Luzifer und die Bestie. Opfermythen im christlichen Abendland, Luzern
Sacrificios humanos y sociedad oriental. Lucifer y la Bestia, San José de Costa Rica
Hoornaert, Eduardo (1987): Die Anfänge der Kirche in der Erinnerung des christlichen Volkes, Düsseldorf
Irarrázabal, Diego (1993): Rito y pensar cristiano, Lima
Miranda, José P. (1972): Marx y la Biblia. Crítica a la filosofía de la opresión, Salamanca

Pixley, Jorge (1991): Historia sagrada, historia popular. Historia de Israel desde los pobres (1220 a. C. a 135 d. C.), San José de Costa Rica
Richard, Pablo (1984): Morte das Cristiandades e Nascimento da Igreja, São Paulo
Siller Acuña / Clodomiro L. (1981): Flor y Canto de Tepeyac. Anotaciones y comentarios al Nican Mopohua, México
Sung, Jung Mo (1991): La idolatría del capital y la muerte de los pobres, San José de Costa Rica
Sung, Jung Mo (1993): Neoliberalismo y pobreza. Una economía sin corazón, San José de Costa Rica
Tamez, Elsa (1996): Gegen die Verurteilung zum Tod. Paulus oder die Rechtfertigung durch den Glauben aus der Perspektive der Unterdrückten und Ausgeschlossenen, Luzern
Trigo, Pedro / Gustavo Gutiérrez (1982): Arguedas. Mito, historia y religión. Entre las calandrias, Lima
Verschiedene (1993): Teología india mayense, Quito–México